HEYNE BÜCHER

LEBENSHILFE

D1934541

Über die Autoren:

Françoise Dolto, eine der bekanntesten Psychoanalytikerinnen Frankreichs, ist durch zahlreiche Veröffentlichkeiten zur Kinderpsychologie und -psychotherapie bekannt geworden.

Claus Koch, ein promovierter Diplom-Psychologe, und Vater von drei Kindern.

Françoise Dolto

Alltagsprobleme mit Jugendlichen

Wenn die Kinder älter werden…

Wilhelm Heyne Verlag
München

HEYNE LEBENSHILFE
Band 17/131

Titel der Originalausgabe
LORSQUE L'ENFANT PARAIT
Aus dem Französischen von Sylvia Koch

Copyright © 1984 Psychologie heute – Sachbuch, verlegt bei
Beltz, Weinheim und Basel
Copyright © 1992 Quadriga Verlag, Weinheim, Basel
Printed in Germany 1994
Umschlagillustration: Martin John/The Image Bank, München
Umschlaggestaltung: Atelier Ingrid Schütz, München
Druck und Bindung: Presse-Druck, Augsburg

ISBN 3-453-07871-3

Vorwort

Das vorliegende Buch beruht auf einer in Frankreich über mehrere Jahre hinweg ausgestrahlten Rundfunksendung: *Wenn ein Kind auf die Welt kommt.* Die Psychoanalytikerin und Kinderärztin Françoise Dolto beantwortete in dieser Sendereihe die Briefe von Eltern, Kindern und Jugendlichen, die sich mit Alltagsproblemen aus allen Bereichen der Erziehung befassen. Bei den Problemen handelt es sich meistens um keine »spektakulären« Fälle, sondern eher um die Beobachtung von besorgten Eltern, die sich mit Verhaltensweisen ihrer Kinder konfrontiert sehen, deren Sinn sie nicht verstehen, oder die in der Erziehung vor Entscheidungen stehen, bei denen sie unsicher sind, ob der von ihnen eingeschlagene Weg der »Problemlösung« dem Kind oder Jugendlichen gerecht wird. Die einzelnen Lösungsvorschläge, die Françoise Dolto in diesem Buch anbietet, bilden dann den Ausgangspunkt einer »Kinderpsychoanalyse«, in deren Verlauf sich dem Leser von Kapitel zu Kapitel immer neue Erkenntnisse der bewußten und unbewußten psychischen Vorgänge bei Kindern und Jugendlichen erschließen. So lernen wir bei der Lektüre die zugrunde liegende Dynamik psychischer Vorgänge besser verstehen. Vor allem aber ist es möglich, diese Erkenntnisse auch auf Probleme anzuwenden, die in diesem Buch keine Erwähnung gefunden haben.

Françoise Dolto antwortet auf alle Fragen in einem leichtverständlichen Stil und erreicht auf diese Weise möglichst viele Eltern. Ihr Stil ist *populär* in dem Sinne, daß der Leser oder die Leserin von ihren theoriegeleiteten Äußerungen schnell wieder in die eigene Lebenspraxis zurückfindet, und sich niemals in den Gängen eines ihm oder ihr vielleicht unbekannten theoretischen Gebäudes verirrt.

Gegenüber ähnlichen Versuchen, psychoanalytisches Wissen einem breiten Publikum zu vermitteln, liegt die Stärke von Françoise Dolto meiner Ansicht nach darin, daß sie den Eltern in bezug auf ihre Erziehungsprobleme keine Schuldgefühle vermittelt, auch wenn die psychoanalytische Deutung dieser Schwierigkeiten das enge Verhältnis zwischen Kindern und Eltern, insbesondere in den ersten Lebensjahren der Kinder, betont. Es gelingt der Autorin sogar, solche Schuldgefühle abzubauen, die sich bei Eltern häufig dann einstellen, wenn Erziehungsprobleme überhaupt auftauchen, in einer Welt, die offensichtlich immer perfekter zu funktionieren hat. Françoise Dolto schützt vor solchem Perfektionsdenken die Grundannahme der Psychoanalyse, daß der komplizierte Aufbau der menschlichen Psyche, ihre außergewöhnliche Sensibilität gegenüber allem, was sie einschüchtert oder bedroht, eine strikte Trennung von »normalem« und »gestörtem« Verhalten nicht zuläßt. Diese *Sensibilität* des Kindes und Jugendlichen zu schützen und den Eltern hierfür Mut zu machen, ist das Leitmotiv von Françoise Dolto. Bewußt stellt sie sich auf die Seite der betroffenen Kinder und Jugendlichen und verteidigt geradezu deren normalen Widerstand gegenüber einer sie in vielen Fällen bedrohenden Wirklichkeit. Denn die hieraus resultierenden Probleme oder manchmal auch psychischen Störungen zeugen in dieser Sichtweise dann weniger von Schwäche als von starker Sensibilität des Kindes seiner Umwelt gegenüber, die es *positiv* zu nutzen gilt. Damit ist keine antiautoritäre Erziehung gemeint in dem Sinne, daß die Kinder oder Jugendlichen immer recht haben. Vielmehr besitzt für Françoise Dolto *alles*, auch die größten Verrücktheiten oder das absonderlichste Verhalten eines Kindes oder Jugendlichen einen *Grund*. Einen Grund, der das Kind oder den Jugendlichen, egal was er oder sie auch anstellt, *humanisiert*, und den es gilt, mit ihm oder ihr zu *besprechen*.

Die Autorin tritt im Verlauf dieses Buches durchweg für eine größtmöglichste Offenheit im Umgang mit Kindern und Jugendlichen ein. Dies entspricht ihrer Grundüberzeugung, daß Probleme oder psychische Störungen auf einem Mangel an echter Kommunikation in den Familien der davon betroffenen Kinder und Jugendlichen zurückgehen. Denn *jedes* Kind und *jeder* Jugendliche entwickelt im Verlauf seiner Entwicklung Ängste, da diese Entwicklung zu mehr Unabhängigkeit und Reife auch immer mit dem Verlust der primären Bezugspersonen, also den Eltern, einhergeht. Entscheidend ist, daß die Eltern, aber auch andere Bezugspersonen wie Lehrer, den Kindern und Jugendlichen gestatten, ihnen diese Ängste mitzuteilen und dafür Verständnis zeigen. Psychische Probleme stellen immer den Versuch dar, innerpsychisch, d. h. »für sich« mit diesen Ängsten fertig zu werden, sie nicht der Außenwelt mitzuteilen, sondern die Konflikte nur auf sich zu beziehen, worunter das Selbst leidet und geschwächt wird. Insofern sollten sich die Eltern, auch wenn sie vielleicht selbst ängstlich reagieren, vor den auftauchenden Schwierigkeiten und Problemen im Umgang mit ihren Kindern nicht zurückziehen, sie einschüchtern oder bedrohen, sondern das Gespräch mit ihnen suchen, das für beide Seiten die Ängste mindert.

Was bisher schon angeklungen, möchte ich im folgenden noch ein wenig ausführlicher ansprechen: Die Dinge aus der Optik der Kinder zu sehen und die Rolle der Sprache als therapeutisches Mittel.
In ihren Kindheitserinnerungen hat Françoise Dolto einmal geschrieben: »Ich empfand den Erwachsenen gegenüber nie das Gefühl, ich müßte sie tadeln. Ich stellte nur das Merkwürdige an ihnen fest. Ich sagte nicht, daß sie richtig oder falsch gehandelt hätten, ganz bestimmt nicht. Ich warf ihnen eigentlich nichts vor, denn ihr Verhalten war selbstverständlich, sie waren nun mal so, es entsprach ihrer Art. Nur fand ich sie sehr seltsam. Ich fragte mich, wie das nur möglich war, daß die gleichen Leute, die früher klein und dann groß geworden waren, so seltsam sein konnten, da sie auch einmal Kinder gewesen sind. Und ich sagte mir: ›Wenn ich größer bin, werde ich versuchen, mich daran zu erinnern, wie es ist, wenn man klein ist.‹«
Sich als Analytikerin daran zu erinnern, wie es ist, wenn man klein ist, aus dieser, ich möchte sagen, genialen wie einfachen Haltung praktizierte Françoise Dolto die Psychoanalyse, und diese Grundregel ließ sie zu Frankreichs bekanntester Psychoanalytikerin werden und zu einer der erfolgreichsten Therapeutinnen dieses Jahrhunderts. Hinzu kommt die außergewöhnlich bedeutende Rolle, die sie dem (aus-)gesprochenen Wort bei der Lösung von Problemen und Konflikten im Kindes- und Jugendalter beimißt. Wie ist dies für uns Eltern zu verstehen?

Schon vor seiner eigentlichen Geburt lebt der Fötus in einer, freilich durch die Mutter noch abgeschirmten, Sprachwelt, vernimmt die Stimmen derer, die ihn oder sie erwarten, ihn oder sie bei der Geburt empfangen und von ihm oder ihr sprechen. Dem Kind wird sein Name gegeben, ihm wird sein Geschlecht genannt und alle seine Gesten werden in Worte gekleidet, traurige, glückliche, teilnahmslose, abwertende, drohende, stärkende, solange bis dieses Kind selbst beginnt, sich in das Sprachmuster, das schon vor ihm existierte, einzuflechten. Die Sprache als Bedingung, zum anderen zu gelangen. Was nicht bedeutet, daß es ohne Sprache keine Kommunikation geben kann, keine

Gesten, kein Blick – nur ganz ohne Sprache, wie immer sie sich ausdrückt, bleibt Leere, Nichts. »Was ich erreichen will«, schreibt Françoise Dolto, »besteht darin, die Eltern zum Nachdenken zu bringen, daß das größte Leid des Menschen darin liegt, mit anderen nicht zu kommunizieren«, woraus sie als einen Grundsatz für die Psychoanalyse ableitete: »Die Psychoanalyse hat den Beweis erbracht, daß das Kind, wie klein es auch sei, das Verständnis des Sinns der Wörter hat, welche sein Auf-der-Welt-sein betreffen. Den Beweis auch, daß das Sprechen den Menschen befreien kann, wenn es ihm gelingt, dadurch jemanden, der ihm mit Aufmerksamkeit und ohne Werturteil zuhört, sein Leiden auszudrücken.«

Vielleicht haben viele der heutigen Probleme, von denen die zunehmende Suchtgefährdung und Gewaltbereitschaft bei Kindern und Jugendlichen sicherlich nur die Spitze des Eisbergs darstellen, auch mit dem *Verlust von Sprache* zu tun, auf seiten der Kinder wie auf seiten der Eltern. Fernsehen, Video und Computerspiele im Übermaß und als sprachliche »Ersatzhandlungen« zerstören nicht nur die sprachliche Kommunikation zwischen Kindern und Eltern, weil kaum noch Zeit für ein längeres Gespräch bleibt. Sie führen auch zu einer Art von »sekundärem Autismus«, der sich im Jugend- und Erwachsenenalter (!) fortsetzt in Praktiken von Sucht und Gewalt. Beides wird zwar häufig in der Gruppe zelebriert, doch am Ende bleiben die Betreffenden für sich allein, denn alle Kanäle der (sprachlichen) Kommunikation sind verstopft. Insofern geht es meiner Ansicht nach auch weniger um die Inhalte der Fernseh- und Videoprogramme selbst, als um die Verdrängung der Sprache als Kommunikationsmittel. So erscheint mir die Aufforderung von Françoise Dolto, in der Erziehung den Weg zurück zur Sprache zu finden, aktueller und dringlicher denn jemals zuvor. Nur die Sprache (neben spielerischem und schöpferischen Gestalten, das aber auch von Sprache begleitet wird) führt zum Aus-druck von unbearbeiteten Konflikten und Ängsten, die unbehandelt, d. h. unausgesprochen, sich entweder gegen das eigene Selbst richten oder andere terrorisieren. Die befreiende Wirkung der Sprache sowohl in der Therapie wie auch im alltäglichen Umgang mit Kindern und Jugendlichen entdeckt zu haben, bleibt ein bleibender Verdienst von Françoise Dolto, die im August 1988 starb.

Klaus Koch

Inhaltsverzeichnis

1
Ein Kind muß allein zurechtkommen
(Alltag und Hausaufgaben)

Viele Eltern sehen sich immer wieder vor folgendes Problem gestellt: »Wie kann ich meinem Kind beibringen, daß es sich besser um seine eigenen Sachen kümmert? Es ist so zerstreut, weiß seine Hausaufgaben nicht zu organisieren, usw. usw.« Ich will zunächst einen typischen Brief herausgreifen. Er ist von einer Mutter, die Sie um Rat bittet, was sie ihrem achtjährigen Jungen sagen soll, damit er endlich lernt, allein zurechtzukommen. Sie hat noch zwei weitere Kinder, eines ist sechs Jahre, das andere ein Jahr alt. Nun weiß sie nicht mehr, welche Argumente ihr noch einfallen sollen, damit sie ihren Sohn davon überzeugen kann, auf seine Sachen selbst aufzupassen. Neulich habe er Folgendes angestellt: er kam bei Regenwetter nach Hause – bzw. stürzte in die Wohnung, wie er es immer zu pflegen tut – und trug seinen Anorak unter dem Arm. Natürlich war der Junge von Kopf bis Fuß völlig durchnäßt. An einem anderen Tag hat er seinen Schulranzen nicht richtig zugemacht, so daß sein Aufgabenheft und sein Radiergummi auf der Straße gelandet sind. »Mein Mann ist der Meinung, daß ich unseren Sohn zu sehr beschütze, so daß er nicht gelernt hat, für sich und seine Sachen selbständig die Verantwortung zu übernehmen. Vielleicht hat er recht. Aber seit nunmehr zwei Jahren kämpfe ich doch darum, daß er sein Zimmer aufräumt, sich die Hände wäscht, ohne daß man es ihm vorher zu sagen braucht, usw. Meine Tochter ist zwar zwei Jahre jünger als er, doch in dieser Hinsicht viel vernünftiger. Mein Sohn hingegen denkt immer, ich würde nur von ihm etwas verlangen und nur bei ihm und nicht bei den anderen alles nachkontrollieren.« Ansonsten sei das Kind sehr intelligent und würde in seiner Klasse zu den Besten gehören. Er sei auch ziemlich redselig und würde oft ein wenig zerstreut wirken: »Wenn man mit ihm über diese kleinen Schwierigkeiten sprechen will, scheint es ihn furchtbar zu langweilen. Er schaut einen so an, als wolle er sagen: ›Laß mich doch endlich in Ruhe. Es interessiert mich einfach nicht, was du jetzt sagst.‹«

Dem Brief nach zu urteilen scheint die Mutter allein für die Erziehung dieses lebendigen und dynamischen Jungen zuständig zu sein. Der Vater sagt, sie hätte ihn zu sehr beschützt. Ich denke, daß er zu sehr die Tendenz gehabt hat, die Erziehung dieses Kindes allein seiner Frau zu überlassen, anstatt sich dafür selbst etwas mehr zu interessieren. Wie dem auch sei, meiner Meinung nach hätte sie schon vor zwei Jahren damit aufhören sollen, ihm ständig zu sagen, was er zu tun und zu lassen hat. Statt: »Paß doch auf!« (d. h. letztlich: tue alles so, wie ich es dir gezeigt habe) sollte sie ihm sagen: »Ab jetzt mußt du allein zurechtkommen. Wenn du Schwierigkeiten hast, kannst du gerne zu mir kommen und ich werde dir helfen.« Entscheidend ist, daß das Kind die Mutter von sich aus um Hilfe bittet. Ansonsten soll sie ihn in Ruhe lassen und ihm nicht andauernd Vorhaltungen machen. Wenn sein Pulli nicht richtig sitzt, ihm das Hemd aus der Hose herausguckt oder er sich beklagt, naß geworden zu sein, weil er keinen Regenmantel dabei hatte, kann sie ihm sagen: »Du hattest deinen Regenmantel vergessen? Armer Kerl, du bist ja völlig naß.« Weiter braucht sie nichts zu sagen und ihn auch deswegen nicht auszuschimpfen. Er wird auf die Dauer schon seine Erfahrungen machen. Wenn er etwas aus seinem Schulranzen verloren hat, kann sie ihm sagen, daß es ihr auch leid tut. Man sollte ihm also eher sein Mitleid bekunden, wenn er im Alltag so viel Pech hat. Er stößt auch häufig seine Tasse um, wenn er am Tisch sitzt. Ich denke, die Arme und Hände der Mutter haben zu lange an seiner Stelle gehandelt. Die beste Hilfe wäre für ihn, fortan nichts mehr zu sagen. Wenn er irgendwelche Dummheiten anstellt, wird er vielleicht von sich aus kommen und sie erzählen. Die Mutter könnte ihm daraufhin sagen: »Ich glaube, ich habe dich zu sehr beschützt, als du klein gewesen bist. Aber du wirst es schon schaffen.« Und wenn er sich mit ungewaschenen Händen an den Tisch setzt, könnte sie ihm erklären, daß es aus hygienischen Gründen nicht gut ist, mit schmutzigen Händen zu essen. Sie sollte ihn nicht vor dem

Essen zum Händewaschen schicken. Am besten, sie läßt ihn in Ruhe.
Wenn der Vater nun eingreifen will oder mit ihm sprechen möchte, sollte er es tun, und die Mutter sollte auch in diesem Fall nicht eingreifen. Sie kann sich doch auf ihn stützen. Wenn er die schmutzigen Hände seines Sohnes nicht bemerkt, sollte sie darüber hinwegsehen. Schließlich sind es nicht ihre Hände. Sie sollte dieses Kind von nun an verstärkt sich selbst überlassen, damit es in bezug auf sich und seinen Vater zu seiner Selbstidentität findet. Es wird gut gehen, denn dieses Kind ist sehr begabt und packt schon jetzt vieles selbständig an. Im Grunde hat sie es zulange daran gehindert, seine eigenen Erfahrungen zu machen.
Ich möchte von mir aus das Thema noch ein wenig ausweiten. Viele Eltern berichten uns, daß ihre Kinder mit den Hausaufgaben Schwierigkeiten haben, daß sie dabei trödeln, nie mit den Aufgaben fertig werden und stundenlang daransitzen, ohne endlich fertig zu werden. In diesem Fall kommt alles darauf an, daß ein Kind versteht, seine Arbeit richtig zu organisieren. Aber das gelingt erst ab einem bestimmten Alter und vorher können die Eltern nur wenig dafür tun. Erst wenn die Kinder auf das Gymnasium kommen, haben sie auch ein Gespür dafür entwickelt, wie man sich die Arbeit richtig einteilt, um mit ihr fertig zu werden. Es wäre natürlich nützlich, wenn man es den Kindern schon früher in der Schule beibringen würde. Da dies aber nur in Ausnahmefällen geschieht, sollten sich die Eltern (aber auch die älteren Geschwister) Gedanken darüber machen, wie sie ihrem Kind in dieser Hinsicht am besten helfen können, vorausgesetzt, daß das Kind sie von sich aus darum gebeten hat. Zunächst sollten sie sich – sofern vorhanden – mit dem Kind sein Aufgabenheft ansehen. Wenn die Aufgaben dort nicht übersichtlich eingetragen sind, weiß das Kind häufig nicht, was es an Hausaufgaben eigentlich aufbekommen hat. Man kann es schnell beheben, indem man das Kind bittet, doch einmal das Aufgabenheft eines Klassenkameraden mit nach Hause zu bringen, um die Hefte zu vergleichen. Viele Kinder kommen auch beim Diktieren der Hausaufgaben nicht mit oder sie wollen am Schluß der Stunde schnell fertig sein und übersehen die eine oder andere

Aufgabe. Hat das Kind gelernt, wie wichtig es ist, die Hausaufgaben richtig einzutragen, geht man zum nächsten Schritt über, indem man mit dem Kind zusammen eine bestimmte Zeit festlegt, die es für jede Aufgabe braucht: »Du brauchst für dieses Fach oder für diese Aufgabe zwanzig Minuten. Wenn alles klargeht, dann bist du um soundsoviel Uhr damit fertig.« Man schreibt dann den Zeitplan auf einen Zettel, den das Kind neben sich legt. Die Mutter behält die Zeiten im Kopf und schaut dann auf den Zettel: »Jetzt reicht es. Du hast genug Zeit für diese Aufgabe gebraucht. Fang mit der nächsten an.« Sonst sind die Kinder – vor allem, wenn sie später auf das Gymnasium gehen – wirklich verloren; denn die Lehrer verlangen für die einzelnen Fächer wirklich sehr viel und die Kinder werden ohne festen Zeitplan meistens nie mit den Hausaufgaben fertig. Nach einigen Wochen wird das Kind allmählich gelernt haben, die einzelnen Aufgaben innerhalb eines bestimmten Zeitraums zu erledigen, auch wenn es die eine oder andere Aufgabe vielleicht nicht bearbeitet hat. Man muß lernen, aufhören zu können und einen Mittelweg zwischen Nachlässigkeit und Perfektionismus finden. Entscheidend ist doch, in einer Zeit, die man sich selbst vorgegeben hat, ausreichend produktiv gewesen zu sein.

Uns liegt noch der Brief einer anderen ratlosen Mutter vor: Sie hat zwei Söhne (acht Jahre und ein Jahr alt) und eine vierjährige Tochter. Das Problem, das hier aufgeworfen wird, betrifft den achtjährigen Sohn: »Er ist ein fröhliches Kind, das auch in der Schule einen unbekümmerten Eindruck hinterläßt. Aber seine Hefte sind nicht ordentlich gehalten und ich will versuchen von ihm zu erreichen, daß er sie zumindestens sauberhält.
Bevor er nun heute morgen in die Schule ging, schrieb er in aller Eile einen kurzen Brief an einen Austauschschüler, der ihm von der Schule vermittelt wurde. Eigentlich hätte er ihn gestern abend schreiben sollen, als er seine Schulaufgaben machte, aber der Brief stand natürlich nicht im Aufgabenheft, das ich mir jeden Tag nach der Schule ansehe, und so hatte er ihn vergessen. Nun hatte er in diesem Brief zwei Fehler mit dem Kugelschreiber verbessert, obwohl ansonsten alles mit Bleistift geschrieben war.

Inzwischen war es auch höchste Zeit, sich auf den Schulweg zu machen, aber ich schlug ihm wegen der hingekritzelten Korrekturen vor, den Brief sofort noch einmal zu schreiben: ›Du schreibst den Brief noch einmal. Das hast du davon, wenn du immer alles in letzter Minute erledigst.‹ Er hat sich darüber sehr aufgeregt und fing an zu weinen. Plötzlich sagte er: ›Nein, Mutti, das mache ich nicht. Ich werde doch zu spät kommen ... bitte.‹ Da ich nicht nachgab, sagte er dann: ›Ich werde mich umbringen!‹. Ich hörte meinen Sohn das erste Mal so sprechen, worauf ich es mit der Angst zu tun bekam. Ich habe ihm daraufhin ruhig erklärt, daß er das nächste Mal früher an seinen Brief denken sollte und daß wir uns deswegen nicht so streiten sollen. Das hat ihn getröstet und beruhigt ging er zur Schule, ohne den Brief noch einmal neu schreiben zu müssen. Nun befürchte ich, daß er diesen Satz ›Ich werde mich umbringen‹ bei der nächsten Gelegenheit wieder anbringt, da er sich bestimmt darüber Gedanken gemacht hat, wie er bei mir angekommen ist. Wenn man so will, könnte er mich fortan mit diesem Satz erpressen. Was kann ich tun, wenn eintrifft, was ich befürchte? Zum ersten Mal weiß ich wirklich nicht, wie ich mich verhalten soll.«

Ich finde den Brief sehr interessant, denn er zeigt, wie eine Frau nicht versteht, die Mutter eines achtjährigen, begabten Jungen zu werden. Ab sieben oder acht Jahren muß ein Junge wissen, daß seine Mutter ihm vertraut. Ich denke, es wäre für sie jetzt das beste, wenn sie die Aufpasserrolle, die sie ihrem Sohn gegenüber einnimmt, allmählich ablegt. Denn sie verdirbt damit nur die Beziehung, die sie zueinander haben. Andererseits wäre es für den Jungen vielleicht besser, nach der Schule in einen Hort zu gehen und dort seine Schulaufgaben zu machen. So bräuchte seine Mutter nicht länger seine Hefte zu kontrollieren. Sie könnte ihm sagen: »Ich hoffe, daß du jetzt allein zurechtkommst ... Ich habe dich lange genug geärgert, damit du deine Hausaufgaben ordentlich machst ... Von jetzt an will ich dir vertrauen.« Es ist höchste Zeit, daß dieses intelligente Kind selbständig wird und für sich selbst sorgt. In bezug auf den Brief an den Austauschschüler: Was ist denn dabei, wenn ein paar Fehler darin sind? Über das Verhalten der Mutter bin ich zutiefst erschrocken: Ich finde es wirklich schockierend, daß diese Frau den Brief eines Kindes an ein anderes Kind korrigieren will bzw. einen fehlerlosen Brief verlangt!

Im Postscriptum schreibt die Mutter noch folgendes: »Ich habe seine Rückkehr von der Schule abgewartet, bevor ich Ihnen schrieb, denn ich wollte wissen, in welcher Verfassung er war.« Das Kind ist nach Hause gekommen und hat sie lange angeschaut. Dann hat es gesagt: »Jetzt bist du aber viel ruhiger als heute morgen.« Jetzt hat sie Angst, daß er diesen Satz »Ich werde mich umbringen!« demnächst noch einmal als Erpressungsmittel gegen sie einsetzen wird. Wie sehen Sie eigentlich das Verhalten des Kindes? Halten Sie es für intelligent oder für gestört?

Sein Verhalten beweist ganz einfach, daß der Junge nicht mehr weiß, was er tun soll, um seine Mutter loszuwerden, damit er selbständig werden kann. Sie deprimiert ihn so sehr, daß er nicht mehr zu sich selbst stehen kann, da sie ihn mit dem Bild eines ›Selbst‹ konfrontiert, das immer im Unrecht ist und deswegen ständig getadelt werden muß. Er fühlt sich durch sie einfach in die Enge getrieben. Er mag ein wenig unbekümmert sein, aber darin sehe ich nichts Schlechtes. Im Gegenteil, wären wir alle ein wenig unbekümmerter, würden wir uns viel besser fühlen. Auch er wird irgendwann seine Probleme haben. Im Moment aber ist er noch nicht in einem Alter, um ständig über Probleme nachzudenken. Warum muß ihm seine Mutter welche schaffen? Sind denn die Rechtschreibfehler wirklich so wichtig? Bei einem Diktat in der Schule sollte man natürlich darauf achten, keine Fehler zu machen, und wenn, sollte man sie korrigieren können. Aber wie kann die Mutter den Fehlern im Brief ihres Sohnes an ein anderes Kind so große Bedeutung beimessen?

... und daß er mit Bleistift anstatt mit Kugelschreiber schrieb ...

Also, ich finde den Brief schrecklich. Ich hoffe, daß die Mutter die Lektion, die ihr der Sohn erteilt hat, verstanden hat. Ich glaube nämlich nicht, daß der Junge davon gesprochen hat, sich umzubringen, nur um seine Mutter zu erpressen. Er hat es gesagt, weil er allmählich zu der Überzeugung kam: »Es ist anscheinend nichts mehr zu machen. Und wenn so das Leben sein soll, bedeutet es mir nichts.« Ich wiederhole, mit acht Jahren muß er für sich selbst leben, er muß für sich selbst sorgen können, auch um den Preis, in der Schule schlechtere Noten zu bekommen. Wie gesagt, es wäre besser, er ginge nach der Schule in einen Hort, so daß er zu Hause nicht noch irgendwelche Aufgaben zu erledigen hat. Es ist viel wichtiger, daß die Familie abends in guter Stimmung zusammensitzt, als daß es ständig heißt: Geh' an die Arbeit, mache deine Hausaufgaben fertig usw. Die Mutter sollte für den Jungen nicht noch eine zusätzliche Lehrerin sein.

Mich wundert auch, daß der Vater des Jungen gar nicht erwähnt wird... Vielleicht würde er so denken wie ich und seiner Frau sagen: »Hör auf, dich andauernd um ihn zu kümmern! Mit acht Jahren wird er schon wissen, was er zu tun hat.«

Ich bin sicher, daß diese Mutter aufgrund Ihrer Antwort befürchten wird, ihr Verhalten gegenüber ihrem Sohn vollständig ändern bzw. vor ihm kapitulieren zu müssen. Sie wird sich sagen: »Jetzt wird er mich nur noch ausnutzen.«

Das glaube ich nicht. Sie sollte versuchen, mit ihm zu reden. Warum hat sie auf seine Bemerkung »Du bist jetzt viel ruhiger« eigentlich nicht geantwortet: »Ja. Ich habe nicht damit gerechnet, daß mein Verhalten bei dir zu solch einem Satz führen würde. Aber weißt du eigentlich, daß ich dich sehr lieb habe?« Denn er weiß nicht, daß sie ihn lieb hat. Er wollte sich in der Schule nicht verspäten und sie ließ ihn nicht gehen. Statt dessen machte sie ihm Vorhaltungen. Aber schließlich muß er doch zur Schule gehen, und zwar unabhängig davon, was die Mutter sagt oder nicht sagt, ob er gefrühstückt hat oder nicht, fertig angezogen ist oder nicht... Wenn er zur Schule gehen will, soll er gehen. Es ist schließlich seine Sache. Mit acht Jahren, und ich wiederhole es ein letztes Mal, muß ein Kind für sich selbst sorgen können. Natürlich soll man darauf achten, daß es im großen und ganzen alles richtig macht. Man soll es aber nicht bis ins kleinste Detail kontrollieren.

2

Nicht nur die Eltern zählen ...

(Lesen, Fernsehen; das begabte Kind)

Man hat den Eindruck, daß viele Eltern von ihren Kindern enttäuscht sind, sobald sie nicht mehr ihren Vorstellungen oder ihren Wünschen entsprechen ...

Leider!

Die Mutter eines dreizehnjährigen Jungen schreibt Ihnen folgendes: »Er interessiert sich überhaupt nicht für Bücher, obwohl wir, sein Vater und ich, sehr gerne lesen. Aber es ist uns anscheinend nicht gelungen, ihn für Bücher zu begeistern. Am liebsten mag er Comics (immerhin), wobei er sich allerdings eine Zeitlang damit begnügte, sich nur die Bilder anzuschauen. Nur wenn er den Sinn eines Bildes nicht auf diese Weise herausbekam, las er den dazugehörigen Text. Mit sechs Jahren hörte er sich am liebsten Geschichten auf Schallplatten an, z. B. die Erzählung ›Der kleine Prinz‹. *« Als er dann lesen konnte, schlug ihm seine Mutter vor, parallel zum Hören der Schallplatte auch das Buch zu lesen: »Aber nach wenigen Minuten hatte er es schon wieder zugeklappt und wollte es nicht mehr anrühren. Er hat dann zwar lesen gelernt, aber meiner Meinung nach wie ein Papagei, d. h. er äffte die Worte nach, ohne ihren Sinn richtig verstanden zu haben. Das ging solange, bis ich in einer Kinderzeitschrift ein Spiel fand, das ihn sehr interessierte, und mit Hilfe dieses Spiels lernte er dann, richtig zu lesen.« Sie führt noch einige Beispiele mehr an und beendet ihren Brief mit der folgenden Bemerkung:*
»Ich denke, daß er irgendwann von allein auf den Geschmack kommen wird, wie es bei ihm immer der Fall war. Sein erster Zahn ist z. B. mit vierzehn Monaten gekommen. Und dann hat er eines Tages das Fläschchen weggeworfen und wollte von

diesem Zeitpunkt an nur noch mit dem Löffel essen. Auch interessiert er sich für Sport, Bastelarbeiten und Musik, nur will er nicht richtig für die Schule lernen. Er nimmt in der Schule am Musikunterricht teil und kann auf der Orgel schon ganze Stücke spielen. Dabei hören wir ihm gern zu und unterhalten uns miteinander darüber. Aber es ist wirklich schade, daß er für Bücher so wenig übrig hat, denn schließlich verbaut er sich damit den Zugang zu einer Welt, die sehr interessant sein kann. Und auch für die Schule wäre es schließlich von Nutzen, noch andere Bücher als die zu lesen, die für die Schule unerläßlich sind.«

Dieses Kind entspricht wohl tatsächlich nicht den Vorstellungen und Wünschen seiner Eltern. Sie haben ein Kind, das ganz anders ist als sie selbst. Vielleicht ist es auch so geworden, weil es immer, wenn seine Eltern in ihre Bücher vertieft waren, das Gefühl hatte, von ihnen nicht beachtet zu werden. Die einzige Methode, ein Kind zum Lesen anzuregen, besteht darin, ihm schon von früh an längere Geschichten vorzulesen. Einen anderen Weg weiß ich nicht.

Aber mit sechs Jahren hörte er doch gerne Geschichten ...

Ja, ich weiß, aber audiovisuell, d. h. auf Schallplatte, im Radio oder im Fernsehen. Sicherlich mochte er es gern, daß ihm auf diese Weise eine Geschichte erzählt wurde. Aber die Kinder mögen doch viel lieber, wenn der Vater oder die Mutter ihnen vorliest. Da diese Leute ja selbst so gerne lesen, könnten sie ihrem Sohn – mit dreizehn Jahren ist man, was das Lesen betrifft, schon fast erwachsen – alles, was sie lesen, laut vorlesen. Wenn der Junge sich dabei langweilt, kann er ja weggehen. Sonst kann er eben zuhören und von seinen Eltern etwas lernen.
Allerdings möchte ich in diesem Zusammenhang auch erwähnen, daß das Lesen von Büchern in sehr frühem Alter häufig eine Flucht vor der Realität darstellt. Die Eltern sind dann zwar begeistert, daß ihr Kind so viel liest, doch für seine soziale Entwicklung ist es nicht von Nutzen. Hinzu kommen ja auch noch Fernsehen und Radio. In dieser Beziehung haben sich die

Zeiten sehr geändert. Aber auch früher gab es Kinder, die keinen richtigen Kontakt zur Wirklichkeit über soziale Beschäftigungen fanden und sich statt dessen in eine Traumwelt flüchteten, die sie in ihren Büchern fanden. Der Junge, um den es hier geht, setzt sich aber aktiv mit der Wirklichkeit auseinander und darin sehe ich etwas ausgesprochen Positives. Erst mit sechzehn Jahren sollte man eigentlich Spaß daran haben, der Realität durch das Lesen eines Buches einmal entfliehen zu können, vielleicht weil man sich langweilt oder weil es einem gerade an menschlichen Kontakten fehlt. Und mit achtzehn oder neunzehn Jahren profitiert man noch mehr vom Lesen, denn man hat bereits bestimmte Kenntnisse über die Wirklichkeit erworben und entsprechende Erfahrungen hinter sich, die in Büchern häufig – in anderer Form – wieder angesprochen werden. Ohne diese ›Lebenserfahrung‹ erscheint der Inhalt eines Buches wie eine künstliche Welt, eine Welt, die sich nicht in Zusammenhang bringen läßt mit dem, was man selbst erlebt und erfahren hat. Das eigene Leben wird auf diese Weise nicht bereichert, indem man von Dingen erfährt, die den eigenen Wissenshorizont erweitern, sondern durch etwas ersetzt, zu dem man in der Wirklichkeit keine Beziehung hat.

Mit Ihrer Äußerung, daß die Eltern einem 13jährigen Jungen vorlesen sollen, was sie selbst lesen, werden Sie wohl nicht überall auf Zustimmung stoßen. Schließlich sind ja nicht alle Bücher für dieses Alter geschrieben ...

Um solche Bücher geht es mir auch nicht. Ich meine ja nicht, daß die Eltern ihren Kindern etwa pornografische oder erotische Bücher vorlesen sollen. Aber wenn es sich um gut geschriebene Bücher handelt, dann sind doch schon Kinder ab zehn oder elf Jahren dafür zugänglich. Die Eltern schlagen dem Kind in diesem Falle vor, ihm etwas vorzulesen, z.B.: »Hör mal, diese Seite des Kapitels, das ich gerade lese, finde ich ungeheuer gut. Ehrlich, ganz toll. Ich lese sie dir einmal vor.« Und die Kinder können mit ihren Eltern dann darüber diskutieren. Und nur auf diese Weise lernen sie einen Autoren auch schätzen. Ein Buch hat nämlich nur dann einen Sinn, wenn man zu dem Autoren, der es geschrieben hat, auch eine gewisse Beziehung hat. Andernfalls verstehen die Kinder ein Buch nicht, es bleibt ein beliebiger Gegenstand bedruckten Papiers. Die Buchstaben werden erst dann lebendig, wenn die Eltern es verstehen, sie lebendig zu machen. Die Tatsache, daß der Junge den *›Kleinen Prinz‹* so gern mochte, stützt meine Annahme: Er mochte die Geschichte, weil sie ihm mit einer – zwar fremden Stimme – dennoch lebendig gemacht wurde. Man liest ja auch, um eine Geschichte oder einen Roman geistig ›präsent‹ zu haben. Und wenn jemandem eine Geschichte dadurch ›geschenkt‹ wird, daß man sie ihm vorliest, ist er darüber sehr glücklich. Wenn die Eltern also den Horizont ihres Sohnes erweitern wollen, dann sollten sie so vorgehen, wie ich es ihnen vorgeschlagen habe. Auf keinen Fall werden sie Erfolg haben, wenn sie ihm einreden, er solle nur ›für sich selbst‹ lesen. Denn dabei empfindet ihr Sohn offensichtlich nur Langeweile.

Wenn wir nun schon dabei sind, über das zu sprechen, was bei einem Kind Interessen erwecken kann, sollten wir gleich das Thema ›Fernsehen‹ mit einbeziehen, ein Thema, das ja so ziemlich bei allen Eltern mit gewissen Problemen behaftet ist... Sollen oder dürfen Kinder fernsehen? Was bringt den Kindern das Fernsehen, was nimmt es ihnen? Überhaupt: Ist das Fernsehen nun gut oder schlecht?

Das Fernsehen stellt für viele Familien tatsächlich ein Problem dar. Nicht zuletzt deswegen, weil in einer Familie ganz verschiedene Interessen zusammenkommen. Und gerade hierbei bringt das Fernsehen einige Probleme mit sich, die nicht einfach zu lösen sind.

Eine Mutter erklärt, daß sie kategorisch gegen das Fernsehen eingestellt ist: »Ich bin dagegen, weil Fernsehen die Menschen wie Magneten anzieht und sie davon süchtig werden. Weiterhin verhindert das Fernsehen menschliche Gespräche. Für Kinder bedeutet es eine regelrechte Falle, in die sie hineingeraten und aus der sie nicht mehr wieder herausfinden. Auch die Augen werden viel zu sehr beansprucht! Und das Familienleben wird auch noch in Mitleidenschaft gezogen. Wir haben zwar einen Fernseher zu Hause, aber ich habe meinen Kindern verboten, fernzusehen.« Sie vergleicht das Fernsehen gewissermaßen mit einer Droge, von der die Familie nicht mehr loskommt ...

Gibt sie auch das Alter ihrer Kinder an?

Sie sind sieben und zweieinhalb Jahre. Ob es sich bei ihnen um Jungen oder Mädchen handelt, sagt sie nicht. Sie schreibt auch, daß sie im Kindergarten bzw. in der Schule ganz ausgezeichnete Leistungen erbringen ...

Das scheint mir etwas übertrieben. Im Alter von zweieinhalb bzw. sieben Jahren kann man noch nicht von ›ausgezeichneten Leistungen‹ sprechen.

Vielleicht schließt sie vom Verhalten ihrer Kinder zu schnell auf deren Leistungsfähigkeiten. Aber ich will weiter aus dem Brief zitieren: »Ihre ausgezeichneten Leistungen führe ich übrigens darauf zurück, daß sie nie fernsehen. Wir unternehmen nämlich mit unseren Kindern eine Vielzahl anderer Dinge. Wir machen Spiele zusammen, lesen, hören Musik, gehen spazieren und diskutieren viel miteinander.« Sie fügt noch hinzu, daß ihr Mann mit dem Fernsehverbot überhaupt nicht einverstanden ist und ihr vorwirft, sie würde nicht mit der Zeit gehen. Nun möchte sie wissen, wer von beiden – sie oder ihr Mann – recht hat. Sie sollen ihr aber Ihre ehrliche Meinung sagen, auch dann, wenn sie im Unrecht ist.

In bezug auf ihre Fragestellung, wer von beiden Elternteilen recht hat, möchte ich keine Antwort geben. Aber mich wundert an dem Brief, daß diese Mutter von dem siebenjährigen Kind genauso spricht wie von dem zweijährigen. Wie kann sich denn ein zweieinhalbjähriges Kind an Diskussionen beteiligen? Mir kommt es vor, als würde sie die ganze Zeit nur von dem älteren Kind sprechen, zu dem sie anscheinend eine ganz besondere Beziehung hat. Vielleicht leidet ihr Mann übrigens deshalb unter ihrem Fernsehverbot, weil er wegen dieses Kindes selbst auf das Fernsehen verzichten muß?

Ich finde, daß man auch für die Entwicklung der Kleinkinder das Fernsehen recht sinnvoll nutzen kann. Zweieinhalbjährige Kinder interessieren sich sehr für einige Geschichten, die sie im Fernsehen zu sehen bekommen. Darüber lernen schon Kinder in diesem Alter etwas über soziale Vorgänge, die sie von zu Hause nicht kennen und über die sie sich auf Spielplätzen oder im Kindergarten mit ihren kleinen Kameraden unterhalten können. Ich bin also nicht von vornherein gegen das Fernsehen eingestellt. Aber ich bin dagegen, wenn es zu einer Droge wird, auf die man nicht mehr verzichten kann, d. h. ich bin gegen die Eintönigkeit, wenn man nur noch fernsieht. Den Kindern aber ein generelles Fernsehverbot zu erteilen, halte ich für ausgesprochen altmodisch. Gerade für Kinder gibt es recht gute Sendungen im Bereich der Vorschulerziehung. In ihnen werden ihnen viele Dinge beigebracht, die dann nicht über die Eltern vermittelt werden müssen, sondern über Pädagogen, die eigens dafür ausgebildet sind. Da wird das Leben verschiedener Tiere gezeigt, werden bestimmte sachkundliche Themen abgehandelt usw. Und dann gibt es ja auch noch die Zeichentrickfilme. Vielleicht mag die Mutter diese Filme nicht, aber es gibt sehr hübsche Filme dieser Art. Natürlich auch ganz schlechte ...
Wie dem auch sei, was werden denn diese Kinder, die zu Hause Fernsehverbot erteilt bekommen haben, tun? Sie werden einfach zu Freunden gehen und dort fernsehen. Und darüber hinaus werden sie sich denken, daß ihre Mutter hinter dem Mond lebt. Und das müßte eigentlich doch nicht sein. Ich denke, daß diese Frau die Fernsehprogramme studieren und sich dann bestimmte Sendungen auswählen sollte, die sie ihren Kindern anbietet: »Heute abend gibt es etwas Interessantes im Fernsehen. Wenn ihr Lust habt – denn sie sind ja nicht verpflichtet, sich eine Sendung anzusehen, nur weil ihre Mutter gesagt hat, sie sei gut – können wir sie uns ansehen.« Und dann noch einmal zu den Sendungen für die ganz Kleinen: Sie kann sie sich ja erst einmal selbst ansehen, um sich ein Bild davon zu machen.

Der Mann hat also nicht ganz unrecht?

Zumal er selbst nicht fernsehen darf, damit seine Kinder nicht das Gefühl bekommen, sie wären die einzigen, denen man das Fernsehen vorenthält. Ich finde es generell nicht gut, wenn sich Eltern ausschließlich auf die Erziehung und die geistige Entwicklung ihrer Kinder konzentrieren und dabei ihre eigenen Interessen völlig vernachlässigen.

In dem Brief, von dem gerade die Rede ist, wird noch ein anderes Problem angesprochen. Sie sagten eben, daß man sich nicht zu sehr auf die Erziehung bzw. auf die geistige Entwicklung seiner Kinder konzentrieren sollte. Genau dieses Problem, ihre Kinder zu möglichst aufgeweckten Kindern zu erziehen, scheint diese Frau aber besonders stark zu beschäftigen. So fragt sie: »Wenn man feststellt, daß Kinder intelligent sind, daß sie alles sehr schnell begreifen, sollte man sie dann nicht besonders fördern, ihnen die Bedeutung des Lernens erklären und ihnen das Gefühl vermitteln, wie wichtig das Arbeiten an einem selbst ist? Oder sollte man sie ihre Kindheit eher ausleben lassen?“

Ich habe den Eindruck, daß sie die Antwort auf die Frage schon weiß, wenn sie schreibt »ihre Kindheit ausleben«. Natürlich sollen sie das, denn sonst würden die Kinder nur ein Teil der Mutter sein. Die Eltern sollten unbedingt wissen, daß alles, was ein Kind mit Hilfe seiner Eltern an Kenntnissen erwirbt (und sei es nur, um ihnen zu gefallen), und was es mit ihnen allein erlebt und ausgetauscht hat, in der Pubertät wie trockenes Laub von ihm herabfällt. Denn ein Kind bewahrt nur von seiner Kindheit, was es nicht im ausschließlichen Kontakt zu seinen Eltern, sondern gleichzeitig im Kontakt zu vielen anderen Menschen erlebt hat, um es auf diese Weise in seine Persönlichkeit zu integrieren. Das zu verstehen ist sehr wichtig.
Und was versteht diese Mutter eigentlich darunter, wenn sie schreibt, daß man die intelligenten Kinder schon frühzeitig fördern soll? Dazu möchte ich sagen, daß ich es für ausgesprochen schädlich halte, wenn man einem Kind rät, eine Schulklasse zu überspringen. Ein Kind, das mit fünfeinhalb oder sechs Jahren schon lesen und schreiben kann, sollte lediglich zu diesem Zeitpunkt auch eingeschult werden. Aber wenn es erst

einmal in der Schule ist, sollte es keine Klasse überspringen. Ich habe bei Kindern, die das nur gemacht haben, um ihren Eltern damit einen Gefallen zu tun, katastrophale Auswirkungen feststellen müssen. Und das Ergebnis war, daß sie die Klasse dann noch einmal wiederholen mußten ... Ich habe also nichts dagegen, daß ein Kind mit seinen Eltern schon vor der Einschulung ein wenig schreiben, rechnen und lesen lernt, zusammen mit den Eltern ist es besser als im Kindergarten. Aber gleichzeitig muß es unbedingt die Möglichkeit haben, auch mit anderen Kindern zu spielen, zu basteln usw.

Ich gewinne langsam den Eindruck, daß Sie die Leute nicht mögen, die ihre Kinder besonders fördern wollen ...

Ich halte es für gefährlich.

... und die dazu neigen, das hochbegabte Kind in ihrer Familie zu entdecken?

Kinder sind alle intelligent. Die rein schulische Intelligenz zählt nichts gegenüber der allgemeinen Intelligenz. Und darunter verstehe ich die Fähigkeit, allen Dingen, mit denen man in seinem Leben konfrontiert ist, einen Sinn geben zu können. Und diese Fähigkeit beschränkt sich eben nicht nur auf die Schulzeit. Intelligenz wird ebenso durch das Trainieren der Muskeln, durch das Erlernen der Körperbeherrschung oder durch die Geschicklichkeit der Hände geweckt. Auch das Gedächtnis hat viel mit der Intelligenz zu tun. Das Kind, von dem die Mutter schreibt, könnte ja auch durch das Erzählen von Geschichten oder Märchen sein Gedächtnis trainieren, genausogut übrigens, indem es seinen Eltern den Inhalt einer Fernsehsendung korrekt wiedergibt. Alles, was ich aufgezählt habe, trägt zur Entwicklung der Intelligenz bei. Also nicht nur das Lernen in der Schule, sondern die Auseinandersetzung mit allem, mit dem man in Berührung kommt. Ich möchte den Eltern deutlich machen, wie wichtig es ist, die Intelligenz und die Sensibilität gegenüber dem Leben mit allen Möglichkeiten, die einem Körper zur Verfügung stehen, zu entwickeln. Die einseitige Entwicklung der Intelligenz ist von keinem Nutzen.

Eltern, die ihre Kinder besonders fördern wollen, merken ja oft, daß diese – vielleicht nach einer gewissen Zeit – anfangen, die Schule regelrecht zu hassen.

Das ist auch nicht verwunderlich ...

Wahrscheinlich, weil man sie zu Hause immer nur gelobt hat oder weil man sie überforderte ...

Ich möchte noch auf eine weitere Gefahr aufmerksam machen. In ihrer Pubertätszeit haben solche Kinder, die man auf ihre geistige Entwicklung fixiert hat, häufig nur noch ihre schulischen Leistungen im Kopf. Und später, wenn sie sich auch ihren körperlichen oder sexuellen Bedürfnissen widmen wollen, müssen sie feststellen, daß sie diese Seite ihrer Entwicklung völlig vernachlässigt haben. Ihnen fehlt es dann häufig an Sensibilität gegenüber dem anderen Geschlecht, aber auch gegenüber künstlerischen Werten, und dann bricht für sie eine Welt, die sie bis dahin aufrechterhalten haben, völlig zusammen. Und an ihrem Studium werden sie dann ebenfalls jegliches Interesse verlieren. Und das ist bei Kindern, die so viel Hoffnungen in ihren Eltern erweckt haben, doch sehr schade. Wir müssen mit diesem ›alten Zopf‹, wenn ich mich so ausdrücken darf, daß nämlich die Schulzeit nur der Förderung der schulischen Intelligenz dienen soll, Schluß machen. Natürlich gibt es Kinder, die in der Schule wirklich gut mitkommen, vielleicht auch besser als andere Kinder. Aber es besteht dann trotzdem kein Grund, sie ausschließlich in bezug auf ihre schulischen Leistungen zu fördern. Aufrichtigkeit des Charakters, die Liebe zur Natur, zu den Pflanzen und Tieren, das Beobachten dessen, was um einen herum geschieht, Lebensfreude, Erfindungsgeist, körperliche Geschicklichkeit, die Geschicklichkeit der Hände, ein freies Gefühlsleben, die Möglichkeit, den anderen so zu erfahren wie er ist – das sind Eigenschaften, die sich oft nicht entwickeln können, wenn der schulische Erfolg zum einzigen Kriterium wird, das Eltern an die Entwicklung ihrer Kinder anlegen. Und genauso verhält es sich mit so wichtigen Eigenschaften wie der Fähigkeit, in der Gemeinschaft mit anderen zu leben, sich Freunde zu machen und sie auch zu behalten, sich Kenntnisse über die Geschichte seiner Familie anzueignen, seiner Stadt, seiner Gegend, seines Landes, ein reges Interesse für Kunst, kulturelle Aktivitäten oder Sport zu entwickeln und schließlich ein Gefühl für seine eigene Verantwortung gegenüber der Außenwelt zu haben. Ein lebendiges Kind ist ein Kind, das sich persönlich für irgend etwas engagiert, was es auch immer im einzelnen sein mag. Wenn ein solches Kind von seinen Eltern dabei unterstützt wird, die Niederlagen und Enttäuschungen zu überwinden, die es in der Schule oder in seinen gefühlsmäßigen Beziehungen zu anderen erfährt, wenn seine Eltern ihm dabei Zuwendung, Vertrauen und eine entsprechende häusliche Atmosphäre zu geben wissen, wird dieses Kind auch einer erfolgreichen Zukunft entgegensehen können. Und ich möchte dem noch eines hinzufügen: Wenn ein Kind von seinem schulischen Leistungsniveau anderen Kindern voraus ist, sollte man nicht nur auf seine Fähigkeiten, sich schneller als andere Kenntnisse anzueignen, achten, sondern sich auch darüber Gedanken machen, ob es in der Lage ist, seinem allgemeinen Entwicklungsstadium entsprechende Freunde zu finden, die es als ihm ebenbürtig anerkennt. Das geistige und physische Entwicklungsniveau sollten unbedingt im Einklang sein. Denn bei Kindern, die den anderen in der Schule voraus sind, besteht ansonsten die Gefahr, daß sie aus ihrer altersmäßigen Bezugsgruppe ausgeschlossen sind, besonders wenn sie körperlich oder sexuell noch nicht so reif sind wie die anderen Kinder der Klasse. Für die Persönlichkeitsentwicklung eines Kindes kann es manchmal schlimmer sein, der Jüngste als der Älteste in einer Klasse zu sein. Ein sehr begabtes Kind sollte von daher erst ab dem Alter von fünfzehn Jahren den Leistungen seiner Klasse wirklich voraus sein.

3

Warum muß die Schule so traurig sein?

(Lernen und Erziehung)

Ich möchte jetzt über den folgenden Brief sprechen, den uns eine Mutter von drei Kindern geschrieben hat. Die Kinder sind vierzehn, dreizehn und und elf Jahre alt. Neulich ist ihr dreizehnjähriger Sohn in Tränen ausgebrochen, als sie ihm seine Hausaufgaben abhörte; er lispelt ein wenig und bleibt am Anfang eines Satzes häufig hängen. Die Eltern haben versucht, dieses Problem anzugehen, indem sie mit ihm zu einem Kinderarzt und Logopäden gegangen sind. Beide haben gemeint, daß der Sprachfehler nicht gravierend sei und sich mit der Zeit von selbst geben würde. Es wäre also eine reine Zeitfrage, zumal ihr Sohn seine Sprachfähigkeit ja in der Schule und zu Hause täglich üben und somit verbessern würde. Die Mutter schreibt uns nun: »Ich möchte jetzt nicht so sehr über die rein medizinische Seite des Problems sprechen als vielmehr über die Angst, die mein Kind aufgrund seines Sprachfehlers entwickelt hat. Wir möchten ihm dabei helfen, seine Sprachschwierigkeiten auch deshalb zu überwinden, weil er in der Schule unter den Hänseleien seiner Klassenkameraden, aber auch unter den anzüglichen Witzen seines Lehrers leidet. Die Schule macht ihn unglücklich.

Die Schulpraktiken, von denen diese Mutter berichtet, sind wirklich schlimm. Es gibt Lehrer, die zwar einen geordneten Unterricht geben können, aber von dem erzieherischen Aspekt ihrer Tätigkeit keine Ahnung haben. Meiner Ansicht nach versagt ein Pädagoge in seinem Beruf, wenn er zuläßt, daß ein Kind während des Unterrichts von anderen Kindern wegen einer körperlichen Auffälligkeit oder wegen eines Sprachfehlers ausgelacht wird und deswegen darunter leidet. Das erinnert mich an den Brief eines jungen Mannes, der seine schulische Ausbildung per Fernunterricht beenden mußte, nur weil er einen Sprachfehler besaß und etwas schmächtiger war als seine Klassenkameraden. Er arbeitet heute sehr erfolgreich in seinem Beruf, aber er war zu diesem Schritt gezwungen gewesen, weil er die permanente Verspottung, der er ausgesetzt war, nicht mehr aushalten konnte. Schließlich ist jemand nicht deshalb weniger wert als andere, nur weil er eine starke Sensibilität besitzt oder unter irgendwelchen körperlichen Beeinträchtigungen leidet. Häufig tritt übrigens später das Gegenteil ein, daß solche Eigenschaften die Persönlichkeit bereichern. Aber nun noch einmal zu diesem Jungen, der ein wenig lispelt: Vielleicht könnte ihm eine Psychotherapie helfen, auch wenn die Ärzte davon ausgehen, daß sein Sprachfehler nicht so gravierend ist. Denn für den Jungen kommt es darauf an, daß er lernt, sich besser zu wehren, und zwar nicht in der Art und Weise, wie es die anderen von ihm erwarten, sondern mit den Mitteln, die seiner Persönlichkeit entsprechen ...

Wie können die Eltern ihren Kindern in einem solchen Fall sonst noch helfen? Nicht alle Eltern können es sich leisten, ihr Kind die Schule wechseln zu lassen oder mit ihm in eine andere Stadt zu ziehen? Und diese Mutter ist sich ja darüber im klaren, daß ihr Sohn nicht unter seinem Sprachfehler leidet, sondern unter den geschilderten Umständen, die sich bei ihm in der Schule abspielen.

Genau kann ich auch nicht sagen, was man dagegen unternehmen sollte. Aber vielleicht wäre es besser, wenn die Mutter ihr Kind in dieser Angelegenheit nicht zu sehr beschützt ... Und auch der Vater des Jungen könnte ihm beistehen ...

Halten Sie es eigentlich für richtig, daß Eltern in einem, wie dem eben geschilderten Fall mit dem betreffenden Lehrer sprechen?

Das ist eine zwiespältige Angelegenheit. Denn es hängt ganz von der Persönlichkeit des Lehrers ab, was sich im einzelnen aus einem solchen Gespräch ergibt. Zunächst müßte man einmal herausfinden, ob der Junge überhaupt damit einverstanden ist. Und dann besteht auch ein Unterschied darin, ob man einen Lehrer über die Lernfortschritte seines Kindes befragt, was

immer notwendig ist, oder ob man mit ihm über *seine* pädagogischen Fähigkeiten oder *seine* Charakterprobleme sprechen will. Ich halte das für sehr schwierig und glaube kaum, daß es funktioniert, gerade bei einem Lehrer, der so weit geht, Spaß daran zu haben, sich mit Schülern seiner Klasse über einen ihrer Mitschüler lustig zu machen. Kinder können anderen Kindern gegenüber häufig genug grausam sein, aber man kann mit ihnen auch darüber sprechen. Aber mit einem Erwachsenen, der unter so starken Minderwertigkeitsgefühlen leidet, wie dieser Lehrer, der es nötig hat, über jemanden zu spotten, der von Natur aus benachteiligt ist? Ich befürchte, daß die Eltern durch eine Intervention bei diesem Lehrer die Situation eher noch verschlimmern würden. Und man kann schließlich auch nicht jeden Menschen dazu auffordern, eine Psychotherapie zu machen. Trotzdem ist es furchtbar, daß bestimmte Lehrer unterrichten dürfen, obwohl ihnen die wesentlichen Voraussetzungen dazu fehlen: Sie haben zwar ihr Examen bestanden, aber sie besitzen nicht jene pädagogischen und psychologischen Fähigkeiten, derer es bedarf, mit Kindern zusammenzuleben und sie zu erziehen. Sie mögen fachlich gut ausgebildet sein, aber fungieren als menschliche Vorbilder, die von Minderwertigkeitsgefühlen gequält sind und diese an ihren Schülern kompensieren.
Das Kind, von dem wir gerade sprechen, ist seinem Lehrer in seiner Persönlichkeit wahrscheinlich weit überlegen. Er macht sich im Grunde über es lustig, weil er eifersüchtig ist, weil ihn seine Überlegenheit stört. Da bin ich mir ganz sicher.
Vielleicht könnte auch der Vater zum Direktor der Schule gehen und ihn auf die Verzweiflung seines Sohnes hinweisen. Der Direktor könnte seinerseits die Situation etwas erträglicher gestalten oder sogar beheben, wenn er mit dem Klassensprecher oder der Klassensprecherin dieser Klasse spricht. Aber wenn alles nichts hilft, wäre ich in diesem Fall schon dafür, daß der Junge die Schule wechselt, vielleicht, wenn es geht, einfach auch nur die Klasse.

Im folgenden Brief wird ein ganz ähnliches Problem angesprochen. Er ist von einer Mutter, die ein siebeneinhalb- und sechsjähriges Kind hat. Der etwas ältere Junge ist sehr lebhaft und kann sich nach Angaben der Mutter auch ausgesprochen leicht über irgend etwas aufregen. Nun hat er das Pech, daß seine Klassenlehrerin sehr streng ist. Das hat nicht nur zur Folge, daß er ziemlich schlechte Noten mit nach Hause mitbringt und ständig von dieser Lehrerin getadelt wird, sondern daß diese ihn auch noch zusätzlich schikaniert und demütigt. So hat sie ihn mit einer schlechten Klassenarbeit in die Klasse nebenan geschickt mit der Auflage, den Schülern dieser Klasse seine Arbeit vorzutragen, damit sie sich über ihn ebenfalls lustig machen können. Die Mutter schreibt: »Im Gegensatz zu dieser Lehrerin habe ich mich immer bemüht, meinem Sohn gegenüber Verständnis aufzubringen. Aber leider fehlen mir die finanziellen Mittel, meine Kinder in eine bessere Schule zu schicken, z. B. in eine Freinet-Schule[1]«. Sie traut sich auch nicht, mit dieser Lehrerin zu sprechen, da sie davon überzeugt ist, daß diese sich sowieso im Recht fühlt. Im übrigen hat sie generell eine starke Abneigung gegenüber solchen Lehrern, die nicht dazu imstande sind, jene ruhige Atmosphäre in ihrer Klasse herzustellen, die für das Arbeiten der Kinder notwendig ist. Und im letzten Satz ihres Briefes faßt sie ihren Standpunkt noch einmal zusammen: »Warum muß die Schule für die Kinder so traurig sein?«

Eine Erziehung, die darüber funktionieren soll, daß man jemanden demütigt, finde ich empörend. Auch wenn es nicht weiterhelfen sollte, in diesem Fall sollten die Eltern der Lehrerin wirklich ihre Meinung sagen. Vielleicht der Vater, weil er bei ihr über mehr Autorität verfügt. Aber da es schwierig ist, das Verhalten einer solchen Lehrerin zu verän-

---

1 Der französische Grundschullehrer und Reformpädagoge *Freinet* entwarf Anfang dieses Jahrhunderts eine alternative Schulkonzeption. In Frankreich entstanden daraufhin sogenannte ›Freinet-Schulen‹ oder man integrierte seine Unterrichtsmethode in den herkömmlichen Schulbetrieb. Im wesentlichen geht es dabei darum, durch einen sachbezogenen, naturnahen und dem praktischen Alltagsleben verbundenen Unterricht die Trennung von Schule und Leben zu überwinden.

dern – darauf habe ich gerade hingewiesen –, bleibt der Mutter wohl nichts anderes übrig, als ihrem Kind dabei zu helfen, die Persönlichkeit der Lehrerin zu ›akzeptieren‹, indem sie ihm sagt, es käme nur darauf an, daß es in der Schule gut arbeitet und es den schlechten Charakter der Lehrerin dabei am besten ignoriert: »Du hast doch gute Noten in der Schule, und das, was sie dir vorwirft, machen doch alle Schüler irgendwann einmal.« Das würde schon reichen. Sie soll die Angelegenheit nicht noch weiter dramatisieren. Und wie aus ihrem Brief hervorgeht, tut sie es ja auch nicht.
Mich stimmen derartige Demütigungen von Kindern jedoch sehr traurig. Es ist einfach die Pflicht eines Lehrers dann einzugreifen, wenn Schüler sich über einen Kameraden lustig machen, nur weil sich dieser nicht richtig ausdrücken kann oder weil er schlechte Leistungen zeigt. Ein Lehrer muß solche Äußerungen kritisieren und unterbinden, indem er sagt: »Das ist nicht menschlich, was ihr da treibt. Überlegt doch mal, was ihr tut. Ihr seid nicht besser als Affen in einem Käfig!« Und der Lehrer sollte sich nicht zum Anführer dieser Affenhorde machen. Ein Kind soll sich in der Schule wohlfühlen, auch dann, wenn es seine Aufgaben nur schlecht bewältigen kann oder wenn es irgend etwas angestellt hat. Wenn es dem Lehrer gelingt, einem Kind bei der Überwindung seiner Schwierigkeiten, egal welchen, zu helfen, dann ist er ein guter Pädagoge. Dann besitzt er eben nicht nur die Fähigkeit zu unterrichten, sondern auch die Fähigkeit, die Kinder zu erziehen.

Ein Problem, das auf jeden Fall ernstgenommen werden muß – und nicht wenige Eltern und Erzieher ängstigt –, betrifft jene Kinder, die plötzlich sagen: »Ich werde mich töten, ich werde mich umbringen.« Hierzu der Brief einer Mutter, deren Sohn elf Jahre alt ist. Ihr Sohn hat in der Schule große Probleme im Verhältnis zu seinen Mitschülern. Er scheint ziemliche Verständigungsschwierigkeiten mit ihnen zu haben, die dazu führen, daß er von ihnen ausgenutzt wird. Seit kurzem ist er auf einem großen Gymnasium mit über dreihundert Schülern und wird dort von seinen Klassenkameraden regelrecht erpreßt. Das heißt, sie fordern von ihm, daß er ihnen Geld gibt.

So eine Art Lösegeld?

Genau. Man droht ihm, daß man ihn zusammenschlägt, wenn er ihnen kein Geld mitbringt. Von seinen Mitschülern wird er regelrecht terrorisiert. Wenn schulfrei ist, fühlt er sich prächtig, aber sobald die Schule wieder anfängt, bekommt er Angst, hat Bauchschmerzen, hat das Gefühl, keine Luft zu kriegen und möchte sich manchmal übergeben. Dann sagt er immer wieder: »Ich will nicht wieder in diese Schule gehen.« Die Mutter berichtet auch noch von anderen Auseinandersetzungen: einmal wurde er verprügelt, ein anderes Mal hat man ihm seine Monatskarte aus der Hand gerissen, als er gerade in den Bus steigen wollte. Diese Demütigungen haben dazu geführt, daß er seine Schulangst kaum noch überwinden kann. Und so hat er schließlich zu seiner Mutter gesagt: »Wenn du mich nicht in eine andere Schule schickst, bringe ich mich um.«

Diese Geschichte kann tatsächlich ein böses Ende nehmen. Warum hat eigentlich nicht längst der Vater dieses Jungen eingegriffen und ist zum Direktor der Schule gegangen? Ich habe den Eindruck, daß der Klassenlehrer gar nicht weiß, was sich mit diesem Jungen in seiner Klasse abspielt. Im übrigen würde mich auch die Meinung des Vaters interessieren. Denn manche Mütter übertreiben ja auch, wenn sie darüber berichten, was man ihren Söhnen alles antut ... Es gibt Mütter, die bei geringstem Anlaß gleich ein großes Wehgeschrei anstimmen, obwohl es ihrem Kind in der Schule gar nicht so schlecht geht wie es zu Hause immer behauptet. Solche Mütter rennen ständig zum Klassenlehrer, sich zu beklagen und dieser erzählt ihnen, daß es sich gar nicht so verhält wie die Mutter denkt ...

Meinen Sie im Ernst, daß dies nur bei Frauen vorkommt, so nach dem Motto: »Typisch Frau!«? Ich sage dies bewußt, weil Sie ja wissen, daß uns nach derartigen Äußerungen eine Flut von Protestbriefen erreicht. Was wollen Sie eigentlich damit sagen?

Ich meine nur, daß sich viele Mütter gerade mit ihren Söhnen besonders verbunden fühlen, so daß diese ihre Mütter manchmal ausnutzen – insbesondere, wenn sie in eine neue Schule kommen. Dieser Junge fühlte sich vielleicht sehr stolz und war glücklich, auf das Gymnasium zu kommen. Und dann hat sich herausgestellt, daß er im Grunde noch gar nicht die genügende Reife zu diesem Schritt in seiner Schullaufbahn besaß. Ein Kind, das nicht in der Lage ist, den anderen zu zeigen, daß man mit ihm nicht alles machen kann, was einem gerade einfällt, das sich nicht wehren kann, wird in der Schule zwangsläufig in Schwierigkeiten geraten. Dieses Kind hat, ebenso wie seine Mitschüler, einen neuen Abschnitt in seiner Schulzeit begonnen. Wenn es nun zur Zielscheibe der Aggressivität seiner Klassenkameraden wird, könnte es auch daran liegen, daß es zu Hause ständig beschützt wurde und nie gelernt hat, sich seiner Haut zu wehren. Von nun an sollte sich der Vater etwas mehr um seinen Sohn kümmern. Aber man weiß nicht, ob es in dieser Familie überhaupt einen Vater gibt ... Unter den jetzigen Bedingungen sollte der Junge allerdings nicht weiterleben. Es wird vielleicht auch schon zu spät sein, um mit dem Direktor der Schule zu sprechen, da die Situation mittlerweile schon seit drei Monaten andauert. Das Kind wird entweder krank werden oder eben das tun, was es angekündigt hat. Mit Erpressung hat der ganze Vorgang wenig zu tun. Aber es stimmt: dieser Junge kann die Schulsituation nicht mehr aushalten, er fühlt sich wie am Boden zerstört.

Gerade dazu wollte ich Sie fragen: Soll man einem Kind, das damit droht, sich umzubringen, Glauben schenken?

Manchmal sagen Kinder einen solchen Satz nur so dahin, um ihren Müttern zu imponieren oder um ihnen Angst einzujagen. Im vorliegenden Fall verhält es sich aber anders. Dieses Kind ist täglich Demütigungen ausgesetzt, unter denen es derart leidet, daß es bereits krank geworden ist, wovon uns die Mutter ja berichtet. Was mit ihm in der Schule geschieht, ist wirklich fürchterlich. Die Gewalttätigkeit hat an den Schulen insgesamt zugenommen und man schenkt diesem Phänomen viel zu wenig Beachtung. Für die Opfer dieser Gewalt gibt es häufig keine Möglichkeit, sich aus ihr zu befreien.
Vielfach kommt es auch zu Integrationsproblemen, wenn ein Schüler die Klasse wechselt oder das Schuljahr etwas später

beginnt als die anderen. Ein solches Kind hat es häufig schwer, von der Klasse aufgenommen zu werden, weil sich schon bestimmte Gruppen oder Cliquen unter den Schülern gebildet haben. In diesen Fällen sollte es die Aufgabe des Lehrers sein, den neuen Schüler seinen Klassenkameraden vorzustellen. Er könnte z. B. zwei Schüler aus der Klasse bestimmen, die als eine Art Verbindung zwischen dem Neuankömmling und den übrigen Schülern der Klasse fungieren, und zwar solange, bis dieser Schüler in der Klasse integriert ist.

Um aber noch einmal auf den uns vorliegenden Brief zurückzukommen. Diese Mutter sollte auf jeden Fall versuchen, daß ihr Sohn die Schule wechselt. Da sie in einer Großstadt lebt, dürfte diese Möglichkeit auch bestehen. Sie muß auf jeden Fall etwas unternehmen, denn ihr Kind darf der von ihr beschriebenen Situation in seiner Schule nicht länger ausgesetzt sein. Und auch der Vater sollte – sofern er bei der Familie lebt – aktiv zur Lösung des Problems beitragen. Er kann sich z. B. einen Tag Urlaub nehmen und erst einmal mit dem Direktor sprechen. Und kann dann dabei helfen, daß sein Sohn in eine andere Schule kommt.

4

Denk an deine Zukunft!

(Eltern und Schulzeit)

Kommen wir noch einmal auf das Thema ›Schulprobleme‹ zurück – insbesondere auf die große Bedeutung, die Eltern im allgemeinen dem Schulbesuch ihrer Kinder beimessen . . .

. . . und auf die Ängste, die sie in diesem Zusammenhang entwickeln. Denn sie sind meistens größer als die Bedeutung, die sie der Schule als solche beimessen!

In den Fragen der Eltern tauchen immer wieder folgende Bedenken auf: »Mein elfjähriger Sohn scheint ganz glücklich zu sein. Aber was wird einmal später aus seinem Leben, wenn er in der Schule nicht zurechtkommt? Wird er dann später immer noch glücklich sein?« Und an solche Zweifel schließen sich in der Regel viele weitere Fragen an. Zum Beispiel schreibt uns eine andere Mutter: »Mein Mann ist mit dem, was Sie sagen, überhaupt nicht einverstanden! Ich persönlich bin dagegen eher Ihrer Meinung, aber er will z. B., daß unser siebeneinhalbjähriger Sohn jeden Tag das Lesen übt. Dieser ist in der 2. Klasse und hat damit besondere Schwierigkeiten. Jedesmal gibt es zu Hause ein Drama, wenn diese Leseübungen stattfinden sollen. Was meinen Sie dazu?«

Eigentlich ist ja nichts dabei, wenn dieser Vater seinem Sohn helfen will, richtig zu lesen. Aber er sollte bedenken, daß ein Kind nur dann richtig liest, wenn es auch richtig schreiben kann, wie *Freinet* festgestellt hat. Wenn nun dieser Vater gern liest, wird er auch seinen Sohn auf den Geschmack bringen . . . Er könnte ihm ja auch Geschichten vorlesen. Wenn er ihm das Lesen erleichtern will, könnte er es dadurch, daß er ihn zwei Zeilen lesen läßt und ihm erklärt: »Es ist schon wie eine Zauberkunst, alle diese kleinen Buchstaben zu lesen, die sich zusammentun, um etwas zu bedeuten.« Er könnte ihm das Lesen durch solche und ähnliche Kommentare schmackhaft machen. Dies soll aber auf keinen Fall mit Geschrei und Gebrüll einhergehen wie die Mutter andeutet. Und die Mutter könnte ihrem Sohn, wenn sie dem Kind helfen will, ein Lesespiel basteln, indem sie aus Zeitungen Druckbuchstaben ausschneidet und sie auf einen Karton aufklebt. Es gibt aber auch fertige Lesespiele zu kaufen. Sohn und Mutter könnten gemeinsam viel Spaß haben, aus den Buchstaben immer neue Wörter zu konstruieren. Oder sie können zusammen ein einfaches Kreuzworträtsel lösen. Solche Spiele würden dem Jungen bei seinen Leseschwierigkeiten viel besser helfen als ihn mit andauernden Leseübungen zu belasten, gegen die er ohnehin eine gewisse Abneigung entwickelt hat. Ein Kind kann sich und seine Fähigkeiten niemals richtig entwickeln, wenn es bei dem, was es tut, völlig angespannt und überanstrengt ist.

Kommen wir auf eine Haltung zu sprechen, die Eltern häufig gegenüber den Schulproblemen ihrer Kinder einnehmen. Eine Haltung, die, wie ich glaube, wiederum eher daraus resultiert, daß letztlich die Eltern Angst vor der Schule und den damit zusammenhängenden Konsequenzen für ihre Kinder haben: »Ich habe einen zwölfjährigen Sohn, der in der Schule schlecht ist. Bei seinen Hausaufgaben muß man ihm immer helfen.« Sein Vater erwähnt nun gegenüber seinem Sohn immer irgendwelche Verwandte, die in seinem Alter bereits Musterschüler waren und es in ihrem späteren Leben entsprechend auch zu etwas gebracht hätten ...

Lassen Sie mich gleich dazu etwas sagen: Es ist überhaupt nicht gut, einem Kind gegenüber andere Kinder als absolute Vorbilder hinzustellen. Dieser Vater scheint Minderwertigkeitsgefühle zu empfinden bzw. sich zu schämen, der Vater eines Kindes zu sein, das in der Schule keinen Erfolg hat; er möchte im Grunde der Vater eines anderen Kindes sein. Das ist der wahre Grund, wenn man seinen eigenen Kindern ein Kind aus einer anderen Familie als Vorbild hinstellt, anstatt *ihre* Qualitäten herausfinden und sie zu fördern. Es darf niemals der Sinn einer Erziehung sein, Kinder anzuhalten, andere Kinder zu imitieren; vielmehr soll man ihnen helfen, das Beste aus *sich* zu machen.

Unabhängig davon kann man sich aber schon in die Lage von Eltern versetzen, die folgendes schreiben: »Wenn wir nicht seine Hausaufgaben machen würden, gäbe es in der Schule bald eine große Katastrophe.« Anscheinend kommt es vor, daß bestimmte Kinder mit dem heutigen Schulsystem überhaupt nicht zu Rande kommen. Nun müssen sie aber in die Schule gehen, ob sie nun wollen oder nicht. Wie kann man ihnen helfen?

Wenn die Eltern unbedingt die Hausaufgaben ihrer Kinder erledigen wollen, sollen sie es machen – warum auch nicht. Allerdings sollten sie darauf achten, daß ihr Kind in dieser Zeit, wenn sie an seinen Hausaufgaben sitzen, auch glücklich ist und mit etwas anderem beschäftigt ist. Wie dem auch sei – ein Mensch ist eigentlich immer dann glücklich, wenn er sich wohl in seiner Haut fühlt. Nur dann hat er Lust auf etwas. Wenn nun die Eltern die Hausaufgaben ihrer Kinder machen, damit sie versetzt werden, bin ich prinzipiell nicht dagegen. Man kann diese Eltern ja nicht daran hindern, sich damit selbst eine Freude zu machen! Für das betreffende Kind hat es natürlich keinen besonderen erzieherischen Wert, wenn es in der Schule Zensuren bekommt, die eigentlich die Leistungen seiner Eltern honorieren ...

Aber wie kann man solchen Kindern sonst noch helfen?

Zunächst müßte man sie fragen, ob und wobei sie die Hilfe ihrer Eltern haben wollen. Denn darin liegt das eigentliche Problem. Meistens wollen die Eltern ja etwas von dem Kind, das es selbst gar nicht will. Wenn ein Kind von sich aus seine Eltern um Hilfe bittet, können sie ihm natürlich unter die Arme greifen und es unterstützen, damit es sich auf seine Arbeit konzentrieren kann. Es gibt Kinder, die es allein nicht schaffen. Auf der anderen Seite kann ein Kind nach einem langen Schultag seine Hausaufgaben nur dann ohne große Schwierigkeiten hinter sich bringen, wenn die Beziehung zwischen ihm und den Eltern entspannt, herzlich und zärtlich ist. Dann können die Eltern im Nebenzimmer ihren Beschäftigungen nachgehen, sind aber jederzeit für das Kind da, wenn es ihre Hilfe braucht. Man sollte auf jeden Fall vermeiden, das Kind wegen seiner Hausaufgaben anzubrüllen oder es zu irgend etwas zu zwingen und man sollte es auch nicht mit Hilfe von Belohnungen und Bestrafungen erpressen, das zu tun, was von ihm verlangt wird oder was man selber von ihm verlangt. Auf diese Weise verleidet man dem Kind sein Verhältnis zur Schule oder erzieht es zu einer zwanghaften Einstellung in bezug auf alles, was mit der Schule zusammenhängt. Und das Kind geht am Leben vorbei.

Der folgende Brief wirft Ihnen vor, daß Sie mit Ihren Ratschlägen der gesellschaftlichen Realität nicht genügend Rechnung tragen: »Man muß auch einmal den sozialen Hintergrund derer ansprechen, die in bescheidenen Verhältnissen leben und den Wunsch haben, daß es ihrem Kind später einmal besser geht. Schließlich gehören materieller Wohlstand und eine gute Ausbildung zusammen.« Aber zurück zu Ihrer Bemerkung, daß ein Kind an seinem Leben ›vorbeigeht‹. In diesem Zusammenhang schreibt uns eine Frau: »Ich dachte, ich hätte nicht richtig zugehört, als Sie Ihrem Publikum mitteilten, daß es nicht so wichtig sei, gute Noten aus der Schule mit nach Hause zu bringen. Sie haben ja sogar das Gegenteil behauptet, nämlich daß Kinder, die in der Schule erfolgreich sind, ihre Kindheit und Jugend gar nicht richtig ausgelebt hätten.«

Ja. Ich habe eine ganze Reihe von Briefen bekommen, die dies dokumentieren: »Mir wurde meine Kindheit und Jugend durch die Schule verdorben.«

Diese Frau ist aber anderer Meinung: »Meine Erfahrung spricht ganz dagegen. Ich habe sieben Kinder gehabt... Meine älteste Tochter ist jetzt fünfundzwanzig Jahre und arbeitet als Diplomingenieurin; die zweite (vierundzwanzig Jahre) arbeitet als

Ingenieurin im Flugzeugbau; die dritte (zweiundzwanzig Jahre) ist staatlich geprüfte Agronomin und die letzte (zwanzig Jahre) ist Krankenschwester. Und meine drei Buben gehen noch in die Schule ...«

Es handelt sich um Kinder, die alle, wie man so schön sagt, ›etwas geworden sind‹. Die Mutter erzählt in ihrem Brief, daß sie immer für ihre Kinder dagewesen sei und es auch akzeptiert hat, ihren Kindern in gewissen Dingen unterlegen zu sein, da sie selbst keinen Beruf ausgeübt hat. Es war wunderbar, sich um das Haus und die Familie zu kümmern, das gemeinsame Leben schön zu gestalten und stets anwesend zu sein, damit sich die Kinder dank der Hilfe ihrer Mutter auf ihre Interessen und Arbeit konzentrieren konnten. Und in diesem Fall geschah es durch die Gesprächsbereitschaft der Mutter und weniger dadurch, daß sie immer ›hinter allem her war‹ und ihre Kinder unbedingt fördern wollte.

Sie schreibt auch, daß ihre Kinder überhaupt nicht am Leben ›vorbeigelebt‹ hätten, wie Sie behaupten. Ihre Kinder hätten vieles neben der Schule unternommen, Sport getrieben, Ballettunterricht genommen und Klavier gespielt ...

Die Kinder sind deshalb erfolgreich gewesen, weil sie die Möglichkeiten besaßen, auch neben der Schule etwas zu tun, was sie besonders interessierte. Es ist optimal gelaufen!

Sie beendet ihren Brief mit einem Satz, der Ihnen sicherlich gefallen wird: »Ich glaube, die glücklichsten und ›erfolgreichsten‹ Kinder findet man vor allem in den kinderreichen Familien.«

Diese Kinder sind zum einen so geworden, weil sie bereits in der Familie ein Leben vielfältigster Beziehungen vorfanden. Aber auch, weil eine entspannte Atmosphäre in dieser Familie herrschte. Ich verstehe aber nicht, was diese Frau in bezug auf meine Bemerkung über gute und schlechte Noten so gestört hat. Ich sprach doch von jenen Kindern, die von ihren Eltern ständig angehalten werden, gute Noten aus der Schule mit nach

Hause zu bringen und sich ansonsten überhaupt nicht dafür interessieren, wie sich ihr Kind Tag für Tag neue Kenntnisse aneignet und seinen Horizont erweitert. Sie denken aus Angst oder aus Ehrgeiz immer nur an die *Zukunft* ihrer Kinder. Genau das finde ich verheerend: Von Kindern ständig Leistungen zu fordern, mit denen sie sich nicht identifizieren wollen und die sie dann nur erbringen, damit sie ›später‹ einmal glücklich sind ... Auf diese Weise opfern sie ihre ganze Kindheit und Jugend, indem sie auf ihre Zukunft starren. Wer kennt nicht diesen Satz: »Denk an deine Zukunft!«. Und währenddessen langweilt sich das Kind nur noch. Was es lernt, interessiert im Grunde weder es selbst noch seine Eltern, die nur wollen, *daß* es lernt. Sie wollen gute Schulnoten, d. h. den rein schulischen Erfolg, aber mit dem Inhalt der Fächer wollen sie sich nicht beschäftigen, mit der Literatur, den Naturwissenschaften oder der Geographie. Nur die Zensur ist ausschlaggebend, aber sie kommen nicht auf die Idee, zusammen mit ihren Kindern sich im täglichen Leben die Kenntnisse, die die Schule vermittelt, anzueignen, mit ihnen darüber zu sprechen, gemeinsame Entdeckungen zu machen usw. Bringt denn die heutige Erziehung in der Schule Spaß am Lernen mit sich? Befriedigt sie die Wißbegierde der Kinder? Oder geht es nicht vielmehr nur noch um gute Zensuren, Prüfungserfolge und irgendwelche erfolgreichen Abschlüsse, die letztlich einen Preis darstellen, den die Betroffenen für ihren Masochismus ausgehändigt bekommen, mit dem sie das alles jahrelang über sich ergehen ließen und der den Kindern auch noch als Tugend eingebläut wird.

Eine Mutter schreibt uns über ihren zwölfjährigen Sohn, der sich gerade sein rechtes Handgelenk gebrochen hat. Er muß nun den Arm für fünfundvierzig Tage in Gips behalten und kann deswegen nicht schreiben. Für die Mutter stellt dieser Umstand eine mittelschwere Katastrophe dar. Der Junge war nämlich gerade ins Gymnasium gekommen, als es nach vier Tagen passierte. Sie und ihr Mann machen sich jetzt große Sorgen um ihn, da er »ohnehin schon etwas träge ist«, so die Mutter, »und jetzt erst recht nicht mehr mitzumachen braucht bzw. die

Situation, bei bestimmten Dingen nur noch Zuschauer sein zu können, einfach über sich ergehen läßt. Zu Hause muß man ständig mit ihm schimpfen, damit er sich an die Arbeit setzt und seine Hausaufgaben macht«. Seine Eltern haben ihn überdies gebeten, mit seiner linken Hand schreiben zu lernen, damit er im Unterricht nicht länger unbeteiligt herumsitzt. Er hat zwar nicht widersprochen, aber trotzdem nichts unternommen. Die Mutter berichtet weiter, mit diesem Kind schon immer Probleme gehabt zu haben. Die 3. Klasse habe es wiederholen müssen und auch ansonsten würde es ständig ›über den Dingen schweben‹ und sich zu Hause nur für seine Hühner und seinen Hund interessieren. Sport mag er auch nicht: »Für neunzig Tage ist er jetzt vom Sport befreit. Und er freut sich auch noch darüber.«

Schon verständlich.

Mit ihrem jüngeren Sohn hätte sie solche Probleme überhaupt nicht gehabt. Der würde nämlich schnell und ohne große Mühe lernen, so daß sie sich um ihn nicht weiter zu kümmern braucht. Jetzt überlegt sie sich, für den Ältesten einen Nachhilfelehrer zu finden. Denn letztes Jahr machte er seine Hausaufgaben bei einer Nachbarin und hätte die Schule viel besser gepackt. Leider ist sie aber gerade umgezogen. Die Mutter weiß jetzt nicht mehr so recht, was sie tun soll. Und was den Jungen betrifft: er wirft seinen Eltern vor, zu wenig Zeit für ihn zur Verfügung zu haben. Damit er seine Nachlässigkeit überwindet, überlegt sich die Mutter auch, ihn zu einem Psychologen zu schicken.

Auf letztere Frage vermag ich an dieser Stelle keine Antwort zu geben. Aber insgesamt denke ich, daß man ein Kind nicht zum Lesen und Schreiben zwingen kann, wenn es in seinem Kopf mit etwas anderem beschäftigt ist. Die einzige Art, ein Kind für die Schule zu interessieren, besteht meiner Ansicht nach darin, daß sich die Eltern selbst für die Inhalte, die es im Schulunterricht vermittelt bekommt, interessieren. Dieser Junge hat das große Glück, zur Zeit Zuschauer in der Schule sein zu dürfen. Die Eltern sollten diese Situation ausnutzen, anstatt ihrem Kind ständig Vorhaltungen zu machen. Da er in der Schule vom aktiven Teil – zumindestens was das Schreiben angeht – befreit ist, hat er die Möglichkeit, gut zuzuhören und aufzupassen, was seine Mitschüler tun. Er könnte vielleicht auch zu einem Schulkameraden gehen, den er besonders mag und ihm bei seinen Hausaufgaben zusehen, mit ihm über den Unterrichtsstoff diskutieren, ohne daß er selbst die Hausaufgaben schriftlich erledigen muß. Ich glaube, daß es ihm etwas bringen würde. Natürlich wäre es für diesen Jungen auch gut, daß er jemand hat, der ihm hilft, da er darunter leidet, daß sich seine Eltern nicht genügend um ihn kümmern. Das wäre richtig, vorausgesetzt, daß diese Person fröhlich und sympathisch ist.

Vielleicht sollte man auch noch anmerken, daß die Mutter am Tag in der Werkstatt ihres Mannes sehr beschäftigt ist und sie den Jungen seit der Geburt seines Geschwisters auch nicht länger ›bemuttert‹ hat, wie Sie sagen würden.

Ich denke, daß er seine Situation schon meistern wird, schließlich liebt er seine Hühner und seinen Hund. Er könnte sich z. B. auch Tierfilme im Fernsehen anschauen. Manche sind sehr spannend. Da er zur Zeit nicht schreiben kann, könnte er sich sein Wissen teilweise aus dem Fernsehen aneignen. Das ist für Kinder ganz gut, die ein wenig passiv sind und mit dem Lernen etwas Schwierigkeiten haben bzw. sich schwertun, schriftliche Arbeiten zu formulieren. Abends könnte man mit ihm über die Fernsehfilme sprechen ...
Die Mutter sollte mit ihren Vorhaltungen aufhören und nicht länger versuchen, ihn wachzurütteln. Denn es wird überhaupt nichts nutzen. Wenn sie sich dagegen für die Schulbildung ihres Sohnes interessiert, dann sollte sie sich seine Schulbücher ansehen und sich mit dem Stoff, den er lernen muß, vertraut machen. Sie könnte ihm einige Texte aus diesen Schulbüchern vorlesen und anschließend mit ihm darüber sprechen.

Lassen sich Ihre Ausführungen dahingehend zusammenfassen, daß man ein Kind nicht einfach von seinem ganzen Wesen her verändern kann. Wenn es z. B. etwas träge ist, wird man nicht dadurch etwas erreichen, daß man es andauernd antreibt ...

Das ist nicht der Punkt. Die Mutter schreibt: »Soll ich einen Psychologen befragen?« Zuerst sollte man aber herausfinden, ob sich das Kind wirklich in einer Leidsituation befindet? Im Moment habe ich den Eindruck, daß eher die Eltern leiden als dieser Junge.
Natürlich könnten sie ihn auch auf ein Internat schicken. Dann würde er weniger darunter leiden, daß seine Eltern sich nicht so viel um ihn kümmern können und würde sich auch nicht ständig mit seinem jüngeren Bruder vergleichen.

Sollte man ihn fragen, was er davon hält, bevor man etwas unternimmt. Auch in bezug auf den Nachhilfeunterricht, den die Mutter in ihrem Brief ja erwähnt?

Aber selbstverständlich! Man muß ihn auch nach seiner Meinung fragen, wenn man ihn unter Umständen zu einem Psychologen schickt. Man sollte ihn nicht einfach fragen: »Willst du ...?«, sondern ihm sagen: »Wenn du unter der jetzigen Situation leidest und Hilfe brauchst, um dich zu verändern, könntest du vielleicht einen Psychologen aufsuchen.« Denn wenn er seine derzeitige Situation gar nicht verändern will, dann würde auch der Psychologe nicht viel ausrichten können. Die Mutter selbst könnte allerdings schon jemanden um Rat bitten, da sie ja unter der Situation, so wie sie sich ihr darstellt, leidet. Ich denke, daß es in Wirklichkeit eher um sie geht. Das Kind scheint sehr wohl in der Lage zu sein, das zum Ausdruck zu bringen, was es möchte.

Die folgende Mutter hat drei Kinder: einen zwölfjährigen Jungen und zwei Töchter, die elfeinhalb und neuneinhalb Jahre alt sind. Sie gibt folgende Darstellung ihrer Familienverhältnisse: Der Vater sei zwar physisch anwesend, scheint aber seine Kinder nur dann zu registrieren, wenn sie ihn stören. Er hat ein sehr schwieriges Verhältnis zu ihnen, insbesondere aber zu seinem Sohn. Die Mutter hat nun neulich wieder angefangen zu arbeiten. Bis dahin hat sie ihrem Sohn bei den Schularbeiten geholfen, jetzt, da er in die 5. Klasse gekommen ist, kann sie sich darum nicht mehr kümmern: »Die unmittelbare Folge ist, daß er

in der Schule schlechte Noten bekommt. Auch sonst interessiert er sich für nichts, liest kein Buch, hört keine Schallplatten und holt sich auch nie ein Spiel aus dem Schrank. Andererseits ist er immer bereit, mir bei irgend etwas zu helfen, ist also sehr nett und charmant. Er trifft sich im übrigen sehr gern mit den ›scouts marins‹[1]*, und ist dann, wie ich glaube, recht glücklich.« Sie selbst aber ist traurig und macht sich Sorgen, weil die Beziehung zwischen ihr und dem Sohn nur wegen der Schule immer schlechter wird. Auch möchte sie ihn jetzt nicht mit irgendwelchen Strafmaßnahmen oder Belohnungen erpressen. »Ich habe es einmal doch getan«, schreibt sie, »und habe ihm angedroht, mit den ›scouts marins‹ keine drei Wochen Ferien machen zu dürfen, wenn er in der Schule nicht besser wird«. Das Kind war dann auch bei einem Psychologen, der gemeint hatte, daß es ihm an Charakterstärke fehlen würde. Die Gespräche mit diesem Psychologen haben den Jungen aber anscheinend nicht sonderlich interessiert. Sie macht sich also große Sorgen und fragt sich, was aus ihm später einmal werden wird, wo doch heutzutage die Schulleistungen bereits ab der 4. Klasse mit darüber entscheiden, welche Schullaufbahn jemandem bevorsteht. »Vielleicht wird er dies begreifen, wenn es bereits zu spät sein wird. Und dann wird er mir wohl Vorwürfe machen ...«*
Dieses Kind ist zwar erst zwölf Jahre alt, aber ähnliche Probleme gibt es ja auch bei Jugendlichen. Wir haben eine Reihe von Briefen bekommen, die im Grunde alle die Sorgen, die uns diese Mutter mitgeteilt hat, zum Ausdruck bringen.

Die Eltern sind darüber besorgt, daß man die besseren von schlechteren Schülern schon sehr früh voneinander trennt. Aber es gibt doch unter denjenigen, die in der Schule schlechte Noten bekommen, nichtsdestoweniger viele Kinder, die andere Qualitäten besitzen, die z. B. sehr gesellig und kommunikativ, großzügig, körperlich geschickt oder künstlerisch begabt sind. Natürlich gibt es auch welche darunter, die zugegebenermaßen noch überhaupt keine erkennbaren Qualitäten aufweisen, die aber vielleicht nur noch nichts gefunden

---

1 Die »scouts marins« sind eine französische Pfadfindergruppe, die die Seefahrt in den Mittelpunkt ihrer Aktivitäten stellen.

haben, was sie innerhalb und außerhalb der Schule interessiert. Die Mutter sollte sich damit zufrieden geben, daß sich ihr Sohn für die Seefahrt interessiert, gern in Gesellschaft mit Kindern ist und anderen von sich aus einen Gefallen tut. Das ist doch schon etwas.

Mit einem Mann, der die Vaterrolle nicht einzunehmen weiß, ist jede Erziehung natürlich besonders schwierig. Aber ich möchte diese Mutter auch ganz direkt etwas fragen: Kümmert sie sich denn genug um ihren Mann? Ich habe das Gefühl, daß dieser Mann zu Hause mehr oder weniger das Gefühl hat, völlig überflüssig zu sein. Er ist den Kindern gegenüber aggressiv, weil seine Frau nur die Kinder im Kopf hat. Wie dem auch sei, wenn der Sohn sich für die Seefahrt besonders interessiert, dann ist die Seefahrt in Hinblick auf seine Zukunft zur Zeit eben viel wichtiger als die Schule. Was macht es schon, wenn er schlechte Noten hat und es in der Schule zu nichts bringt? Ich kenne Jugendliche, die als Schiffsjungen auf irgendwelchen Schiffen angefangen haben und heute hervorragende Berufe ausüben, weil sie dann mit achtzehn oder neunzehn Jahren von sich aus mit irgendeiner qualifizierteren Ausbildung angefangen haben. Sie sind dann Leutnant oder Kapitän zur See geworden, obwohl sie mit zehn Jahren kaum lesen und schreiben konnten ...

Für einen Jungen ist es übrigens nicht gut, die Hausaufgaben ständig mit der Mutter zu machen, weil er sich dann vielleicht zu sehr mit ihrer Geschlechtsrolle identifiziert. Denn in der Pubertät wird ja alles, was er einstmals bewußt mit der Mutter erlebt hat, stark in den Hintergrund gedrängt. Im vorliegenden Fall liegen die Dinge jedoch etwas anders. Der Junge fühlt sich von Jugendlichen seines Geschlechts angezogen, er interessiert sich für deren Aktivitäten und will mit ihnen etwas unternehmen. Er fühlt sich von allen Dingen angezogen, die zum Leben eines Jungen gehören, und bei denen sich seine Mutter nicht ständig in sein Leben einmischt. Durch sein schlechtes Verhältnis zur Schule hat er sozusagen mit ihr gebrochen. Und das war das Beste, was er tun konnte. Wenn er mit der Schule jetzt nicht zurechtkommt, sollte sie sich deswegen keine Sorgen machen und sich bloß nicht ständig mit ihm herumstreiten. Sie könnte ihm sagen: »Es war vielleicht dumm von mir, dich ständig wie ein kleines Kind behandelt und dir immer bei den Hausaufgaben geholfen zu haben. Denn schließlich bist du intelligent und wärest schon allein damit zurechtgekommen, auch wenn ich mich nicht so darum gekümmert hätte. Wie dem auch sei: Jetzt ist für dich das Leben an der frischen Luft, sind deine körperlichen Aktivitäten, die Ferien sowie dein Interesse für die Seefahrt das Wichtigste. Du könntest dir überlegen, was du im Zusammenhang mit diesem Interesse alles unternehmen möchtest.« Die Mutter sollte verstehen, daß es jetzt darauf ankommt, daß ihr Sohn glücklich ist – ob er nun gute oder schlechte Noten mit nach Hause bringt, eine Klasse wiederholen muß oder die Schule wechselt. Jetzt hat er eben Interessen, die mit der Schule in keinem unmittelbaren Zusammenhang stehen. Dazu kommt, daß er sich einen Bereich für seine Aktivitäten gesucht hat, der außerhalb der Familie liegt, denn mit seinen beiden jüngeren Schwestern wird er nicht viel anfangen können. Vielleicht könnte sie auch in die Wege leiten, daß er seine großen Ferien als Schiffsjunge auf einem Fischerboot verbringt oder sie könnte ihn zu einer Fischerfamilie ans Meer schicken. Sie sollte sich unbedingt nach solchen Möglichkeiten umschauen. Und wenn sie sich weniger um ihn und seine Schulaufgaben kümmert, würde sich ihr Mann dadurch vielleicht weniger zurückziehen, da sie nicht mehr andauernd mit diesem Kind beschäftigt ist, das mit seinen angeblichen Schulschwierigkeiten alle ihre Gedanken in Beschlag nimmt. Im Moment ist sie auf jeden Fall auf dem Holzweg. Zahlreiche Briefe aus unserer Korrespondenz zeigen, daß viele Jungen anfangen, in ihrer psychischen Entwicklung zurückzubleiben, passiv werden oder an nichts mehr interessiert sind, weil die Mütter sie bei sich halten wollten, sich über alles in ihrem Leben Sorgen machten und sie auf diese Weise daran hinderten, selbständig zu werden.

Wird mit der Schulbildung von seiten der Eltern ein wahrer Kult betrieben, führt dies mitunter zu regelrechten Katastrophen. Ich will in diesem Rahmen keine konkreten Fälle ansprechen, aber uns erreichen viele Briefe von Müttern, die uns berichten, daß sie ihre Kinder damit geradezu provozierten, sich völlig außerhalb jeglicher gesellschaftlicher Normen zu stellen, daß sie sogar kriminell wurden usw. Das ist furchtbar, denn diese Mütter wollten ja eigentlich nur das Beste für ihre Kinder ...

Ja. Aber es handelt sich meistens um Mütter, die sich ständig darüber beklagen, daß ihr Kind dieses oder jenes nicht tun will. Auf der anderen Seite überschütten sie es mit Geschenken, wenn es der ›Mami‹ eine Freude macht. Diese Art von Erziehung läuft immer nach dem gleichen Schema ab, nämlich nach dem Schema von Zuckerbrot und Peitsche. Und dabei vergessen sie das Wichtigste: Ein Kind soll in seinem Leben aktiv und glücklich sein! Die Schulbildung darf nur ein bestimmtes Mittel zu einem bestimmten Zweck sein, aber nicht das Ziel des Lebens selbst! Ein Kind wird sich dann für seine Ausbildung interessieren, wenn es sich *in seinem Leben* ein ganz bestimmtes Ziel gesetzt hat. Nahezu bei jedem werden später die Gedanken auftauchen, ob er früher nicht doch lieber etwas anderes gemacht hätte. Ob nicht dieses oder jenes besser gewesen wäre. Und hieraus leiten manche Mütter den Vorwurf an sich selbst ab, daß ihnen ihr Kind später einmal sagen könnte, in seiner Erziehung versagt zu haben. Darauf aber weiß ich nur eine Antwort: Sie sollten es ertragen können, wenn ihnen ihre Kinder später einmal etwas in diesem Zusammenhang vorwerfen. Im Moment aber ist ihr Kind vielleicht gerade dabei zu entgleisen, weil sie versuchen, drei Rollen auf einmal einzunehmen: die des Vaters, der Mutter und sogar noch die des Kindes selbst. Sie projizieren ihre persönlichen Vorstellungen und Bestrebungen auf ihr Kind, anstatt es seine eigenen Interessen entdecken zu lassen. Man muß die Kinder für das lieben, was sie *sind,* und nicht für das, was sie sein sollen.

5

Ich habe es satt!

(Schulpflicht)

Dieses Mal handelt es sich um den Brief eines Vaters. Als er neulich einen Schulaufsatz seines Sohnes las, gewann er den Eindruck, daß das Kind sehr unglücklich ist und viele Probleme hat. Er hatte es bei seinem Sohn gar nicht vermutet und war so erstaunt, daß er uns geschrieben hat, um Ihre Meinung dazu zu hören.

Das Thema des Aufsatzes lautete: »Es gibt eine Redensart, in der man von den ›besten Jahren des Lebens‹ spricht. Habt ihr das Gefühl, gerade in ›den besten Jahren‹ zu sein? Gebt dazu einige Beispiele aus eurem Leben.«

Der dreizehneinhalbjährige Junge hat nun folgendes geschrieben: »Ich glaube nicht, daß man sich im Alter von dreizehn oder vierzehn Jahren ›in den besten Jahren‹ seines Lebens befindet. Dies trifft eher auf das Alter von sieben Jahren zu. Denn danach wird das Leben immer schwerer. Ich finde persönlich, daß ich nicht ›in den besten Jahren‹ meines Lebens bin. Um halb fünf komme ich abends nach Hause. Bis um sechs Uhr ruhe ich mich dann aus. Von halb sieben bis sieben Uhr muß ich Hausaufgaben machen. Um halb neun gibt es dann das Abendessen, das dauert in der Regel bis halb zehn. Ich gehe danach ins Bett, ohne meinen Vater gesehen zu haben und ohne mit ihm über die Schule und meine Arbeit sprechen zu können. Wenn ich meine Großeltern besuche, erzählen sie mir, daß sie in ihrer Jugend barfuß zur Schule gingen und mit elf Jahren bereits arbeiten mußten. Im Gegensatz zu mir waren sie aber immerhin ständig an der frischen Luft, hatten viel Bewegung und konnten draußen umherrennen. Ich bin den ganzen Tag eingesperrt. Wenn ich nach Hause komme und mir die ganzen Hausaufgaben vorstelle, die ich erledigen muß, wird mir immer ganz schwindelig. Ich habe alles irgendwie satt. Ich möchte alles liegen lassen, mit allem Schluß machen und weit weg von hier sein, um das tun zu können, was ich will, und zwar wann und wo ich will.« Und am Ende seines Aufsatzes schreibt er: »Ich werde ständig ausgeschimpft. Man warnt mich: ›Du wirst es eines Tages noch bereuen, daß du für die Schule nichts getan hast. Dann bleibt dir nichts anderes übrig als Straßenfeger zu werden oder eben ein Penner.‹ Ich habe Angst davor, später einmal erwachsen zu sein, Entscheidungen treffen und allein mit dem Leben fertig werden zu müssen. Für mich ist die Traumwelt der Kindheit längst vorbei. Die Kindheit, das war so etwas wie die Unschuld oder die Reinheit. Ich war glücklich. Ich hatte keine Sorgen, die mich plagten, nichts störte oder ärgerte mich. Erst jetzt merke ich, was ich an meiner Kindheit verloren habe. Ich wünschte, das Leben würde noch einmal von vorne beginnen, ich könnte einen Schritt zurücktun und wieder ein Kind sein.« Soweit also der Aufsatz dieses Jungen. Ich zitiere nun weiter aus dem Brief des Vaters: »Zunächst stimmt es, daß ich nicht ständig für meinen Sohn da bin und ihm von daher die Zärtlichkeit, die er braucht, nicht geben kann. Ich bin politisch sehr aktiv und die Zeit, die ich normalerweise der Familie zur Verfügung stehen würde, widme ich anderen, vielleicht allen anderen, damit die Schwierigkeiten in dieser Gesellschaft für alle weniger werden. Wahrscheinlich ist es meine Schuld, wenn mein Sohn jetzt Probleme hat. Aber ganz so schlimm ist es auch wieder nicht: Meine Frau hilft ihm bei seinen Hausaufgaben und ab und zu spreche ich mit ihm auch darüber. Zweitens hat dieses ›große Baby‹ auch noch zwei Schwestern, eine zwölfjährige, mit der er ständig auf dem Kriegsfuß steht, und eine fünfjährige, die er zwar gerne neckt, aber auch ebenso gern beschützt. Im übrigen hat er auch immer noch seine fünf Bärchen und Häschen, die er in einer Reihe am Kopfende seines Bettes aufgestellt hat. Drittens reagiert er für sein Alter in bezug auf Mädchen ›ganz normal‹. Viertens scheint er ein wenig vor der Verantwortung für sein eigenes Handeln zu fliehen. Er handelt nicht selbständig, indem er auf seinen Absichten beharrt und versucht, sich durchzusetzen, sondern eher nur, um jemandem einen Gefallen zu tun. Und zu guter Letzt: Er ist wirklich nicht besonders fleißig in der Schule. Er besucht gerne seinen Onkel, der Schreiner ist, aber nicht, weil ihm dessen Arbeit interessieren würde, sondern um den Aufgaben und Pflichten zu Hause besser entgehen zu können.« Er bittet Sie um Ihre Meinung und stellt Ihnen zwei Fragen: »Was geht bei meinem Sohn zur Zeit eigentlich vor? Und was kann ich dagegen unternehmen?«

Einmal teilt der Junge seine Meinung über die Schule mit vielen seiner Altersgenossen: Sie alle haben keine Lust, sich ein Wissen aneignen zu müssen, das sie sich nicht selbst ausgesucht haben und das man ihnen von außen aufzwingt. Aber in dem ganzen Brief liegt auch eine gewisse Tragik: Warum hat denn dieser Vater sein ›großes Baby‹, wie er sich ausdrückt, nicht überall mit hingenommen, wo er hinging? Gerade in der Zeit zwischen sieben und elf Jahren wäre es doch einfach gewesen: Er hätte noch nicht so viele Hausaufgaben machen müssen und gerade in diesem Lebensabschnitt die Nähe seines Vaters gebraucht. Der Sohn hätte seinen politisch engagierten Vater zu dessen Sitzungen begleiten können und sich sicherlich für die interessante Arbeit hinsichtlich vieler sozialer Fragestellungen interessiert. Wahrscheinlich sind auch diese Eltern der Meinung, daß ein Kind zwischen acht und neun Uhr ins Bett gehen muß, weil am nächsten Tag Schule ist. Man hört sie schon ihrem Kind sagen: »Denk an deine Zukunft ...«.

»... sonst wirst du Straßenkehrer oder Penner ...«.

Genau. Die Eltern sind immer so ängstlich und malen den Kindern ihre Zukunft in den schwärzesten Farben. Dabei ist dieser Junge intelligent und auch ganz ›normal‹, wie dieser Vater schreibt. Aber für ihn ist das Gefühl, sich zu freuen oder Zärtlichkeit zu empfangen, eine Erinnerung an eine Zeit, als er noch klein war. Seine jüngere Schwester hat er deshalb auch so ›lieb‹, weil sie eben in einem Alter ist, in dem man noch ›unschuldig‹ oder ›rein‹ ist ... Natürlich hat er dann zu Hause wenig Freude, wenn er sich nur mit ihr, die viel jünger ist als er, identifizieren kann. Daß er mit seiner nur fünfzehn Monate jüngeren Schwester auf Kriegsfuß steht ist, ist verständlich und sogar zu begrüßen, denn wären sie ein Herz und eine Seele, so wäre er kein Junge mehr. Sie wären sozusagen miteinander verschmolzen und er kein richtiger Junge und sie kein richtiges Mädchen.

Ansonsten ist es sehr schwierig, diesem Mann zu antworten. Ich bin sehr froh darüber, daß er die Gelegenheit erhalten hat zu erfahren, daß sein Sohn unglücklich ist. Da er es nun weiß, könnte er sich ein wenig mehr um ihn kümmern. Es gibt eigentlich nur zwei Möglichkeiten: Entweder er gibt ihm die Möglichkeit, sich von der Familie für eine Zeitlang zu trennen oder er kümmert sich eben einmal besonders intensiv um ihn. So könnte der Junge zusammen mit einer Gruppe von Gleichaltrigen allein irgendwohin fahren – solche Gruppenreisen lassen sich ja im Sommer organisieren. Er kann dann in den Ferien ein seinem Alter entsprechendes Leben führen und bräuchte nicht ständig an seine Zukunft zu denken bzw. höflich und nett zu den Erwachsenen sein zu müssen. Dieser Junge muß diese Schwelle überwinden, und endlich ein großer Junge werden. Der Vater sollte ihn unterstützen, mit Gleichaltrigen zusammenzusein. Es wäre seine Aufgabe und nicht etwa die der Lehrerin in der Schule. Ihre Anmerkungen zu dem Aufsatz finde ich im übrigen sehr unpersönlich und streng. Wenn sie ihm dann doch eine gute Note gab, so nur deswegen, weil der Aufsatz für einen Jungen dieses Alters ziemlich gut geschrieben ist.

Die Anmerkung der Lehrerin lautet übrigens: »Viele Flüchtigkeitsfehler und bei der Arbeit nicht genügend konzentriert. Auf die Rechtschreibung und Zeichensetzung ist mehr zu achten. Aber insgesamt einige gute Ansätze.«

Die Lehrerin hat es meiner Meinung nach versäumt, der Klasse anhand dieses Aufsatzes vorzuschlagen, einmal eine ganze Stunde damit zu verbringen, über die in ihm angesprochenen Fragen und Probleme zu diskutieren. Der Aufsatz wäre eine wunderbare Gelegenheit dazu gewesen. Man hätte darüber sprechen können, daß es nicht gut ist, so asketisch zu leben, nur weil man seinen Eltern dadurch gefallen will, daß in der Schule alles optimal läuft. Man muß auch an sich selbst denken und für sich etwas tun. Ich glaube, daß die Schüler sich an solch einer Unterrichtseinheit sehr lebhaft beteiligt hätten. Sie hätten festgestellt, daß sie alle unter dem leiden, was der Junge in seinem Aufsatz angesprochen hat. Schließlich befinden sie sich alle in einem sehr schwierigen Alter und das Problem, daß für ihre unmittelbare Umgebung nur die Leistung in der Schule zählt, existiert nahezu bei jedem. Gefragt wird dann nämlich nicht mehr danach, was jemand persönlich denkt und wie man das, was in einem vorgeht, am besten artikuliert und welchen anderen – außer den schulischen – Aktivitäten man nachgehen könnte. Gerade letzteres, z.B. die Frage, zusammen eine Theatergruppe aufzubauen (natürlich Jungen und Mädchen gemeinsam), sollte in der 7. Klasse doch zum Unterrichtsstoff gehören. Der Unterricht sollte auch nicht nur das Ziel haben, von den Kindern zu verlangen, sich schriftlich zu äußern, sondern die mündliche Ausdrucksfähigkeit in Form von Diskussionen, bei denen sich jeder zu Wort melden kann, ist ebenso wichtig. Die formale Bildung ist zwar notwendig, aber man darf auf keinen Fall den gemeinsamen Austausch menschlicher Probleme vernachlässigen.

Aber um noch einmal auf die Fragen des Vaters zurückzukommen. Vielleicht könnte er dem Onkel des Jungen, ich meine den Schreiner, darum bitten, sich mehr mit diesem Jungen zu unterhalten. Das wäre sicherlich besser als ihn jetzt zu zwingen, mehr für die Schule zu tun. Ich glaube, daß der Junge durch solche Gespräche auch Spaß an der Arbeit seines Onkels finden könnte und ihm dabei hilft. Dieser Junge muß sich unbedingt Männern mitteilen und mit ihnen sprechen können. Er sollte auch den Vater bei seinen Aktivitäten begleiten und dabei die Gelegenheit haben, anderen Männern und Jugendlichen bei einer sinnvollen Tätigkeit zuzusehen. Was die Schule betrifft, so sollte er ein wenig Abstand von ihr gewinnen. Irgendwann im Laufe des Schuljahres wird er dann schon wieder aktiv in den Unterricht einsteigen.

Im folgenden schreibt uns eine Lehrerin zu einem Thema, das wir noch nicht erwähnt haben. Sie selbst hat keine Kinder, aber in diesem Zusammenhang halte ich es auch nicht für so wichtig. Schließlich braucht man nicht unbedingt selbst Kinder zu haben, um sich mit ihnen zu befassen!

Sie schreibt folgendes: »Ich denke, daß manche Kinder in ihrer Entwicklung dadurch zurückgeworfen werden, daß sie – ob sie es wollen oder nicht – bis zum Alter von sechzehn Jahren in die Schule gehen müssen, auch diejenigen, die dazu überhaupt keine Lust mehr haben.«

Ich bin mit der Meinung dieser Dame völlig einverstanden. Auch ich bedauere, daß es ein Gesetz gibt, in dem die Schulpflicht auf diese Weise geregelt wird. Man kann schon bei Kindern mit zwölf Jahren feststellen, ob sie in bezug auf ihre weitere Schullaufbahn motiviert sind oder nicht. Wenn ein Kind in diesem Alter nicht länger zur Schule gehen mag, wäre es vielleicht ratsam, daß es die Gelegenheit erhält, für seine Arbeit auch etwas Gleichwertiges zurückzubekommen. Meistens interessiert es sich für eine Tätigkeit ganz besonders. Und vielleicht stellt es sich dabei besonders geschickt an, weil es vom Kindesalter an darauf vorbereitet wurde. Ich finde es schade, daß man allen Kindern bis zu einem gewissen Alter die gleiche Anzahl an Schuljahren vorschreibt, wobei einige doch schon früher in die Arbeitswelt entlassen werden könnten. Gerade die Pubertätszeit wäre dafür ein idealer Zeitpunkt, also mit vierzehn Jahren, je nachdem, wann die Pubertät bei dem Einzelnen einsetzt. Auf jeden Fall weiß und fühlt ein Kind in diesem Alter schon ganz genau, zu was es in der Lage ist. Es fühlt sich dann vom Staat ausgebeutet, wenn man es zwingt, sich, ohne etwas dafür zu bekommen, mit Büchern und Heften zu beschäftigen, die es überhaupt nicht interessieren.«

Die Schulpflicht ist aber eigentlich aus positiven Erwägungen heraus entstanden ...

Das finde ich nicht, denn heutzutage geht es doch eher darum, daß man verhindern will, daß die Jugendlichen anderen einen Arbeitsplatz nehmen oder selbst arbeitslos bleiben. Dann handelt es sich also eher um eine arbeitsmarktpolitische Entscheidung. Ob es damit zu tun hat, daß man nicht will, daß sie ausgebeutet werden? Das werden sie allemal, so oder so. Natürlich ist heute angesichts der technologischen Entwicklung für viele Berufe eine längere Schulbildung notwendig und

man folgert daraus, daß Jugendliche keinen ›gescheiten‹ Beruf ergreifen können, wenn sie nicht vorher für etliche Jahre auf der Schulbank gesessen haben. Und es stimmt auch, daß für viele Berufe theoretische und wissenschaftliche Vorkenntnisse erforderlich sind. Aber genau solche erwerben die Kinder ja nicht in der Schule, wenn sie sich dort nur langweilen. Wenn man Kindern ab zwölf Jahren außer einen Tag in der Woche, an dem man ihre Allgemeinbildung fördert, einen richtigen Beruf (keine Form der Beschäftigungstherapie) nachgehen ließe, etwa in Handwerksberufen, dann würde man sicherlich intelligente und geschickte Erwachsene von morgen ausbilden. Ihre abstrakten Fähigkeiten ließen sich später, vielleicht mit achtzehn Jahren, weiter entwickeln. Dann hätten sie als Jugendliche zumindestens bereits einen Beruf erlernt. Die Voraussetzungen dafür sind bei den verschiedenen Jugendlichen unterschiedlich. Für den einen ist es mit sechzehn Jahren zu früh, einen Beruf zu erlernen, und für den anderen ist es eben schon zu spät.
Ich gebe zu, daß es schwierig ist, solche Gedanken in die Tat umzusetzen. Aber man sollte danach streben, denn viele Kinder gehen an dem System einer immer längeren Schulausbildung einfach kaputt und betrachten ihre Weiterbildung mit Abscheu, obwohl sie vielleicht später großes Interesse dafür aufbringen würden, wenn man ihnen gestattet hätte, schon früher einmal direkt in das gesellschaftliche Leben eingreifen zu können. Man würde vermeiden, daß manche Kinder in der Schule regelrecht verblöden oder zu einer parasitären Existenz herangezogen werden. Manchmal geht es ja auch ganz schief.

(Einige Wochen später)

Die Debatte über die allgemeine Schulpflicht bis zum sechzehnten Lebensjahr und insbesondere Ihre Meinung, daß ein zwölfjähriges Kind bereits in der Lage sei zu entscheiden, ob es weiter zur Schule gehen möchte, hat die verschiedensten Reaktionen hervorgerufen.

Viele Kinder wissen ja bereits in diesem Alter, daß sie später einmal studieren möchten. Was diese Kinder betrifft, sollten sie nicht vergessen, daß sie auch noch Hände haben, denn Hände sind immer nützlich, auch wenn ihr Kopf voller Gedanken ist. Ich bedauere sehr die vielfach zu beobachtende Vernachlässigung der körperlichen Geschicklichkeit.

Ich habe einige Briefe ausgewählt, die in ihrem Inhalt weitgehend übereinstimmen. Lassen Sie mich aus dem folgenden Brief einige Zeilen zitieren: »Ich bin der Meinung, daß Sie völlig recht haben. Sie können sich gar nicht vorstellen, wie anstrengend und frustrierend es für einen Lehrer ist, dem sein Beruf und seine Schüler am Herzen liegen, zu wissen, daß manche Schüler sich in der Schule nie werden entfalten können, egal, wie viele Mühe sich der Lehrer auch mit ihnen gibt... Andererseits bedeutete die Einführung der allgemeinen Schulpflicht bis zum sechzehnten Lebensjahr eine große demokratische Errungenschaft insbesondere für die einfachen Leute, da vorher nur die Kinder reicher Eltern eine ausreichende Schulbildung bekommen konnten. Sie sagten auch, daß im Leben nicht nur Wissen und Bildung zählen. Auch hierin gebe ich Ihnen recht. Aber indem Sie für die Abschaffung der allgemeinen Schulpflicht eintreten, finden Sie sich doch auf der Seite derer wieder, die sich freuen werden, endlich einmal wieder an billige Arbeitskräfte heranzukommen – billig, weil sie ohne Ausbildung geblieben sind, wenn sie in das Berufsleben eintreten. Ich bin Kommunist und komme viel mit Arbeitern zusammen, auch mit solchen, die früh mit der Schule aufgehört und mit sechzehn Jahren angefangen haben zu arbeiten. Viele von ihnen sagen: »Nachträglich gesehen, wäre eine fundierte Ausbildung besser gewesen« oder »Hätte ich damals die Möglichkeit gehabt, wäre ich noch weiter zur Schule gegangen«. Diese Arbeiter haben die Erfahrung gemacht, ohne gründliche Ausbildung für einen niedrigen Lohn ausgebeutet zu werden und sie bereuen nachträglich, ihre Schulausbildung nicht bis zum Ende gemacht zu haben.

Es stimmt natürlich schon, daß eine Unterbrechung der Schulausbildung die Ausbeutung am Arbeitsplatz begünstigen kann, und zwar insbesondere beim Eintritt in das Berufsleben. Andererseits gibt es heutzutage genügend Möglichkeiten, auch am Arbeitsplatz seine Interessen zu verteidigen. Früher fand

eine wirkliche Ausbeutung statt, heutzutage gibt es Gewerkschaften, mit deren Hilfe man seine Rechte verteidigen kann. Und die Kinder haben daraus gelernt, daß man auch am Arbeitsplatz nicht wehrlos ist.
Es gibt auch heute noch Lehrlinge, z. B. in kleinen Handwerksbetrieben, die sich nicht trauen, ihrem Meister zu sagen, daß sie die Abendschule besuchen wollen. Oder andere müssen länger als acht Stunden am Tag arbeiten und sind dann abends so erschöpft, daß sie sich weder fortbilden können noch daß sie lernen, wie man verantwortungsvoll arbeitet. Manche von ihnen lehnen sich gegen eine solche Berufsausbildung und die damit einhergehenden miserablen Lebensverhältnisse auf – so, wie sie sich vorher gegen die Schule aufgelehnt haben.
Man muß den Kindern beibringen, wie sie sich später in ihrem Beruf verhalten müssen, daß es um die eigene Ehre geht, wenn man seine Gesundheit oder seinen Arbeitsvertrag verteidigt und sich vom Chef oder Meister nicht ausbeuten läßt. Aber andere werden eben von der Schule ausgebeutet, indem sie kaugummikauend den ganzen Tag die Schulbank drücken und darauf warten, daß sie sechzehn werden und ›abhauen‹ können. Sind sie dann so alt, haben sie vier Jahre ihres Lebens verloren und nur von einer Freiheit geträumt, mit der sie später nichts mehr anfangen können.

Wir haben indes auch zustimmende Briefe bekommen, häufig von denen, die sich selbst sehr früh für das Berufsleben entschieden haben und die jetzt einen anerkannten Beruf ausüben und sehr glücklich sind. Ich möchte an dieser Stelle jemanden zu Wort kommen lassen, der selbst ein Hochschulstudium absolviert hat, sich dann – aufgrund einer schweren Krankheit – aber entschloß, im Hafen zu arbeiten: »Meine Diplome sind für mich weit weg. Von Handwerkern, Fischern und Steinhauern umgeben, schließe ich mich Ihrem Standpunkt völlig an: Warum soll ein Handwerker, der zu ›seinem‹ Holz, zu ›seinem‹ Möbelstück oder zu ›seiner‹ Arbeit ein enges persönliches Verhältnis hat, oder dieser Mann, der mir oft Krebse, die er gefangen hat, vorbeibringt, bis zum sechzehnten Lebensjahr in der Schule eingesperrt sein? Die Kinder meiner Nachbarn arbeiten schon

mit elf, zwölf oder dreizehn Jahren am Samstag auf der Baustelle ihrer Eltern. Später werden sie für diese Arbeit schon hervorragend ausgebildet sein, dessen bin ich mir sicher. Ich kenne einen jungen Mann, dessen Eltern geschieden sind. Er war verhaltensgestört und ist ausgerissen, um auf dem Land zu arbeiten. Heute ist er Landschaftsmaler geworden, arbeitet für eine Baumschule und lebt mit seiner Freundin in der Natur auf dem Lande. Er verdient genug und fühlt sich glücklich. Damals, als er noch zur Schule ging, kam er mit seinem Leben überhaupt nicht klar. Hätte er seine Schulausbildung fortgesetzt, weiß ich nicht, was aus ihm geworden wäre.«
Der folgende Brief ist von einem Bäcker geschrieben worden: »Ich habe mit zehn oder elf Jahren als Bäckerlehrling angefangen. An der Arbeit hatte ich von Anfang an viel Spaß. In der Schule war ich zwar ganz gut, aber erst durch meine Tätigkeit als Bäcker habe ich mich als ›jemand‹ gefühlt, denn ich tat etwas Sinnvolles und erlernte dabei einen Beruf.«

Ich verstehe ehrlich gesagt nicht, warum intelligenten Kindern nicht gestattet wird, auf ihren Wunsch einmal in der Woche bei einem Handwerker ihres Stadtteils oder ihrer Stadt arbeiten zu dürfen. Nicht irgend etwas, sondern um eine richtige Ausbildung anzufangen. Diese Kinder könnten auf diese Weise einen Beruf erlernen und gleichzeitig noch zur Schule gehen. Natürlich können es später auch Intellektuelle werden, aber dann hätten sie wenigstens eine berufliche Ausbildung an der Hand. Voraussetzung ist natürlich, daß sie gewissenhaft ausgebildet werden und selbst ernsthaft mitarbeiten wollen. Denn zusammen mit gelernten Handwerkern ein Material zu bearbeiten, trägt zur Entwicklung der Intelligenz sehr viel bei. Und viele Jugendliche, die mit sechzehn Jahren eine sie frustrierende Schulausbildung hinter sich haben, sehen *diese* Seite des Berufslebens überhaupt nicht mehr, ihnen geht es dann nur noch darum, möglichst schnell an Geld heranzukommen. Meine Vorstellungen, denen zufolge ein Jugendlicher schon möglichst früh mit einer Berufsausbildung anfangen sollte, mögen utopisch klingen und in dieser Gesellschaft auch schwierig zu realisieren sein. Trotzdem würde bei ihrer Realisierung die Entwicklung der kindlichen und erwachsenen

Moralvorstellungen gefördert werden. Denn eine frühe handwerkliche Tätigkeit vermittelt Verantwortungsbewußtsein sowie eine ästhetische Vorstellung davon, wie man mit der Natur und den Arbeitsgegenständen, die sie hervorgebracht hat, umgehen sollte: Kreativ, diszipliniert und in einer produktiven Art und Weise.

6

Kinder sind fröhlich, wenn ihre Umgebung es auch ist

(Aktivunterricht)

Wir wollen jetzt die Diskussion über das Thema ›Schule‹ fortführen und über die ›Freinet-Schulen‹[1] sprechen, da sich viele Eltern für deren Unterrichtspraxis interessieren. Ich habe den Brief einer Frau vor mir liegen, die Ihnen folgendes in Erinnerung ruft: »Sie haben in einem Ihrer Beiträge einmal die Freinet-Schulen erwähnt und deren Unterrichtspraxis dabei positiv erwähnt. Was aber soll man tun, wenn es dort, wo man wohnt, keine solche Schule gibt?«

Auch an normalen Schulen gibt es ja Lehrer, die sich für die sogenannte ›aktive Methode‹ des Unterrichts, wie sie Freinet konzipiert hat, interessieren und versuchen, sie zumindestens ansatzweise in ihren Unterricht einzubeziehen. Die Freinet-Schule war ja nur die erste Schule, die neben dem ›Aktivunterricht‹ versucht hat, den Kindern das Lesen und Schreiben dadurch beizubringen, indem sie etwas, das sie selbst verfaßt hatten, Geschichten oder Gedichte, auch selbst drucken durften.

Und dies mit Erfolg ...

Ja. Vor allem lief die Kommunikation zwischen Lehrern und Schülern phantastisch, denn man dachte zusammen nach, diskutierte viel miteinander, traf gemeinsam Entscheidungen bezüglich des Unterrichts und jedes Kind war für irgend etwas selbständig verantwortlich. Auf diese Weise herrschte in der Klasse stets eine aktive und keine passive Atmosphäre. Auch

---

1 Siehe Fußnote S. 31.

nahm man Kontakt zu anderen Klassen auf, indem man sich traf oder in regem Briefwechsel miteinander stand.

Gibt es eigentlich an diesen Schulen genausoviel Schüler in einer Klasse wie an den traditionellen Schulen?

Ja, leider. Es wäre besser, wenn es weniger wären. Aber entscheidend an den Freinet-Schulen ist die aktive Unterrichtsmethode, die man dort betreibt. Vor einiger Zeit habe ich eine interessante Sendung im Fernsehen gesehen, bei der es um die Müdigkeit von Kindern in der Schule während des Unterrichts ging. Dort stellte man fest, daß es diesbezüglich große Unterschiede zwischen solchen Schulen gibt, die ihren Unterricht traditionell gestalten, und solchen, die sich in ihrer Unterrichtsmethodik den Freinet-Schulen annähern. Man sollte auf die Freinet-Schule selbst gar nicht so fixiert sein, denn viele Lehrer bemühen sich ja, Unterrichtselemente dieser Schule auch in ihren herkömmlichen Unterricht zu integrieren. Was nun eine aktive Unterrichtspraxis angeht, bleibt folgendes festzuhalten: die Kinder, die einen Lehrer hatten, der die Unterrichtsmethode von Freinet benutzte, waren am Ende ihrer Schulausbildung entspannter und ausgeglicher als sie bei ihrer Einschulung waren – und die Lehrer übrigens auch ...
Da an den traditionellen Schulen nur selten oder gar nicht nach der Methode von Freinet unterrichtet wird, können die Eltern auch Bücher zu den von ihm vorgeschlagenen Unterrichtsmethoden lesen und ihre Kinder an Feiertagen damit beschäftigen. Damit helfen sie ihren Kindern ein wenig weiter und zeigen ihnen auch eine andere Herangehensweise an das, was sie lernen wollen ...

In zahlreichen Briefen schreiben Ihnen Eltern: »Meine Kinder gehen zwar in eine traditionelle Schule, aber zu Hause möchte ich sie ...«

... ausbilden. Warum auch nicht? Denn die Familie ist der optimale Rahmen dafür. Wenn den Kindern in der Schule das Wissen auf eine ganz bestimmte Art und Weise vermittelt wird – entsprechend der Unterrichtsmethode, die der Lehrer in seiner Ausbildung gelernt hat –, dann ist dagegen nichts einzuwenden. Aber alles, was die Eltern zusätzlich für die Ausbildung ihrer Kinder tun, wird von Nutzen sein, auch wenn sie dabei anders vorgehen als der Klassenlehrer. Darunter verstehe ich nicht nur die Dinge zu tun, die auch in der Schule den Alltag bestimmen, sondern andere Dinge, die die Konzentration des Kindes fördern oder sein Gedächtnis trainieren. Ich denke dabei an die verschiedensten Würfel- und Kartenspiele, aber auch an Geschichten, die die Erwachsenen den Kindern erzählen können ... Alle diese Spiele und die rege Kommunikation zwischen Eltern und Kindern tragen zu deren geistiger Entwicklung bei, auch wenn sie nicht auf dem Stundenplan in der Schule stehen. Zu Hause wie in der Schule sind die Kinder dann fröhlich, wenn es ihre Umgebung auch ist. Wenn die Kinder schon keine Schule haben, in der es fröhlich zugeht, sollten sie wenigstens zu Hause eine fröhliche Atmosphäre vorfinden. Wie gesagt, die Eltern könnten versuchen, das Leben zu Hause so angenehm wie möglich zu gestalten, indem sie mit ihren Kindern kleine Konzentrations- und Gedächtnisspiele machen, sich gegenseitig Rätsel aufgeben und kniffelige Fragen stellen, zusammen lachen, sich Blödsinn erzählen und sich vor allem dabei entspannen. Entspannung brauchen die Kinder am meisten. Sie ist sehr wichtig.

Und genau die Möglichkeit, sich zu entspannen, wird in der traditionellen Schule den Kindern nicht geboten. Es liegt an der momentanen Situation, die dadurch gekennzeichnet ist, daß die Klassen viel zu groß sind und die Lehrer, die eine traditionelle Unterrichtsmethode bevorzugen, sich gezwungen sehen, für Disziplin zu sorgen, so daß die Kinder traurig und niedergeschlagen werden, da sie andauerndem Streß und zudem einer von ihnen verlangten Passivität im Unterricht ausgesetzt sind. Ich verlange von den Eltern nicht, ihren Kindern zu Hause eine perfekte Alternative anzubieten, aber sie sollten sich ein wenig mit der Unterrichtsmethode von Freinet beschäftigen, weil sie davon auch in ihrer Art und Weise, wie sie mit ihren Kindern zu Hause umgehen, profitieren können. Sie sollten sich auch zusammentun und versuchen, gemeinsam Einfluß auf die traditionelle Schule auszuüben, so daß sich dort die Atmosphäre ein wenig zu verändern beginnt.

Aber sie sollten zu Hause von ihren Kindern auf keinen Fall noch mehr verlangen, als es die Schule sowieso schon tut. Ansonsten sitzen die Kinder an ihren Hausaufgaben manchmal bis in den Abend hinein. Eine Zeitlang wurden bei uns in Frankreich die Hausaufgaben ja ganz abgeschafft. Leider wurde dies nicht durchgehalten, weil es ausgerechnet die Eltern waren, die die Hausaufgaben für ihre Kinder wieder eingeführt sehen wollten.

Im folgenden Brief wird das Problem einer der traditionellen Schulpraxis entgegengesetzten Unterrichtsmethode von einer anderen Seite her aufgeworfen. Es geht dabei um Kinder, die an einer Schule gewesen sind, deren Unterricht sehr von der Konzeption Freinets bestimmt gewesen ist und die sich jetzt aufgrund eines Umzugs in eine andere Stadt wieder an die traditionellen Unterrichtsmethoden gewöhnen müssen. Dabei entstand ein zusätzliches Problem dadurch, daß auch die Eltern froh waren, daß ihre Kinder vorher in eine Schule gingen, in der es anders als in den meisten herkömmlichen Schulen zuging, und die herrschende Unterrichtspraxis vor ihnen kritisierten.

Die Kinder haben eben ihre Eltern sagen hören, daß die althergebrachten Methoden nicht viel taugen ...

Genau. Und diese Kinder haben nach dem Schulwechsel jetzt große Probleme.

Natürlich leiden sie jetzt unter großen Anpassungsschwierigkeiten. Sie sind verwirrt, weil sie nicht recht wissen, wie sie mit einem Lehrer zurechtkommen sollen, der nach einer Methode arbeitet, die im Gegensatz zu den bis dahin von ihren Eltern geäußerten Ansichten und pädagogischen Grundsätzen steht ...

Ja. Und diese Kinder fangen an, gehässig zu ihren Eltern zu werden ...

Das Bild, das sie sich von den Erwachsenen gemacht haben, stimmt eben nicht mehr. Aber es ist für das heranwachsende

Kind auch ganz gut, wenn nicht nur die Eltern seine Vorbilder bleiben. Im vorliegenden Fall muß die älteste Tochter nun ein traditionelles Gymnasium besuchen, während ihre jüngeren Geschwister auf eine Schule gekommen sind, deren Unterricht sich von der Schule, auf der sie gewesen sind, nicht so stark unterscheidet. Die Probleme der Ältesten haben sicherlich etwas mit ihren Anpassungsschwierigkeiten zu tun, aber sie haben, offen gesagt, auch noch andere Gründe. Das Mädchen befindet sich im Stadium der Vorpubertät. Häufig treffen Vorpubertät und der Übergang auf das Gymnasium, d. h. in die 5. oder 6. Klasse, zusammen. Und dann kommt hinzu, daß gerade der Wechsel auf die andere Schule und in diese Klassenstufe für die Kinder nicht einfach ist, es wird plötzlich von den Kindern viel mehr verlangt als vorher auf der Grundschule und sie werden mit einem anderen Unterrichts- und Arbeitsstil konfrontiert, mit dem sie zurechtkommen müssen. Und auch die Art der Lehrer auf dem Gymnasium ist vielfach eine andere als die auf der Grundschule. Und in dem uns vorliegenden Fall treten diese Unterschiede noch stärker hervor, da sich die Unterrichtsmethode von der vorherigen völlig unterscheidet.

In der Vorpubertät entwickeln die Kinder nun häufig Verhaltensweisen, die man bei ihnen aus der Zeit vorher gar nicht vermutet hätte. Von sechs bis elf Jahren an machen sie sozusagen ›dicht‹, alles scheint bei ihnen in Ordnung zu sein, sie erscheinen als gut angepaßt und dann weisen sie plötzlich Störungen auf, mit denen die Eltern gar nicht gerechnet haben. Es handelt sich dabei um solche Verhaltensweisen, die eine Art von Wiederholung jener Störungen sind, die sie in ihrer frühen Kindheit gehabt haben. Und genau diese Störungen treten in der Vorpubertät wieder auf. Kinder, die als Babies beispielsweise anorektisch waren, d. h. ihre Flasche nicht trinken wollten, wollen plötzlich nichts mehr essen. Solche Probleme sind aber im Grunde nicht so tragisch. Man sollte dem Kind sagen: »Du machst jetzt genau das gleiche wie damals, als du noch ganz klein warst. Das bedeutet, daß du zur Zeit sehr stark wächst und dich verändern wirst.« Die Vorpubertät kann sich im übrigen auch dadurch ankündigen, daß die Kinder wieder unter starken Alpträumen leiden. Ein Junge, der als kleines

Kind unter vielen Alpträumen litt, wiederholt dann in der Vorpubertät diese Phase, die bei ihm zwischen dem ersten und dritten Lebensjahr lag. Sie kann bis zu neun Monate andauern, aber wenn man darüber Bescheid weiß, braucht man daraus kein Drama zu machen.
Wenn sich die Mutter, die uns geschrieben hat, nun darüber Sorgen macht, daß sie und ihr Mann die älteste Tochter nicht überzeugen können, die neue Schule zu akzeptieren, wäre es vielleicht in ihrem Interesse, eine Erziehungsberatungsstelle in ihrer Stadt aufzusuchen, um ihrer heranwachsenden Tochter zu helfen. Aber zunächst sollten sie noch ein wenig abwarten, bis sich die ganze Familie auf die neue Umgebung eingestellt hat, denn schließlich sind durch den Umzug jetzt alle etwas desorientiert und verwirrt. Sollten die Schwierigkeiten bei der ältesten Tochter indes länger anhalten, sollte man eine Psychotherapie für sie in Erwägung ziehen.

Eine Lehrerin berichtet im folgenden Brief von ihren Schülern. Sie unterrichtet in der 6. Klasse Kinder verschiedenster sozialer Herkunft, die sich in ihrer Rechtschreibleistung sehr voneinander unterscheiden. Sie hat am Anfang des Schuljahres eine Art von Experiment durchgeführt und im Diktat keine Noten mehr verteilt, um die Ängste der Schüler abzubauen. »Anstatt die schlechten Klassenarbeiten von den Eltern unterzeichnen zu lassen – wodurch die Schüler ja beim nächsten Mal nicht unbedingt weniger Fehler machen werden –, versuchen wir nun im Unterricht gemeinsam die Fehler zu analysieren. So frage ich zunächst einmal, ob überhaupt jeder richtig verstanden hat, was ich erklärt habe und warum sie beispielsweise nicht daran gedacht haben, bestimmte Wortendungen richtig zu schreiben. Aber niemand bekommt eine Note. Manche Kinder, die unbedingt eine Note haben wollen, benoten sich ihre Arbeit selbst. Die Ergebnisse, auf die ganze Klasse bezogen, sind sehr interessant. Viele Kinder, die am Anfang des Unterrichts auf ›sechs‹ standen, haben spürbare Fortschritte gemacht. Sie sind seitdem entspannter im Unterricht und haben Vertrauen in ihre eigenen Fähigkeiten gewonnen.« Sie stellt Ihnen nun folgende Frage: »In meiner Klasse haben einige Schüler mehr persönliche

Schwierigkeiten als andere.« Sie erwähnt z. B. ein Mädchen, das vor kurzem, es war zu Beginn des Schuljahres, eine ihm nahestehende Person verloren hat, oder einen Jungen, der aufgrund seiner Größe und stattlichen Statur von der ganzen Klasse ausgelacht und schikaniert wird, wie das wohl in einer Klasse immer wieder vorkommt ...

Ja. Meistens steckt die Eifersucht von seiten anderer Schülern dahinter ...

Vielleicht, aber für das Kind, das andauerndem Spott ausgesetzt ist, kann dies sehr verletzend sein.

Sicherlich.

Die Lehrerin schreibt weiter: »Ich habe mich um dieses Mädchen mehr gekümmert, als um die anderen. Nach einer Weile stellte ich fest, daß sie in ihrer Entwicklung zurückblieb und regredierte. Schließlich habe ich sie ja auch bemuttert und es war für sie sehr bequem, sich auf diese auf gegenseitiger Sympathie beruhende Insel zurückziehen. Ihre Leistungen wurden immer schlechter. Dem Jungen hingegen habe ich nicht geholfen. Denn ich bin fünfunddreißig Jahre alt und er schließlich schon vierzehn. Ich wollte vermeiden, daß er mein Interesse für ihn als einen Verführungsversuch auslegen könnte und sich in eine Beziehung zu mir flüchtet. Ich weiß im übrigen nicht, ob sich ein Lehrer mit den von mir angesprochenen Problemen seiner Schüler überhaupt beschäftigen sollte. Meinen Sie, daß die Kinder solche Schwierigkeiten unter sich lösen können, ohne daß sich ein Erwachsener einmischt?

Man kann die persönlichen Schwierigkeiten von Kindern, wie sie sich in ihrem sozialen Verhalten in der Schule manifestieren, durchaus auf der gleichen Ebene angehen, wie andere Schulprobleme auch. Die Lehrerin hat ihre Schüler aufgefordert, ihre Schwierigkeiten bei der Rechtschreibung oder beim Rechnen gemeinsam herauszufinden, sich dabei gegenseitig zu helfen, um die Fehler zu korrigieren und sich selbst die Noten für die Klassenarbeiten zu geben. Auf diese Weise hat sie in ihrer Klasse einen gemeinsamen Dialog in Gang gesetzt. Von daher hat die Lehrerin recht gehabt, bei solchen Kindern einzugreifen und ihnen zu helfen, deren Schwierigkeiten für alle in der Klasse sichtbar waren, so wie es bei diesem Jungen und dem trauernden Mädchen offensichtlich der Fall war. Sie hat den Kindern auf diese Weise beigebracht, daß man mit Schicksalsschlägen und Schwierigkeiten, mit denen jeder von uns im Leben konfrontiert wird, gemeinsam oder ›gesellschaftlich‹ fertig werden kann.

Man kann mit dieser Methode Erfolg haben, indem man sich ganz offen an die Kinder wendet und ihnen sagt: »Euer Schulkamerad hat aus den oder den Gründen Schwierigkeiten. Es wäre gut, wenn wir darüber reden würden.« Dafür sollte man sich in der Schulpause, aber auch im Unterricht selbst, ein wenig Zeit nehmen. Es ist wichtig, daß bei dieser gemeinsamen Diskussion, vorausgesetzt, daß es sich um ein Problem handelt, das die Klasse wirklich angeht, ein Erwachsener dabei ist, der den Kindern hilft, ihre Meinung adäquat zum Ausdruck zu bringen, z. B. warum dieser Junge, der stärker und größer ist als die anderen, zum Prügelknaben der Klasse geworden ist. Denn die meisten Kinder, die körperlich anders aussehen als der Durchschnitt, fühlen sich in ihrer Haut unwohl. Entweder sie tragen, wie vielleicht im vorliegenden Fall, ihre stattliche Körperstatur den anderen gegenüber zur Schau oder sie ziehen sich deswegen von ihnen immer mehr zurück. Es wäre in diesem Zusammenhang auch wichtig, das Phänomen der vorpubertären Fettsucht, wenn es bei jemandem in der Klasse existiert, der von den Klassenkameraden deswegen verspottet wird, gemeinsam zu besprechen: »Warum lacht ihr dieses Kind eigentlich aus? Im Moment ist es nun einmal so dick. Ihr denkt, es liegt nur daran, daß es zu viel ißt. Aber wir wissen es nicht ganz genau. Vielleicht hat es ganz andere Gründe. Warum helft ihr euch eigentlich nicht gegenseitig?« Man muß sich im Leben einander helfen. Wenn man solche Probleme in der Klasse gemeinsam angeht, entstehen auch keine Vertraulichkeiten zwischen dem Lehrer und einem einzelnen Schüler, von denen die Lehrerin berichtet und die zur Folge haben können, daß ein Schüler in seiner Entwicklung zurückbleibt und sich ganz dem schützenden Arm des Lehrers anvertraut bzw. sogar in eine

Verführungssituation gerät. Leicht kommen bei den Schülern in diesen Fällen Gedanken auf wie »sie mag mich lieber als die anderen« ... Man sollte in der Klasse immer wieder die gegenseitige Hilfe unter den Schülern fördern. Dadurch können sich persönliche Schwierigkeiten einzelner Schüler und andere Schulprobleme wie von selbst geben.

7

Auf einem bestimmten Gebiet sind sie immer intelligent

(Behinderte Kinder)

Wir wollen anhand des folgenden Briefes auf ein wichtiges Thema eingehen, welches wir bisher noch so gut wie nicht behandelt haben. Der Brief stammt von einer Mutter mit einem elfjährigen mongoloiden Kind, die uns bittet, einmal über die Probleme von behinderten Kindern zu sprechen: »Immerhin gibt es einige von uns, die einen sehr harten Kampf dafür führen müssen, daß diese Kinder von ihren Mitmenschen und von der Gesellschaft akzeptiert werden.«

Generell läßt sich hierzu sagen, daß gerade in bezug auf die zuletzt angesprochene Problematik vieles davon abhängt, ob es sich um psychisch gestörte Kinder ohne erkennbare körperliche Behinderung handelt oder eben um Kinder, die sichtbar körperlich behindert sind. Bei den mongoloiden Kindern ist letzteres der Fall. Denn man kann ein mongoloides Kind nicht mit einem geistig behinderten, aber körperlich gesunden Kind vergleichen.
Zunächst zu den mongoloiden Kindern: Sie besitzen alle die gleiche Eigenschaft: sie sind wenig aggressiv. Sie weisen eine Herzlichkeit und Sensibilität in ihrer Beziehung zu anderen (den Eltern oder anderen Kindern) auf, die auf ein sehr feines Gespür für ihre Umwelt schließen lassen. Sie leiden auch mehr als andere Kinder, wenn sie nicht geliebt werden, weil sie nicht den Ausgleich haben, den andere Kinder außerhalb der Familie (in der Schule oder dem Kindergarten) schon ab drei Jahren finden können, indem sie Freunde kennenlernen, bei denen sie Ähnlichkeiten mit sich selbst entdecken. Mongoloide Kinder hängen emotional mehr an ihren Eltern und brauchen mehr Zeit als andere, um Freunde zu finden. Ihre Eltern, Geschwi-

ster und Großeltern bleiben für sie die Hauptanziehungspunkte ihrer Sensibilität. Und es ist eigentlich traurig, daß Eltern, nachdem sie den Schock der Geburt eines mongoloiden Kindes überwunden und sich mit ihrem Schicksal abgefunden haben – nicht die emotionalen Qualitäten dieser Kinder zu schätzen wissen, wie sie sich ausdrücken in einer großen Toleranz, ja, sogar gewissen Nachgiebigkeit gegenüber den persönlichen Schwächen ihrer Eltern. So bringen sie Verständnis dafür auf, wenn ihnen ihre Eltern erklären: »Ich bitte dich um Verzeihung. Ich bin heftig und ungeduldig gewesen. Aber ich weiß, daß du dein Möglichstes tust und aufgrund dessen, daß du von Geburt an behindert bist, nicht die gleichen Fortschritte im Lernen machst wie deine Geschwister. Aber du sollst nicht traurig sein, weil ich dich nämlich sehr lieb habe.« Man muß bei einem mongoloiden Kind durch eine zärtliche Geste schnell alles wiedergutmachen, wenn man es verletzt hat. Denn man kann sie sehr leicht und sehr tief verletzen und dann fangen sie an, an dem Menschen zu zweifeln, der für sie das Liebste ist, was sie auf der Welt haben. Soweit also in aller Kürze zu den mongoloiden Kindern.
Was die anderen behinderten oder psychisch gestörten Kinder betrifft, so besitzen sie *alle* auf irgendeinem Gebiet eine ganz bestimmte Fähigkeit. Autistische Kinder sind oft außergewöhnlich intelligent und besitzen häufig eine ausgeprägte, fast unmittelbare Sinneswahrnehmung, sei es der Gehör- oder Tastsinn oder die Art und Weise, wie sie ihre Umwelt mit den Augen wahrnehmen, was sich oft in einem ausgesprochen ästhetischen Empfinden niederschlägt.
Manche psychisch oder von ihrem sozialen Verhalten her gestörten Kinder erscheinen den Erwachsenen unerträglich, weil sie nie stillsitzen können, überall hinklettern und ständig irgendwelche Grimassen schneiden... Sie werden als labil bezeichnet, weil sie noch nicht herausgefunden haben, was sie eigentlich interessiert. Solche Kinder werden häufig als übertrieben motorisch bezeichnet, aber sie besitzen im Grunde eine motorische Intelligenz, d.h. eine Intelligenz ihres Körpers. Viel zu oft werden sie deswegen von ihren Eltern beschimpft. Man hält sie in ihrem Bewegungsdrang zurück, sperrt sie ein oder bestraft sie anderweitig. Wenn hingegen ihr Vater

Geschicklichkeitsspiele (z.B. Spiele, bei denen man das Gleichgewicht behalten muß) oder irgendwelche Klettergerüste erfinden würde, würden sie sehr glücklich sein, sich gefördert und für ihre Kühnheit bewundert fühlen. Auch kann man Kinder, die Sprachhemmungen haben und in der Schule nicht weiterkommen, ins Ballett oder in eine Musikschule, die ihnen Spaß macht, schicken. Man sollte auf jeden Fall vermeiden, sie in eine bestimmte Schablone zu pressen, wie es viele Eltern leider immer noch tun. Wußten Sie, daß Einstein bis zu seinem neunten Lebensjahr bei allen als geistig behindert galt?

Nein. Aber ich wußte, daß er in der Schule katastrophale Noten hatte und sich seine Eltern deswegen große Sorgen um seine Zukunft machten.

Er galt nicht nur in bezug auf seine schulischen Leistungen, sondern auch sonst als geistig zurückgeblieben. Wenn man ihn etwas fragte, wußte er so gut wie nie eine Antwort. Er war immer zerstreut und stellte sich ausgesprochen ungeschickt an. Seine Eltern aber meinten: »Das macht nichts, dafür hat er einen guten Charakter ...« Sie organisierten für ihn immer irgendeine Beschäftigung, z.B. ließen sie ihn Stoffballen zu einem ihrer Freunde, der Kaufmann war, hintragen. Sie hatten ihn sehr lieb. Und nach neun Jahren ist dann bei diesem Kind eine gleichermaßen besinnliche und mathematische Intelligenz aufgeblüht, die niemand vorher für möglich gehalten hatte. Und trotz dieser Intelligenz ist er mit zwanzig Jahren in seiner Ausbildung gescheitert.
Viele ›behinderte‹ Kinder werden später Musiker, Maler oder gehen einem anderen musikalischen Beruf nach. Jedes Kind, auch die behinderten Kinder, sind intelligent. Wir sollten sie lieb haben, so, wie sie sind, ihnen dabei helfen, ihr Selbstvertrauen zu finden, zu bewahren und glücklich, fröhlich und kommunikativ zu sein. Wir sollten ihre Interessen, die sie uns tagtäglich zeigen, unterstützen. Nur so werden sie sich entsprechend ihrer Möglichkeiten am besten entwickeln.

Eine ca. dreißigjährige Frau und ihr dreiunddreißigjähriger Mann machen sich um ihre neuneinhalb Jahre alte Tochter große Sorgen. Sie schielte von Geburt an und ist jetzt, nach einer Augenoperation, auf einem Auge erblindet. Als sie fünf Jahre alt war, hat die Leiterin des Kindergartens, in den sie ging, behauptet, sie sei in allem sehr widerspenstig. Ein Kinderarzt hat ihnen gesagt, sie sei verhaltensgestört, obwohl sie bei ihren Eltern zu Hause sehr nett ist. »Wenn alle verhaltensgestörten Kinder so einfach wären wie mein Kind«, schreibt die Mutter, »dann sollte es eigentlich kein Problem sein, ihnen mit sonderpädagogischen Maßnahmen weiterzuhelfen«. Diesen Eltern wurde dann eine Psychotherapie für ihre Tochter angeraten, wofür Sie ja auch schon plädiert haben. Aber nach neunzig Therapiestunden haben sie die Therapie unterbrochen, da ihre Tochter von den anderen Kindern im Wartezimmer völlig schockiert war. Die Eltern haben sie dann aufgrund ihrer Sprachentwicklungsstörung zu einem Logopäden geschickt. Da die Privatschule, auf die sie ging, geschlossen wurde, mußte sie in eine andere Schule überwechseln. In der neuen Schule machte sie gute, aber zögernde Fortschritte. Dieses Jahr ist sie in die 4. Klasse versetzt worden. Das eigentliche Drama begann damit, daß der Schularzt nach einer obligatorischen Untersuchung gesagt hat, sie müßte auf eine Sonderschule. Diese ärztliche Untersuchung hat im Beisein der Rektorin stattgefunden, die dem Arzt den Fall des Mädchens sehr ausführlich unterbreitete. Sie zeigte ihm auch die ärztlichen Unterlagen bezüglich der psychotherapeutischen Behandlung und erklärte ihm, daß sie solche Schüler in ihrer Schule nicht gerne hätte. Die Eltern sind nun über die Haltung dieser Rektorin und des Arztes sehr entrüstet. Die Klassenlehrerinnen des Kindes haben übrigens in Anwesenheit des Arztes und der Rektorin gegen diese Maßnahme protestiert. Das Kind würde zwar nur langsame Fortschritte machen, käme aber im Unterricht mit, so daß es für eine solche Maßnahme keine Begründung gäbe. Die Mutter fügt im übrigen noch hinzu, daß die Rektorin schon einmal anderen Eltern sagte, daß ihre Kinder geistig zurückgeblieben seien: »Mit welchem Recht kann sie eigentlich so etwas behaupten?«

Sie erklärt das Verhalten der Rektorin damit, daß diese eine Art von ›Elite-Schule‹ anstrebe, in der alle Kinder gute Noten haben müssen: »Sie will wohl, daß ihre Schule einen guten Ruf besitzt, in der schlechte Noten nicht vorkommen ...«

Das könnte leider zutreffen.

Die Eltern haben dann einen Psychologen aufgesucht, der mit dem Kind einige Tests durchgeführt hat. Die Resultate haben gezeigt, daß das Kind in der Lage ist, im Unterricht mitzukommen. Die Mutter möchte nun wissen, was sie tun soll.

Das weiß ich nicht. Heutzutage werden die strikten Anweisungen von Schulärzten oft für bare Münze gehalten und die Eltern müssen diese oft willkürlichen Entscheidungen, die von einer Direktorin oder einem von ihr beeinflußten Arzt getroffen werden, meistens befolgen. Erstens bin ich der Meinung, daß das Urteil der beiden Klassenlehrerinnen schwerer wiegen sollte als das der Schulrektorin. Zweitens halte ich es für sinnvoller, daß alle Kinder – unabhängig von ihrem jeweiligen Entwicklungsstand und ihren Fähigkeiten – in der gleichen Schule zusammenbleiben. Sie brauchen das gemeinsame Leben in der Gruppe, auch wenn sich das eine Kind schneller entwickelt als das andere. Schließlich ist es ja später auch so, daß Leute unterschiedlicher Intelligenz zusammenarbeiten. Darum verstehe ich nicht, warum man dieses Kind absondern sollte, mit dem die Klassenlehrerin ganz gut zurechtkommt ... Die Mutter sagt nichts darüber, ob ihre Tochter, die als Einzelkind zwischen ihren beiden Eltern lebt, Freunde oder anderweitig soziale Kontakte hat. Vielleicht ist es das, was ihr fehlt. Vielleicht ist dieses Kind auch ganz besonders sensibel und fühlt, daß die Rektorin mit ihr nicht zufrieden ist, weil es in der Schule nicht so gut ist, wie sie es sich wünscht. Unter Umständen ist sie auch deswegen zu der Rektorin nicht besonders nett und höflich. Das ist durchaus möglich. Trotzdem finde ich die Feststellung, sie sei verhaltensgestört, seltsam, denn sie hat sich weder in der Schule noch innerhalb ihrer Familie besonders auffällig verhalten – außer vielleicht gegenüber der Rektorin. Hinzu kommt, daß dieses Kind durch seine

Sehschwäche natürlich von Anfang an benachteiligt war – und ein Kind, das stark schielt, fühlt sich immer benachteiligt, weil es manchmal von anderen Kindern ausgeschlossen wird. Und seit ihrer Operation kommt noch das Problem hinzu, daß sie nur noch mit einem Auge sehen kann. Aber deswegen kann man in der Schule doch trotzdem mitkommen. Das hat sie vielleicht anfangs in ihren Schulleistungen etwas zurückgeworfen, aber jetzt macht sie – auch durch die Hilfe ihrer Eltern – gute Fortschritte. Die Eltern brauchen sich wirklich keine allzu großen Sorgen zu machen.
Ich würde der Mutter empfehlen, einmal mit einem Psychoanalytiker zu sprechen, weil sie jetzt selbst sehr in ihre eigenen Gefühle verstrickt zu sein scheint. Und für das Kind ist es nicht so gut, zwischen einer Rektorin, die es ablehnt, und einer Mutter, die sich dadurch gekränkt fühlt, ständig hin und her zu pendeln. Ich glaube auch nicht, daß es auf die Dauer für das Kind von Vorteil ist, in eine Schule zu gehen, mit deren Rektorin es ständig Schwierigkeiten gibt und Lehrerinnen zu haben, die deswegen in Konflikt mit der Rektorin stehen.

Die Mutter hat sich auch dagegen gewandt, daß zu der ärztlichen Untersuchung die Unterlagen der psychotherapeutischen Sitzungen hinzugezogen wurden, obwohl sie ja schon zwei oder drei Jahre zurücklagen.

Diese Therapie wurde an sich in einem sehr frühen Alter des Kindes begonnen. Ich verstehe auch nicht ganz, warum die Eltern die Sitzungen von sich aus abgebrochen haben, eine Entscheidung, die sie zumindestens mit dem Therapeuten hätten gemeinsam treffen sollen. Vielleicht war es nicht so gut.

Der Grund aber war doch, daß es das Kind nicht mehr ausgehalten hat, mit anderen behinderten Kindern im Wartezimmer des Psychotherapeuten konfrontiert zu sein …

Das glaube ich nicht. Ein Kind kann sehr wohl ertragen, im Wartezimmer eines normalen Arztes behinderte Menschen zu sehen, die wegen einer Erkältung oder aus anderen Gründen bei ihm sind. Ich denke eher, daß sich die *Eltern* von diesen

Kindern, die gestörter sind als ihr eigenes, beeindrucken ließen. Ich vermute, daß diese Mutter in einer solchen Situation – also Wartezimmer des Therapeuten – einmal sehr ängstlich auf die anderen Kinder reagierte, anstatt ihrer Tochter zu erklären, daß ihre Störung nicht so ernst wie die der anderen Kinder ist und daß diese Kinder mit ihr lediglich den Psychotherapeuten, der ihnen hilft, gemeinsam hätten. Eltern sollten unbedingt wissen, daß Kinder überhaupt nicht darunter leiden, kranke Kinder zu sehen. Im Gegenteil interessieren sie sich für sie. Sie möchten gern darüber sprechen und die Eltern sollten es auch tun.
Aus diesem Grund empfehle ich der Mutter, die offensichtlich sehr ängstlich ist, mit einem Psychoanalytiker zu sprechen, auf welche Weise sie ihrem Kind am besten helfen kann. Sie sollte weniger die Rechte ihrer Tochter geltend machen und ihr auch nicht immer bei den Hausaufgaben helfen, als sie darin unterstützen, sich selbständig zu entfalten. Sie könnte mit ihr z. B. an schulfreien Tagen dorthin gehen, wo auch andere Kinder sind, so daß sie nicht immer als Einzelkind zwischen ihr und dem Vater leben muß. Kontakte zu anderen Kindern würden dem Kind in seinen sozialen Schwierigkeiten sicherlich weiterhelfen. Mehr kann ich zu diesem konkreten Fall nicht sagen.

Die Eltern eines achtjährigen Jungen, der infolge einer Augenkrankheit schlecht sieht und halbseitige Lähmungserscheinungen aufweist, berichten über den Mangel an Toleranz in unserer Gesellschaft Behinderten gegenüber. Auch sei unser Schulsystem für behinderte Kinder oder Kinder, ›die anders sind‹, wie sie gern bezeichnet werden, wenig geeignet. Diese Eltern, die noch eine sechsjährige Tochter haben, die nicht behindert ist, waren mit folgendem Problem konfrontiert: entweder ihren Sohn auf eine speziell für Behinderte eingerichtete Schule zu schicken, die von ihrem Wohnort allerdings zweihundert Kilometer entfernt ist oder ihn in der ›normalen‹ Schule zu lassen. Sie entschieden sich, letzteren Weg zu gehen. »Ich möchte darüber sprechen, wie schwierig es ist, daß solche Kinder wie mein Sohn von der Masse unserer Mitmenschen akzeptiert werden bzw. man ihrem Recht, anders zu sein als die anderen, zur Anerken-

nung verhelfen kann. Unser Schulsystem ist starr und festgeschrieben. Kinder, die aufgrund einer körperlichen, geistigen oder sonstigen Behinderung den Kriterien von ›Normalität‹ nicht entsprechen, kommen damit nicht zurecht. Sie stören und werden infolgedessen ausgeschlossen.«

Das trifft vor allem auf das Leben in der Stadt zu. In ländlichen Gebieten und auf kleinen Dörfern werden Behinderte meistens wesentlich besser integriert. Das Problem ist auch auf den zunehmenden Bevölkerungszuwachs in den Großstädten und auf eine gewisse ›Gleichmacherei‹ aller Kinder zurückzuführen. Aber Kinder schlagen eben ganz unterschiedliche Entwicklungslinien ein. Was heißt schon ›normal‹? Sind die normalen Kinder etwa der kleine Teil einer Schulklasse, der dadurch auffällt, daß er sich eben völlig unauffällig und normal verhält? Es wäre in der Tat traurig, wenn alle Kinder so wären. Diese Eltern haben vollkommen recht, wenn sie diesen Begriff von ›Normalität‹ ablehnen.

Wir haben wirklich herzzerreißende Briefe über Reaktionen der Umwelt (auf der Straße, beim Arzt, in der Klinik) auf behinderte Kinder bekommen. Was sich hier zum Teil abspielt, ist in der Tat furchtbar, aber wir müssen versuchen zu verstehen, warum es so ist. Bei den Erwachsenen hat es mit ihrer eigenen Angst zu tun, die immer dann entsteht, wenn sie mit einer Behinderung konfrontiert werden. Sie wissen nicht, wie sie sich einem solchen Kind gegenüber verhalten sollen; häufig tritt ein Kommunikationsstil des Kindes hinzu, der sie befremdet. Sie wissen also nicht recht, ›woran sie bei dem Kind sind‹. Das verwirrt sie, sie fühlen sich unfähig, auf das Kind zu reagieren und das macht sie unsicher.

In manchen Fällen – und das müssen wiederum Eltern von behinderten Kindern verstehen – reagieren Eltern, die ein gesundes Kind verloren haben, auf behinderte Kinder so, als würden sie sich sagen:

»Wenn doch unser Kind nach seiner Krankheit oder seinem Unfall am Leben geblieben wäre. Und selbst als behindertes Kind wäre es jetzt dennoch bei uns.« Oder: »Mein Kind, das schön und gesund war, mußte sterben. Dieses behinderte Kind aber ist noch am Leben. Wie ungerecht!« Sie verbieten sich im

Grunde solche Gedanken, und wenn sie hochkommen, haben sie ein schlechtes Gewissen. Bei den Kindern selbst liegt der Fall anders. Wenn sie sich mit einem behinderten Kind nicht abgeben wollen, dann meistens deswegen, weil sie sich nicht mit ihm identifizieren wollen. Wenn Jugendliche zum Beispiel einen Gleichaltrigen gern haben, entsteht häufig der Wunsch, sich mit dem Anderen zu identifizieren. Sie verbieten sich, einen Behinderten zu mögen, weil er für sie kein Vorbild abgibt. Das geschieht nicht bewußt, sondern stellt eher eine unbewußte Vorsichtsmaßnahme dar. Es handelt sich dabei um eine spontane Form von Verachtung dem behinderten Anderen gegenüber. Man kann eine solche Einstellung nur durch eine andere Erziehung korrigieren.

In den meisten Fällen ziehen es doch sowohl die Erwachsenen als auch die Kinder vor, behinderte Kinder gar nicht zu beachten?

Leider. Erwachsene nehmen hierbei selbst eine kindliche Haltung ein. Manchmal gehen sie sogar so weit, daß sie irgendeinen dummen oder überflüssigen Kommentar abgeben müssen. Das hängt mit dem Fortbestand einer Form von ›magischem‹ Denken bei ihnen zusammen; sie sehen die Behinderung als Bedrohung ihres eigenen ›intakten‹ körperlichen Selbsts. Oder eben mit sadistischen Impulsen, indem sie dem Schwachen unbewußt den Tod wünschen.

Im folgenden Brief geht es um ein fünfjähriges Mädchen, das ebenfalls einen Sehfehler hat und zudem in seinen Bewegungen leicht behindert ist. Die Mutter war mit dem Mädchen in der Klinik und als es – wie in diesem Alter durchaus üblich – ein wenig zu laut redete, sagte sie ihr, daß sie ein wenig ruhiger sein sollte, denn sie wären in einer Klinik, in der die Kranken viel Ruhe bräuchten usw. Darauf sagte eine gutsituierte, ältere Dame zu ihrem Mann (allerdings so laut, daß es jeder mitbekommen mußte): »Warum sagt sie ihrem Kind so etwas? Es lohnt sich doch gar nicht. Das Kind ist ja nicht normal.« Diese Worte haben die Mutter natürlich sehr getroffen. Das kleine Mädchen

fragte dann schüchtern seine Mutter: »Warum hat die Dame so etwas gesagt? Was hat es zu bedeuten?«
Das führt mich zu einer Frage, die in zahlreichen Briefen immer wieder gestellt wird: Soll man mit behinderten Kindern über ihre Behinderung sprechen?

Ja und möglichst früh. Sobald die Eltern merken, daß sich ihr Kind anders entwickelt als die anderen Kinder oder behindert ist, sollten sie mit ihm darüber reden. Tritt eine Behinderung nach einem Unfall oder nach einer Krankheit ein, sollten sie ihm sagen: »Als du klein warst, war bei dir alles in Ordnung. Und dann ist dir folgendes zugestoßen ...«. Dabei könnte man ihnen anhand von ganz konkreten Illustrationen, die sie verstehen können, ihre Behinderung erklären. Man kann ihnen z. B. das Bild eines Baumes zeigen, in den ein Blitz eingeschlagen hat: »Siehst du, bei diesem Baum wachsen nur noch drei Zweige, während die anderen Bäume um ihn herum viele Zweige haben. Aber trotzdem wird auch dieser Baum weiter wachsen. Das Leben geht für ihn weiter. Allmählich wird es ihm auch besser gehen, vielleicht wird er nicht ganz so werden wie die Bäume um ihn herum, aber er wird sich trotzdem entwickeln. Denn trotz allem ist er ein ganz lebendiger Baum ...«. Anhand solcher Beispiele kann man einiges veranschaulichen. Man muß auf jeden Fall dem Kind genau sagen, was es hat. Und dann kann man es fragen: »Was meinst du dazu? Wie wirst du dich deiner Meinung nach entwickeln?«. Man muß das Kind auch auffordern einem zu erklären, wie es seinen Zustand im Verhältnis zu den anderen empfindet. Daran denken sehr wenige Eltern von behinderten Kindern. Sie denken eher daran, wie sie ihr Kind in die Gesellschaft integrieren können bzw. wie es sich wieder anpassen kann. Sie setzen ihre ganze Liebe dafür ein, daß es nicht unter seiner Behinderung allzu stark leidet. Das tun sie aber deshalb, weil sie ihr eigenes Leiden auf ihr Kind projizieren, das eigentlich eher ein Interesse hätte, gefragt zu werden: »Was meinst du zu der Tatsache, daß du nicht so bist wie die anderen? Was denken deiner Meinung nach deine Kameraden darüber?« Man muß seine eigenen Schwierigkeiten kennen und in der Lage sein, darüber zu sprechen. Ein behindertes Kind würde dadurch entsprechend seiner Möglichkeiten viel schnellere Fortschritte machen, als es die Eltern für möglich halten. Es wäre auch in der Lage, seinen Kameraden gegenüber anders aufzutreten: »Mein Vater hat mir erklärt, daß ich nicht so bin wie du, weil...« Es würde sich auf diese Weise Freunde machen und seine Behinderung akzeptieren. Sonst fühlen diese Kinder ganz genau, daß man sie nie nach ihrer Meinung fragt und von ihnen weniger verlangt als von anderen Kindern. Und genau das fällt ihnen auf. Ich weiß es, weil ich viele behinderte Kinder behandelt habe. Ich habe Kinder in Behandlung gehabt, deren Behinderung man zu verbergen versucht hat und die nicht wegen ihrer Behinderung *an sich* psychische Störungen aufwiesen, sondern weil niemand mit ihnen darüber jemals gesprochen hatte.

Auf der anderen Seite sollten natürlich Eltern ihren ›normalen‹ Kindern helfen, kranke oder behinderte Kinder tolerieren zu lernen. Sie können ihnen sagen: »Das hätte auch dir passieren können. Es ist auch ein Kind, es mag dich und will auch leben. Hilf ihm doch.« Kinder sollten untereinander solidarisch miteinander umgehen.

Aus all den Gründen, die ich vorgetragen habe, finde ich es traurig, daß man versucht solche Kinder von den ›normalen‹ abzusondern und sie in besondere Schulen abschiebt anstatt in den üblichen Schulen besondere Klassen für sie einzurichten. Und auch die anderen Kinder würden dadurch viel besser lernen, mit Kameraden, die behindert oder einfach nur ›anders‹ sind als sie, umgehen zu können. Jedes Kind sollte in der Lage sein, mit jedem anderen Kind – möge es auch noch so verschieden sein – eine Kommunikation zu haben, ohne dabei sein Selbstvertrauen zu verlieren. Gegenseitige Hilfe und gegenseitiges Verständnis müßten Kindern eigentlich als Grundprinzip des Umgangs mit anderen in der Grundschule beigebracht werden. Und die Erwachsenen sollten mit ihrem Umgang untereinander – auch in der Schule – den Kindern hierzu als Vorbild dienen. Denn schließlich arbeiten sie – die Lehrer, die Verwaltungsangestellten oder der Hausmeister – an einer Schule auch deswegen, um sich der Erziehung heranwachsender Bürger zu widmen. Aber häufig geht man sich an der Schule unter verschieden bezahlten Lehrern oder unter den verschiedenen Berufsgruppen aus dem Wege oder ignoriert sich einfach. Dabei ist es doch das Verhalten der Erwachsenen, das auf die Erziehung der Kinder einen größeren Einfluß ausübt als alle Worte, die man ihnen sagt. Und wenn an der Schule immer ausgeklügeltere Ausleseverfahren eingeführt werden und man damit immer früher anfängt, läuft dies letztlich darauf hinaus, die moralische Diskriminierung unter Erwachsenen in ›weniger gute‹ und ›bessere‹ Bürger auch den Kindern gegenüber als legitim herauszustellen. Und genau diese Einstellung ruft dann vielerorts gegenüber behinderten Kindern eine geradezu rassistische Diskriminierung hervor.

Ein Vater schreibt uns: »Ich habe zwei Söhne, die jetzt zweiundzwanzig und vierundzwanzig Jahre alt sind. Der zweite ist mit einer Hasenscharte und einem offenen Gaumen auf die Welt gekommen. Meine Frau war mit ihm von Anfang an sehr geduldig: sie hat ihn mit dem Löffel gefüttert, da er natürlich nicht saugen konnte. Mehrmals wurde er – mit sechs, zehn und achtzehn Monaten – operiert. Mit fünf Jahren konnte er immer noch nicht richtig sprechen. Wir selbst verstanden ihn zwar ganz gut, aber andere, die ihn sprechen hörten, fast gar nicht. Mit Hilfe von sonderpädagogischen Maßnahmen und später bei einer Logopädin wurde ihm das korrekte Sprechen beigebracht. Mit sechs Jahren hatte er in der Grundschule sehr schlechte Noten und wurde zur Strafe häufig in die Ecke gestellt. Wir haben schließlich eine Privatschule mit sehr kleinen Klassen für ihn gefunden. Und dort hat er das Schreiben und Lesen gelernt. Nach zwei Jahren hat er dann die Schule wieder gewechselt und machte auf der neuen Schule ebenfalls gute Fortschritte. Auch an dieser Schule waren die Klassen sehr klein. Und während dieser ganzen Zeit haben sich meine Frau und ich intensiv um ihn gekümmert.«
Sein Bericht ist für die Eltern gedacht, die ebenfalls behinderte Kinder haben.

Ja, er ist ausgesprochen interessant.

»Er liebte Musik«, fährt der Vater fort, »insbesondere Folklore. Mit neun Jahren haben wir ihn in den Musikunterricht gehen

lassen. Dort ist er sofort regelrecht aufgeblüht. Er lernte Akkordeon und seit ungefähr drei Jahren organisiert er Musikveranstaltungen, auf denen er mit seine Gruppe spielt, die er selbst zusammengestellt hat. Er komponiert manche Stücke auch selbst. Ansonsten hat er die Schule bis zur mittleren Reife weiter besucht, allerdings keinen Abschluß gemacht. Dennoch kommt er gut zurecht, erledigt seine Korrespondenz mit anderen Künstlern und hat mit dem, was man dazu können muß, keinerlei Schwierigkeiten. Meine Frau hat viel arbeiten müssen, damit wir die hohen Kosten für seine Klinikaufenthalte und seine Ausbildung bestreiten konnten. Wir sind, da wir beide jeweils nur einen Monat im Jahr Urlaub haben, getrennt mit den Kindern in die Ferien gefahren, damit sie zwei Monate an der frischen Luft sein konnten, da wir inmitten einer Großstadt wohnen. Sie sehen, daß wir viele Opfer auf uns genommen haben, aber es hat sich wirklich gelohnt.
Unser Kind war aus der Sicht von Klinikärzten und Schulen zum Scheitern verurteilt. Vielleicht waren es das Verständnis und die Liebe, die man ihm in der Privatschule entgegenbrachte, sein wirklicher Rettungsanker. Warum gibt es eigentlich nicht in jedem Stadtviertel Schulen mit einer geringeren Klassenstärke als es ansonsten üblich ist?«

Es ist es schöner Brief. In der Tat wäre es wünschenswert, in allen Stadtvierteln – insbesondere für die Kinder, die Schwierigkeiten haben – Schulen mit niedriger Schülerzahl und geringer Klassenstärke zu haben. Natürlich gibt es noch die Sonderschulen für Körperbehinderte. Manche von ihnen sind sehr gut, was wiederum vor allem von der Zusammensetzung der Schüler abhängt. Kleinere Klassen sind generell besser, denn die Lehrer können sich auf die individuellen Lernfortschritte der Schüler viel besser einstellen, dem Einzelnen gegenüber mehr Verständnis und Liebe aufbringen und auch mehr mit den Eltern reden, wie sie sich am besten um ihre Kinder kümmern könnten. Ich bin also dafür, daß an den Schulen kleinere Klassen eingerichtet werden, aber nicht dafür, daß man in solchen, speziell für ›Problemkinder‹ eingerichteten Klassen, diejenigen, von denen man meint, daß sie die anderen ›stören‹, einfach absondert. Zumindestens sollten

alle Kinder in den Pausen und auch außerhalb der Schule gemeinsam zusammensein.
Ein bestimmter Absatz dieses Briefes scheint mir besonders wichtig zu sein; es handelt sich um die Stelle, an der die Eltern berichten, wie sie die musikalische Begabung ihres Kindes herausgefunden haben. Ich sehe darin ein gutes Beispiel, was Eltern tun müssen, wenn sie feststellen, daß ihr Kind in der Schule nicht richtig mitkommt: herausfinden, was das Kind interessiert, sei es Ballett oder Tanz, die Handarbeit, das Malen, technische Zusammenhänge, das Kochen usw. Und wenn es möglich ist, sollte man den Kindern erlauben, diesem Interesse ernsthaft nachzugehen, genauso wie es die Eltern im vorliegenden Fall getan haben. Musik hieß für diesen Jungen, eine Zukunftsperspektive für sein Leben zu besitzen. Schon mit neun Jahren hat er sich darauf vorbereitet. Und es ist besser, mit einer Tätigkeit, für die man sich begeistert, später sein Brot verdienen zu können, als seine Schullaufbahn mit den Gefühlen größter Frustration zu Ende zu führen, um später einen Beruf zu ergreifen, für den man sich im Grunde überhaupt nicht interessiert.

Um das Thema ›behinderte Kinder‹ abzuschließen, möchte ich aus einem Protestschreiben zitieren, das sich gegen eine Antwort von Ihnen richtet, die Sie früher einmal im Zusammenhang mit einem Jungen gegeben haben, der aufgrund seiner körperlichen Schwäche dem Spott seiner Schulkameraden ausgesetzt war: »Ihre Antwort hat mich erzürnt. Mir wäre es lieber gewesen, Sie hätten ihm empfohlen, sich gegen das Unrecht, das ihm geschah, zur Wehr zu setzen und ihm erklärt, daß auch er ein Recht auf Achtung und Respekt hat, genau wie alle anderen auch. Hätten Sie sich einmal in seine Lage versetzt, so wäre Ihnen sicherlich aufgegangen, wie falsch Ihre Ratschläge ausfielen. Statt ihm zu empfehlen, sich gegen die Angriffe auf seine Person zu verteidigen, haben Sie ihm geraten, er solle sich zurückziehen, seine Romane im stillen weiterschreiben, um letztlich seine Sensibilität mehr zu entwickeln als seine Aggressivität. Ich möchte Ihnen hierzu folgendes sagen: Mein ältester Bruder war völlig taub und hat deswegen mit zwölf Jahren große Probleme gehabt. Er ging auf eine ›normale‹ Schule und beklagte sich zu Hause andauernd über die verschiedensten Schikanen seiner Mitschüler. Unsere Eltern haben ihm gesagt: ›Setz dich durch‹ und ›Laß dir nicht alles gefallen‹. Und er hat es geschafft.« Sie beschließt ihren Brief mit folgendem Kommentar: »Die Behinderten brauchen sich für ihre Existenz nicht zu rechtfertigen. Es ist höchste Zeit, daß sich die Menschen dessen bewußt werden.«

Ich denke, daß es sich um zwei völlig voneinander verschiedene Fälle handelt. Jener Junge, von dem ich sprach[1], hatte noch einen kindlichen Körper und dazu eine sehr hohe Stimme, was dazu führte, daß er von allen ›Fräulein‹ genannt wurde. Er litt in der Tat sehr stark unter der Verachtung, die ihm seine Kameraden durch ihre Kommentare entgegenbrachten, aber hätte er mit seiner hohen Stimme rebelliert, wäre er doch noch mehr zum Gegenstand des allgemeinen Gelächters geworden. Wenn man kämpfen will, sollte man auch über die entsprechenden Waffen verfügen. Vielleicht war der Bruder dieser Frau ein Mordskerl, der anderen mit Leichtigkeit eine Tracht Prügel verpassen konnte. Denn wenn jemand taub ist, so ist er noch lange nicht schwach. Es handelt sich also nicht um die gleiche Behinderung, sofern man im ersten Fall überhaupt von Behinderung sprechen kann. Ich weiß nicht, was aus dem Jungen von damals geworden ist. Vielleicht könnte er auch aus dem Bericht dieser Frau etwas lernen. Vielleicht hätte er damals auch die Meinung dieser Frau hören sollen.
Andererseits finde ich es doch merkwürdig, daß meine Antwort so viele Leute zum Nachdenken veranlaßt hat. Wir haben daraufhin tatsächlich sehr viele Briefe bekommen. In diesem Zusammenhang möchte ich besonders den Bericht einer Mutter von mehreren Kindern erwähnen, deren letztes Kind ebenfalls als Außenseiter abgestempelt wurde. Genau wie dieser Jugendliche, dem ich früher geantwortet habe, war auch er von Anfang an gut in der Schule, aber körperlich sehr schwach. Er war extrem sensibel und reagierte auf den Spott seiner Kameraden mit psychosomatischen Erscheinungen. Seine Hände und Füße schwollen an. In solchen Augenblicken

1 Siehe S. 237ff.

konnte er kaum noch seinen Federhalter halten. Er wurde schließlich so unglücklich, daß er seinen Eltern trotz seines ausgeprägten Selbstvertrauens (infolge seiner guten Leistungen in der Schule) mit fünfzehn Jahren sagte, er könne es nicht länger ertragen, vor seinen Schulkameraden zum Sündenbock für alles herhalten zu müssen. Er hat seine Eltern daraufhin inständig gebeten, ihn auf ein Internat zu schicken, in dem die Persönlichkeit des einzelnen Schülers wirklich respektiert wird. Seine Eltern besaßen nicht viel Geld und die Lehrer, die mit diesem ausgezeichneten Schüler sehr zufrieden waren, meinten, es sei hirnverbrannt, seine Ausbildung an der Schule, auf die er ging, zu unterbrechen und ihn ins Ausland zu schicken. Da er in den Ferien von Freunden gehört hatte, daß die Internate in England besonders tolerant mit den Schülern umgingen, wollte er nämlich dorthin gehen.

Schließlich hat er aus Liebe zu seinen Eltern und letztlich wohl auch aus Vernunftgründen akzeptiert, unter den für ihn so dramatischen Bedingungen ein weiteres Jahr auf seiner Schule zu verbringen. Als die Eltern jedoch merkten, daß er immer verschlossener wurde und er anfing, Zweifel zu hegen, ob er seine Schullaufbahn überhaupt zu Ende bringen könnte, haben sie ihn trotz der großen finanziellen Belastung doch nach England geschickt. Sie hatten großen Erfolg damit: der Junge machte nicht nur sein Abitur auf dem Internat, sondern legte auch noch auf einer Schule in London erfolgreich sein französisches Abitur ab. Er kam ganz allein auf sich gestellt sehr gut hin und nahm sein Leben, nachdem er sich mit fünfzehneinhalb Jahren dafür entschieden hatte, in die eigenen Hände. Heute ist er vielleicht beruflich nicht so erfolgreich wie andere (die Mutter berichtet davon), aber dennoch hat er von seiner Entscheidung sehr viel profitiert: er hat heranwachsen und sich psychisch entwickeln können, ohne dem ständigen Spott und den Eifersüchteleien seiner Mitschüler ausgesetzt gewesen zu sein, die im Grunde ja nicht ertragen konnten, daß er mit seiner Art auf der Schule so viel Erfolg haben konnte. Die Mutter meint jetzt dazu: »Ich hätte ihm also das gleiche empfehlen sollen, wie Sie es in Ihrer Antwort damals getan haben: daß er vielleicht Fernunterricht nimmt und sich ansonsten weiter seinem starken Interesse für die Literatur widmen sollte. Vielleicht haben wir ihm, indem wir zu lange darauf insistierten, die Schule nicht zu verlassen, schon früh sein Kreuz gebrochen, wer weiß?«

Die beiden Briefe, aus denen wir zitiert haben, vertreten also gegensätzliche Standpunkte. Es ist manchmal schwierig, die richtige Antwort auf ein Problem zu wissen. Ich antworte eigentlich immer so, wie ich fühle, daß es für den Betroffenen am besten ist. Aber ich freue mich auch, wenn man anders denkt als ich und andere Lösungen vorschlägt. So hat dann jeder die Möglichkeit, sich aus den verschiedenen Antworten diejenige herauszugreifen, die am besten zu ihm paßt.

8

Hochbegabt oder nur in der Schule erfolgreich?

(Über die Notwendigkeit einer ganzheitlichen Entwicklung)

Uns liegen eine Reihe von Briefen zur Problematik ›hochbegabter‹ Kinder vor. Wenden wir uns zuerst dem Bericht einer Frau zu, die rückblickend die Fortschritte in der Entwicklung ihres Sohnes, der heute zweiundzwanzig Jahre alt ist, beschreibt. Es sei für sie ein wunderschönes Erlebnis gewesen zu sehen, daß er bereits mit sieben Monaten laufen konnte. Sie fährt fort: »Mit drei Monaten begann er zu lallen und vor sich hinzuglucksen, wie alle Kinder dieses Alters, aber er staunte dabei über sich selbst, beobachtete sich dabei und wiederholte immer wieder diese Geräusche, um sicher zu sein, daß er es war, der sie von sich gab. Auch konnte er nach seiner Geburt schon sehr schnell seine Umgebung erkennen, so daß er bereits mit zehn Tagen nicht mehr mit dem Gesicht zur Wand liegen wollte, um sehen zu können, was sich im Zimmer um ihn herum abspielte.« Ich weiß nicht so recht, ob diese Anzeichen dafür sprechen, daß dieses Kind hochbegabt war, aber die Mutter behauptet es zumindestens. Weiter schreibt sie: »Eltern müssen lernen, die Hochbegabung ihrer Kinder zu erkennen. Man darf diese Kinder auch nicht für verhaltensgestört oder unangepaßt halten – nur weil man sie manchmal nicht recht zu nehmen weiß. Auch die Lehrer sind sich häufig unschlüssig, welche Erziehungsmethoden sie bei diesen Kindern anwenden sollen, die sich so stark von ihren Mitschülern unterscheiden.«

Ein anderer Brief berichtet von einem Jungen, der mit elf Jahren bereits zwölf Bücher pro Monat liest! Andererseits wundern sich die Eltern über den Unterschied zwischen seiner geistigen und körperlichen Entwicklung. Hinzu kommt, daß er seit seinem sechsten Lebensjahr, also seit der Einschulung, unter ständigen Kopfschmerzen leidet. Seine Leistungen in der Schule sind aber sehr gut, bis darauf, daß er eine fürchterliche Schrift hat, unter der er, so die Mutter, sehr leidet.

Ich finde seine Schrift (die Mutter hat einige seiner Hausaufgaben in den Brief eingelegt) gar nicht fürchterlich, eher wirkt sie etwas unbeholfen. Man kann dieser Schrift entnehmen, daß der Junge nervös beim Schreiben ist. Ich denke aber, daß es ihm bei seiner Arbeit hilft, wenn er anfängt, mit der Schreibmaschine zu schreiben. Schließlich ist er begabt, interessiert sich sehr für Literatur und setzt sich auch gern für längere Zeit hin, um zu arbeiten. Er sollte also anfangen, auf der Schreibmaschine zu schreiben. Viele Eltern kommen gar nicht auf diesen Gedanken, wenn die Kinder Schwierigkeiten mit ihrer Schrift haben. Natürlich kann er seine Hausaufgaben nur dann mit der Maschine schreiben, wenn der Lehrer auch damit einverstanden ist. Aber warum soll ein Kind nicht mit elf oder zwölf Jahren auf der Schreibmaschine schreiben? Es handelt sich um eine durchaus intelligente Tätigkeit. Natürlich geht es nicht darum, einem Kind zu verbieten, mit der Hand zu schreiben. Aber das Kind sollte wählen können, ob es seine Arbeit lieber mit der Schreibmaschine oder per Hand erledigt. Hinzu kommt, daß das Maschineschreiben eine Tätigkeit ist, die das Kind in seinem ganzen späteren Leben gut gebrauchen kann.

Ich komme auf den letzten Brief zurück. Die Mutter teilt uns noch mit, daß der Junge in seiner Klasse kaum Freunde hat und seine Mitschüler ›doof‹ findet. Seinen Bruder läßt er zu Hause in sein Zimmer herein und mit seinen Spielsachen spielen, schließt aber seine Schwester, die er ›Wanze‹ nennt, aus. Am Abend schmust er nur mit seiner Mutter, niemals mit dem Vater. Sie sagt auch, daß der Vater früher sehr häufig abwesend war und die Kinder darunter sehr gelitten haben. Jetzt sei er aber mehr zu Hause.
In beiden Briefen geht es also um ›hochbegabte‹ Kinder ...

... ein Problem, das heutzutage ja breit diskutiert wird. In England wurden z. B. speziell für diese Kinder sogenannte ›Eliteschulen‹ eingerichtet, eine katastrophale Entwicklung, wie ich und viele andere Leute finden, denn die Absonderung von Kindern einfach nur deswegen, weil sie ›anders‹ sind als die Mehrheit, führt zu schlimmen Konsequenzen. Auch wurden Tests entwickelt, mit denen man bereits bei fünfjährigen bzw. sechsjährigen Kindern feststellen kann, ob sie ›hochbegabt‹ sind, Tests übrigens, die sich nicht ausschließlich auf die Schulleistungen beziehen. Denn wenn ein Kind in der Schule sehr begabt ist, heißt das noch lange nicht, daß es sich bei ihm insgesamt um ein hochbegabtes Kind handelt. Denn dazu gehören auch ein ausgeprägter Wissensdurst auf einem ganz bestimmten Gebiet und das Interesse, sein Wissen kreativ und selbständig weiterzuentwickeln. Man spricht von einem hochbegabten Kind im übrigen dann, wenn es einen IQ von ungefähr 140 erreicht.

Das bedeutet, daß ein hochbegabtes Kind in einem nicht schulspezifischen Intelligenztest einen sehr hohen IQ erreicht, obwohl es auf bestimmten Gebieten, wie sie auch in der Schule verlangt werden, nicht besonders begabt zu sein braucht.

Ja. Wenn ein Kind in der Schule sehr guten Erfolg in allen Fächern hat, ist es eher zu bedauern, weil es ein Zeichen für seine Fixierung auf gute Noten darstellt, vielleicht will es nur Klassenbester sein. Mit einer überdurchschnittlichen Kreativität oder einem überdurchschnittlichen Wissensdurst braucht dies nichts zu tun zu haben. Solche Kinder wollen dann weder das ergründen, was ihnen in ihrem Leben alles begegnet, noch sich gemäß ihrem Interesse für ein ganz bestimmtes Gebiet interessieren.
Natürlich kann ein in der Schule hochbegabtes Kind in seiner Freizeit mit Menschen zusammensein, die ihm eine künstlerische Beschäftigung näherbringen oder ein Wissensgebiet, für das es sich besonders interessiert. Aber es sollte in der Schule auf jeden Fall mit den gleichaltrigen Schulkameraden zusammenbleiben. Sonst wird es sich allmählich zu einem Außenseiter entwickeln und darunter leiden. Hierbei spielt auch der Reifungsgrad des Kindes eine wichtige Rolle.
Der elfjährige Junge, von dem vorhin die Rede war, schmuste noch jeden Abend mit seiner Mutter, obwohl er sich ansonsten

nur für Literatur und geistige Inhalte interessierte. Dieser Junge ist in seiner psychischen Entwicklung tatsächlich gefährdet. Man kann ihn nicht als ›hochbegabt‹ bezeichnen, vielmehr bräuchte er eine Psychotherapie... Vielleicht war er früher, als er klein war, hochbegabt. Bei Kindern entwickelt sich zuerst die motorische und dann die verbale Intelligenz. Auch ein Kind, das anderen in seiner Entwicklung voraus ist, lernt zuerst seine körperliche Geschicklichkeit und dann das Sprechen. Ein Kind, das in seiner motorischen Entwicklung frühreif ist, wird von den Erwachsenen vielfach als anstrengend empfunden, weil es sie andauernd bei dem, was sie gerade tun oder tun wollen, stört. Viele Eltern von hochbegabten Kindern verbieten ihnen dann, sich körperlich auszutoben oder später ständig zu sprechen und sich in ihre Gespräche einzumischen. Für die Kinder wirkt sich dieser Erziehungsstil negativ aus, so daß man heutzutage versucht, hochbegabte Kinder schon möglichst früh als solche zu erkennen, damit man für sie eine entsprechende Beschäftigung findet, sie mit anderen Kindern zusammenbringt und ihnen die Möglichkeit verschafft, schon frühzeitig ihren Interessen nachzugehen. Denn diese Kinder lernen ja mit großer Leichtigkeit, so daß sie sich schon bald nicht mehr für das interessieren, was man ihnen in der Schule beibringt und anfangen, sich dort zu langweilen. Sie brauchen vielerlei Anregungen durch andere Beschäftigungen, sei es Musik, eine künstlerische Tätigkeit oder andere kreative Betätigungen. Es geht dabei nicht darum, daß man diese Kinder, wie viele Eltern meinen, allgemein ›fördert‹, sondern daß sie neben der Schule einer Beschäftigung nachgehen, für die sie sich besonders interessieren.

Ich setze mich in meinen Ausführungen immer wieder dafür ein, daß sich die Kinder ganzheitlich entwickeln, d. h., daß sie richtig sprechen, aber auch mit ihrem Körper geschickt umgehen können. Später werden es vielleicht hochbegabte Kinder sein oder auch nicht. Zumindestens bestünde aber im Rahmen einer solchen Erziehung nicht die Gefahr, daß ein hochbegabtes Kind später einmal psychische Fehlentwicklungen oder Störungen aufweist. Selbst einem frühreifen Kind sollte man Zeit lassen, sich sowohl verbal als auch von seiner körperlichen Geschicklichkeit her frei auszudrücken. Es gibt leider viele

hochbegabte Kinder, die psychisch zurückgeblieben wirken, weil man sie während ihrer ganzen frühen Kindheit in ihrer Initiative bremste, sie mit ihren Gedanken und anderen Beschäftigungen allein ließ und ihnen Schuldgefühle beibrachte, indem man sie daran hinderte, unabhängig zu sein, allein etwas zu unternehmen und immer verlangte, daß sie sich ›brav‹ verhalten müssen.
Noch einmal zurück zum Inhalt des ersten Briefes. Wenn ein Kind in seiner frühen Kindheit hochbegabt erscheint, heißt dies noch lange nicht, daß es auch immer so bleiben wird. Man muß solche Kinder sehr genau beobachten und ihnen dabei helfen, sich zu entwickeln, ohne ihnen dabei zu schaden. Das geht nur, indem man sowohl auf die Individualität des Kindes Rücksicht nimmt als auch dafür sorgt, daß es sich in der Gruppe wohlfühlt, Initiativen übernimmt usw.

Zum gleichen Thema möchte ich noch aus einem anderen Brief zitieren. Eine Frau schreibt über ihre Tochter, die in der Schule zwei Klassen übersprungen hat: »Sie haben sich dagegen ausgesprochen, daß ein Kind eine Klasse in der Schule überspringt. Aber als meine Tochter acht Jahre alt war, fühlte ich mich ihr gegenüber wie ein Huhn, das eine Ente oder eine Ente, die einen Schwan ausgebrütet hat, weil sie ihrem Alter in allen Hinsichten so weit voraus war.« Ich will den Inhalt des Briefes kurz zusammenfassen: Dieses Kind ist von Anfang an sehr aufgeweckt gewesen. Schon mit sechs Monaten verließ sie allein ihr Bett, um in das Wohnzimmer ihrer Eltern zu krabbeln, weil sie bei allem dabei sein wollte. Und mit neun Monaten kam sie allein die Treppe herauf und hinunter, ohne dabei zu fallen.

Das ist in der Tat außergewöhnlich. Dieses Kind wollte eben überall dabeisein und empfand dabei eine große Lebenslust.

Ja, sie wurde auch sehr schnell als Draufgängerin bezeichnet. Die Mutter schildert sie als wenig zärtliches und ziemlich aggressives Mädchen, das imstande war, auch starke Schmerzen auszuhalten. Auch kratzte sie Leute, die ihr nicht gefielen oder ihren Bedürfnissen nicht nachkamen. Typisch für das Verhalten ihres Kindes sei folgende Episode: Als sich eine Frau zu ihrem

Kind herunterbeugte, sagte die Mutter: »Passen Sie auf, sie ist sehr wild und könnte Sie kratzen.« – »Aber das kann ich gar nicht glauben, sie ist doch so süß.« Die Dame wollte das Kind streicheln und schon ging die kleine Hand des Mädchens auf das Gesicht der Frau los und hinterließ dort einen deutlichen Kratzer, worauf diese sich abwandte und die Mutter beschimpfte. Weiter schreibt die Mutter, daß das Kind schon früh ein ausgesprochenes Talent besessen hätte, andere Menschen nachzuahmen und über ein außergewöhnliches Gedächtnis verfügt hätte. Sie kam mit dreißig Monaten in den Kindergarten und konnte bereits ein Vierteljahr später lesen und zählen. Die Kindergärtnerin hätte ihr darauf mitgeteilt, daß man ihre Tochter nicht länger dort behalten könne. Und sobald das Mädchen richtig lesen konnte, hat sie sofort begonnen, die Bücher, die sie besaß, regelrecht zu ›verschlingen‹. Und dann kam die Sache mit dem Wörterbuch ...

... von der die Mutter schreibt, daß sie sie beunruhigte.

Ja. Sie schreibt: »Sie fing an, das Wörterbuch auswendig zu lernen. Gott sei Dank sind wir – und auch sie – dadurch gerettet worden, daß wir in die Ferien fuhren.« Sie wollte dann auch stricken lernen, aber die Mutter fand, daß sie noch zu klein dafür wäre. Sie hat sich ihr gegenüber trotzdem durchgesetzt und war dann wütend, wenn ihr nicht sofort alles gelang. Aber sie hat es trotzdem sehr schnell gelernt ...

Man sagt ja von solchen Kindern, daß sie ›immer mehr wollen‹ ... Ihr Wissensdrang ist sozusagen unersättlich.

Ja. Genauso mit ihren Beschäftigungen außerhalb der Schule, also beim Reiten und bei der Gymnastik. Sie konnte mit ihrem Pferd sehr schnell geschickt umgehen. Und dann hat sie noch ein Instrument spielen bzw. Noten lernen wollen. Und nach den ersten drei Monaten in der Schule wurde sie vierte in einem Klavierwettbewerb ...
Die Mutter berichtet auch von der Haltung des Großvaters und des Vaters diesem Kind gegenüber. Am Anfang haben sie sich für das Mädchen gar nicht interessiert und betrachteten sie mit einem gewissen Abstand. Aber interessiert Sie eigentlich dieser Passus des Briefes?

Ja, weil sich der Vater ansonsten sehr viel um seine Kinder kümmerte, um seine älteste Tochter z.B. Aber bei ihr hatte er das Gefühl, daß er sie nicht zu sehr stören sollte, weil sie ihm gegenüber sonst hätte aggressiv werden können. Er hatte vollkommen recht, sie damals einfach leben zu lassen, ohne sich groß um sie zu kümmern. Und auch der Großvater beachtete sie nicht viel, weil er mit ihrer Art nicht zurechtkam.

Erst als sie ihn eines Tages nach der Satzkonstruktion in einem alten Gedicht fragte, die sie nicht verstand, begann er sich für sie zu interessieren und mit ihr zu sprechen.

Ich finde, daß diese Mutter sehr klug gehandelt hat, indem sie das Mädchen vor sich selbst schützte und hat ziemlich frei für sich leben lassen – was man ihr übrigens oft vorgeworfen hat. Aber was hätte sie denn anderes tun sollen? Unter Umständen hätte sie mit zu viel Zuwendung eine ernsthafte Störung bei ihrem Kind ausgelöst. Ich finde es auch vernünftig von ihr, zwei- oder dreimal mit ihrer Tochter zu einem Psychiater oder Psychologen gegangen zu sein. Beide haben ihr bestätigt, daß ihre Tochter völlig normal und von ihrer Entwicklung Gleichaltrigen um zwei bis zweieinhalb Jahre voraus war, vor allem aber, daß ihre motorische und emotionale Entwicklung homogen verlaufen würde. Es handelt sich wirklich um ein außergewöhnliches Kind.

Gleichzeitig ist sie unter anderen Kindern sehr beliebt. Sie hat Freunde und wird von allen gemocht. Sie ist jetzt auch nicht mehr so aggressiv anderen Kindern gegenüber.

Das ist sehr wichtig. Wie gesagt, das Kind ist völlig normal. Oder wie die Mutter sagt: »Sie ist nicht perfekt. Sie hat durchaus ihre Fehler...«. Sie hält sie übrigens nicht für hochbegabt.

Nun aber zu ihrer Frage: »Die Strukturen in der Schule sind wirklich nicht auf die Kinder zugeschnitten, die den anderen voraus sind. Und so haben wir uns dafür entschieden, sie zwei Klassen überspringen zu lassen, aber meinen Sie nicht, daß es ihr schaden könnte?«

Was diesen Fall angeht, nein. Ich denke, daß diese Mutter richtig gehandelt hat, weil das Kind neben den Aufgaben, die sich ihm in der Schule stellten, noch vielen anderen Interessen nachging. Denn wenn ein Kind nicht nur in seinen Schulleistungen, sondern in jeder Beziehung seinem Alter voraus ist, spricht nichts dagegen, daß es in der Schule einmal eine oder zwei Klassen überspringt. Manche Kinder brauchen unbedingt den Lebensrhythmus und den Wissensstand älterer Kinder. Aber der Umgang mit älteren Kindern ist nur dann gut, wenn ihre Entwicklung diesen ganzheitlich entspricht. Auf der anderen Seite gibt es nämlich Kinder, die in der Schule sehr gute Leistungen erbringen, aber nicht in der Lage sind, sich allein anzuziehen oder sich mit etwas zu beschäftigen, was nicht in ihrer Phantasiewelt angesiedelt ist. Diese Kinder mögen in der Schule ausgezeichnet zurechtkommen, aber mit der Wirklichkeit und ihrer sozialen Umwelt kommen sie nicht klar. Und solche Kinder sind eben keine hochbegabten Kinder, denn ihre Entwicklung verläuft nicht ganzheitlich. Das hochbegabte Kind verfügt über vielseitige Fähigkeiten, sowohl was seine Gefühlswelt als auch seine Gedankenwelt angeht, es will alles haben, wie man so schön sagt, aber es ist auch in der Lage, sich gegen alles zu schützen, was seinem Leben und seinen Bedürfnissen in die Quere kommt. Manchmal erzieht man, so traurig es klingt, hochbegabte Kinder zu verhaltensgestörten Kindern, weil man sie in ihrer ganzheitlichen Entwicklung bremsen und bändigen will und statt dessen versucht, sie auf eine ganz bestimmte Leistung abzurichten. Hinzu kommt, daß diese Kinder von ihrer Motorik, ihrem Wissensdurst, ihrer Handgeschicklichkeit und ihren Bedürfnissen her ausgesprochen frühreif sind und daher auch sehr anstrengend für die Eltern werden können.

Wichtig erscheint mir, daß das Mädchen, über das wir gerade sprechen, die Klasse nicht in der Mitte des Schuljahres übersprungen hat, woraus sich durchaus auch bei ihr hätten Schwierigkeiten ergeben können, sondern zum einen einfach früher eingeschult wurde – mit fünf Jahren – und dann am Ende der 2. Klasse in die 4. Klasse versetzt wurde, weil die 3. Klasse im Normalfall den Stoff der 2. Klasse mehr oder weniger wiederholt und sie sich dann gelangweilt hätte.

Insofern finde ich die Vorgehensweise der Eltern recht vernünftig. Im ersten Schuljahr wird ein Kind mit der Schule als solche vertraut gemacht und dann kann man entsprechend seinen Fähigkeiten schon einmal erwägen, ob es eine Klasse überspringt. Schwieriger wird es in jedem Fall, wenn das Kind schon älter ist, z. B. in der 4. oder 6. Klasse ist, weil es sich dann an seine Klassenkameraden gewöhnt und in der Klasse Freunde gewonnen hat. Im vorliegenden Fall wurde das Mädchen aber in eine Klasse versetzt, die ihrem Arbeitsdrang und ihrem schnellen Arbeitstempo entsprach, in dem Sinne, daß sie schnell lernte und die Lehrerin nicht mehr wußte, womit sie sie beschäftigen sollte.
Die Mutter aber macht sich trotzdem Sorgen und möchte wissen, ob ihre Tochter nicht vielleicht doch irgendwann einmal unter der Last der an sie gestellten Anforderungen zusammenbrechen könnte. Ich glaube nicht. Und selbst wenn es so wäre, wäre es nicht schlimm. Wenn die Eltern bemerken, daß sie sich in der Klasse, in der sie ist, irgendwann einmal schwertut und darunter leidet, können sie sie die Klasse einfach wiederholen lassen. In diesem Fall könnte sie vielleicht die Schule wechseln oder auch in der gleichen Schule bleiben, wenn sie eine andere Lehrerin bekommt. Im voraus läßt sich eine solche Entwicklung allerdings niemals voraussagen. Auf jeden Fall hat dieses Mädchen sehr vielseitige Interessen. Außerdem hat sie auch viele Freunde. Es handelt sich um ein Kind, das sich auf allen Gebieten einheitlich entwickelt hat und die Schwierigkeiten nicht kennt, die manche in ihren Schulleistungen ›geförderten‹ Kinder haben. Man sollte sich um ein Kind erst dann Sorgen machen, wenn es auf der Schule seinem Alter weit voraus ist, auf den anderen Gebieten seiner psychischen Entwicklung aber zurückgeblieben ist. Dieses Kind, von dem die Rede ist, scheint wirklich ein außergewöhnlicher Mensch zu sein. Und ich möchte den Eltern ein Kompliment machen, daß es ihnen gelungen ist, sie zu erziehen, ohne ihr zu schaden, damals, als sie schon als Kleinkind so aggressiv und unabhängig war.

9

Geräusche muß man erklären, Musik muß man lieben

(Klänge: Geräusche und Musik)

In unserer Umgebung sind wir vielfach Klängen und Geräuschen ausgesetzt, die man teilweise als aggressiv erlebt. Viele junge Eltern möchten wissen, wie man Babies an Geräusche gewöhnen und sie mit bestimmten Klängen vertraut machen kann, die sie tagtäglich hören, fast jede Minute neu entdecken und sie manchmal beängstigen. Besonders dann, wenn sie die Geräusche nicht richtig einordnen können.

Ein Kind bekommt von den Geräuschen im Haushalt hauptsächlich Angst vor dem Staubsauger, vor brummenden Elektrogeräten und vor der Toilettenspülung. Man kann diesen Ängsten beim Kind am besten dadurch begegnen, daß man es auf den Arm nimmt und ihm erklärt: »Weißt du, dieses Geräusch, das du nicht magst, kommt vom Staubsauger, von der Klospülung usw.«. Man sollte die Dinge genau umschreiben und sie dem Kind auch zeigen.

Auch schon, wenn das Kind erst einige Wochen alt ist?

Ja, auch wenn es acht oder vierzehn Tage alt ist. Die Mutter könnte das Kind mit diesen alltäglichen Geräuschen vertraut machen, indem sie es dabei auf ihrem Arm hält. Die Geräusche würden auf diese Weise ›mamaisiert‹.

›Mamaisiert‹? Ein etwas seltsamer Ausdruck.

Ich benutze solche Neologismen gern. Und alles, was im Leben eines Kindes oder im Familienleben ›mamaisiert‹ wird, bedeutet ›Sicherheit‹ für das Kind. Denn auf diese Weise gehört dann alles zur vertrauten Umgebung der Mutter. Ein Kind fürchtet sich nämlich vor dem Geräusch des Staubsaugers, weil es seine Mutter beim Staubsaugen meistens anders erlebt als sonst: sie hat zerzaustes Haar und ist unruhig und gestreßt, weil sie diese Arbeit, die sie machen muß, im Grunde gar nicht mag. Das Kind spürt ihre ganze Anspannung. Und so reagiert es ängstlich auf alles, was mit Staubsaugen zu tun hat. Besonders, wenn es nicht von Anfang an in die alltägliche Arbeit der Mutter einbezogen wurde. Auch das Heulen der Sirenen macht den Kindern große Angst. Wenn ein Probealarm angekündigt wird, sollte die Mutter ihr Kind, kurz bevor es losgeht, auf den Arm nehmen. Auch auf der Straße. Der Ton einer Sirene ist ein vollkommen unnatürliches Geräusch, es gibt Säuglinge, die beim Hören des Sirenentons regelrecht zusammenschrumpfen und ganz blau vor Angst werden. Aber dieser Zustand geht schnell vorbei, wenn die Mutter das Kind beruhigt, in seine Augen schaut und sagt: »Du brauchst keine Angst zu haben, es ist nur die Sirene. Mama ist ja bei dir. Mama ist da.« Diese Kinder werden auch später vor der Sirene des Notarztwagens oder des Krankenwagens keine Angst mehr haben. Aber gerade was die ersten Erfahrungen mit diesen Geräuschen angeht, sollte man dem Kind die ausreichende Sicherheit geben. Was nun die Geräusche der Toilettenspülung angeht, so entsteht die Angst hierbei auch aus einem anderen Grunde: Das Kind bekommt Angst, weil es nicht weiß, was aus seinen Ausscheidungen wird. Denn es empfindet sie im frühen Alter ja als ein Teil von sich selbst und hat Angst, zusammen mit dem, was zu ihm gehört, auch selbst heruntergespült zu werden. Es ist sozusagen ein Geräusch, das das Kind mit sich forttragen will. Es gibt übrigens auch Kinder, die in der Badewanne eine panische Angst vor dem Geräusch haben, das entsteht, wenn man den Stöpsel herauszieht und das Wasser dann schnell abläuft. Es ist ganz so, als würden sie befürchten, daß auch sie mit dem Wasser ablaufen müßten. Man soll ihnen die entsprechenden Zusammenhänge also lange erläutern und sie ihnen erklären, bevor sie damit plötzlich konfrontiert werden. Man muß sie die Vorgänge erst einmal beobachten lassen. Und mit der Zeit werden sie sich daran gewöhnt haben. Man sollte niemals ein Kind auslachen, das vor irgendeinem

Geräusch Angst hat. Man muß ihm alles mit den passenden Worten erklären und es beruhigen.

Soll man auch elektrische Geräte bewußt einschalten, um dem Kind zu zeigen, wie sie funktionieren?

Ja. Das Kind kann sie auch selbst einschalten, man kann ihm zeigen, auf welchen Knopf es drücken muß.

Kommen wir zu einem ganz anderen Thema. Wir haben eine Reihe von Briefen bekommen, in denen eine die Musikalität des Kindes weckende Erziehung angesprochen wird, aber auch konkrete Formen des Musikunterrichts, z. B. die Klavierstunde. Zwei Briefe haben wir ausgewählt und wollen sie im folgenden zur Diskussion stellen. Der erste Brief stammt von einer Frau, die drei Töchter hat, sie sind elf, neun und vier Jahre alt. Die Großmutter mütterlicherseits ist Klavierlehrerin und gibt dem neunjährigen Mädchen Klavierunterricht. Vorher hatte sie die älteste Tochter unterrichtet, aber diese hatte den Klavierunterricht nach einem oder zwei Jahren aufgegeben, wie die Mutter schreibt. Die Tochter hätte damals, als sie zum Unterricht gehen mußte, immer geschrien, geweint, gebrüllt und war denkbar schlechtester Laune. Bei ihrer zweiten Tochter sei es im letzten Jahr übrigens genauso gewesen. Immer hätte sie gebrüllt: »Ich will nicht hingehen«, »Ich mag kein Klavier spielen«, »Ich will etwas anderes tun« usw. Die Eltern überlegen sich jetzt, ob es ratsam ist, ein Kind, wie auch in diesem Fall, zum Musikunterricht zu zwingen, damit es die Klavierstunde zumindestens über sich ergehen läßt. Aber sie meinen auch, daß die Kinder ihren Eltern später einmal dankbar sind, wenn sie ihnen dabei geholfen haben, ihre Schwierigkeiten zu überwinden. Der Vater schreibt: »Mit dem Klavierunterricht fängt es an ... und in der Schule geht es dann so weiter. Sie werden eines Tages erklären, nicht mehr hingehen zu wollen.«

Aber mit der Schule ist es doch etwas ganz anderes, denn in die Schule *muß* ein Kind gehen! Wenn der Klavierunterricht einem Kind nicht gefällt, liegt es zumeist daran, daß der Lehrer es nicht vermag, das Interesse des Kindes dafür zu wecken, entweder weil er für den Unterricht nicht die richtige Atmosphäre schafft oder weil dieser Lehrer von seinem Beruf selbst nicht sehr begeistert ist. Man kann ja mit seinem Beruf gar nicht glücklich sein, wenn man dabei immer nur gereizt und nervös ist! Auf diese Weise kann ein Lehrer einem Kind das Klavierspielen für sein Leben verleiden. Ich habe im Rahmen meiner Arbeit persönlich viele Leute getroffen, die sehr musikalisch waren, denen aber ein schlechter Klavierlehrer die Freude an der Musik regelrecht ausgetrieben hatte. Ein Lehrer soll sich auf das Kind einstellen und nicht umgekehrt. Wenn er merkt, daß das Kind das Klavierspielen nicht mag, kann er es ja erst einmal dabei belassen und dem Kind, weil er für die Stunde schließlich bezahlt wird, selbst etwas vorspielen. Das ist allemal besser, als das Kind zu zwingen, selbst etwas zu spielen, wenn es nicht mag. Musik ist für denjenigen ein großes Vergnügen, der sie liebt. Und dieses Vergnügen kann man durchaus auch beim bloßen Hören von Musik erleben. Man muß nicht unbedingt selbst Musik machen ...

Ich weiß nichts von der Beziehung, die diese Mädchen ansonsten zu ihrer Großmutter haben. Außerdem wird auch nicht erwähnt, ob die Mutter selbst Klavier spielt und Musik liebt. Wenn sie Musik liebt, wird sie ja selbst häufig Musik hören. Dann könnte sie ihren Kindern von dem Spaß erzählen, den ihr das Hören von Musik oder das Spielen eines Instruments bereitet. Kinder lieben Musik, wenn sie schon früh damit vertraut gemacht werden – z. B. daß jemand von den Eltern ein Instrument spielt und herausbekommt, daß es schon dem Baby gefällt, wenn es seine Klänge hört. Ich möchte noch einmal betonen: Erst einmal müssen die Eltern selbst gern Musik hören. Ein Kind liebt anfangs immer etwas über die affektive Gemeinsamkeit, die es mit seiner Mutter verspürt. Wenn diese Mädchen nur deshalb lernen, Klavier zu spielen, damit ihre Mutter der eigenen Mutter eine Freude machen kann, dann ist der Unterricht von vornherein zum Scheitern verurteilt. Dann rührt ja die Motivation dazu nicht von den Kindern, sondern von der Mutter in ihrer Beziehung zu der eigenen Mutter her! Und genauso schlimm ist das Argument, daß die Kinder den Eltern dafür später einmal dankbar sein werden. Wenn man

für seine Kinder nur etwas tut, damit sie einem später einmal dafür danken, dann ist man wirklich auf dem verkehrten Weg. Wir sprachen bereits von der Liebe des Lehrers für seinen Beruf sowie von der Liebe der Eltern für die Musik. Hinzu kommt natürlich auch das Interesse und die Neigung des Kindes selbst. Eine Kunst kann man einem Kind nur beibringen, wenn es ein Verhältnis dazu hat. Und später wird auch dieses Kind bei seinen Kindern wieder herausfinden müssen, was sie besonders gern mögen. Vielleicht hat die Mutter dieser Frau, die uns geschrieben hat, auch bei ihr nicht versucht herauszufinden, wo ihre Interessen liegen. Denn sonst würde sie doch nicht so auf der Klavierstunde insistieren und ihre Kinder zwingen, dort hinzugehen, selbst wenn diese überhaupt keine Lust dazu haben. Man kann doch niemanden zwingen, ein Musikinstrument zu erlernen, das er nicht mag.
Man könnte mit den Kindern zu den Klavierstunden anderer Kinder gehen oder in ein Konzert. Man könnte ihnen sagen: »Ich mag Musik so gern. Habt ihr Lust, mit mir in ein Konzert zu gehen? Wenn es euch langweilt, könnt ihr natürlich schon früher herausgehen und draußen auf mich warten.« Man kann ja der Platzanweiserin Bescheid sagen, solange auf das Kind aufzupassen. Wenn die Kinder mitbekommen, daß ihre Eltern Musik gern mögen, bekommen sie von ganz allein ein Verhältnis dazu. Aber über Zwang erreicht man gar nichts.
Sicherlich mögen Kinder auch nicht auf Anhieb jedwede Art von Musik. So empfinden die ganz Kleinen Orgelmusik häufig als zu massiv; Kinder können Musikstücke nicht differenziert wahrnehmen, bei denen man die einzelnen Instrumente nicht mehr heraushört.
Es kommt oft vor, daß ein Kind ein bestimmtes Instrument anfängt zu lernen, aber kurz danach aufgibt. Das heißt aber keineswegs, daß es keine Musik mag. Man könnte dem Kind sagen: »Da du zur Zeit keine Lust mehr hast, weiterzumachen, werde ich das Geld, das ich sonst für den Unterricht ausgeben würde, für dich sparen. Willst du irgendwann eine Kunst erlernen – ob Musik oder etwas anderes –, steht dir dieses Geld zur Verfügung.« Auf diese Weise kann man das Interesse eines Kindes an der Kunst vielleicht erhalten. Denn Freude an einer künstlerischen Betätigung zu empfinden, bringt im Leben viel

Befriedigung mit sich, gerade wenn später noch das ›normale‹ Berufsleben dazukommt.

Aber was den Brief angeht, so weiß ich dazu wirklich nicht mehr zu sagen. Mich macht es fassungslos zu hören, daß man Kinder zum Klavierunterricht wie zu Foltersitzungen antreibt. Ich finde es wirklich furchtbar. Wenn die Kinder sich weigern, dann liegt es eben an der Lehrerin, an der Beziehung des Kindes zu ihr oder vielleicht auch daran, daß das Kind Musik einfach nicht mag. Und das sollte man dann auch respektieren.

Noch eine Frage zu diesem Thema: Eltern fragen, ab welchem Alter man mit dem Klavierunterricht anfangen kann bzw. was das ideale Alter ist, um damit zu beginnen. Vorausgesetzt, daß das Kind dafür eine bestimmte ›Begabung‹ besitzt, wie man so schön sagt ...

Meinen Sie nun speziell den Klavierunterricht oder eine musikalische Erziehung überhaupt?

Beides, einerseits den Unterricht für ein spezielles Instrument, andererseits aber auch die Musikerziehung insgesamt.

Mit der Erziehung zur Musikalität eines Kindes sollte man so früh wie möglich anfangen – wenn das Kind zwei Monate alt ist oder sogar, wenn es noch im Bauch der Mutter ist. So spielt bei den Zigeunern der beste Musiker noch vor der Geburt des Kindes im Beisein der schwangeren Frau, später dann häufig neben der Wiege, bis das Kind einige Monate alt ist. Es ist beobachtet worden, daß Kinder auf diese Weise Zugang zu dem gleichen Instrument bekamen, das sie in einem so frühen Abschnitt ihres Lebens gehört hatten. Ich finde es interessant, sich in bezug auf die Musikerziehung mit den Traditionen eines Volkes zu befassen, dessen Tradition von einer großen musikalischen Begabung Zeugnis ablegt.

Auch im Kindergarten oder noch früher kann man bereits mit der Musikerziehung anfangen. Man kann mit den Instrumenten abwechseln oder immer – etwa alle zwei Monate – ein neues Instrument dazukommen lassen. Schon in diesen Jahren läßt sich das unterschiedliche Interesse der Kinder für verschiedene Instrumente verfolgen, aber erst mit fünf oder sechs Jahren ist ein Kind wirklich in der Lage, sich für ein bestimmtes Instrument zu entscheiden. Oder die Kinder verzichten auf das Erlernen eines Instrumentes und gehen in eine Gesangs- oder Ballettgruppe. Auf diese Weise läßt sich eine breit angelegte musikalische Erziehung fortsetzen. Bei manchen Kindern taucht der Wunsch, ein bestimmtes Instrument zu spielen, auch erst im Alter von zehn Jahren auf und noch häufiger erst während der Pubertät. Dann ist es sehr gut, wenn die Kinder durch eine frühzeitig einsetzende Musikerziehung gut darauf vorbereitet wurden. Aber sie sollte das Kind nicht langweilen und sie sollte in einer spielerischen Atmosphäre stattfinden. Musik, Rhythmen und Klänge gehören zum Leben wie Formen und Farben. Sie bringen allen Menschen ein großes Vergnügen. Man kann den Kindern aber dieses Vergnügen verleiden, indem man es ihnen zur Pflicht macht.

10

Alles hat seinen Preis

(Taschengeld)

Im folgenden Brief geht es um das Taschengeld. Eine Mutter schreibt Ihnen, das Kind einer kinderreichen Familie gewesen zu sein, die, wie sie sich ausdrückt, ständig ›pleite‹ war. Trotzdem bekam sie regelmäßig einen kleineren Geldbetrag, den sie sich gut einteilen mußte, um sich davon das Nötigste zu kaufen. Ihr Mann, dessen Familie keine Geldsorgen kannte, bekam wöchentlich eine kleine Summe, mußte aber darüber, was er mit dem Geld anfing, stets Rechenschaft ablegen. Weiter schreibt sie: »Heute kann mein Mann überhaupt nicht mit Geld umgehen. Ständig wünscht er sich etwas und träumt davon, was er sich kaufen kann. Und wenn er sich dann einen Wunsch erfüllt, ist seine Freude grenzenlos. Ich hingegen habe solche Wünsche, was immer es auch sein mag, anscheinend vollkommen verdrängt und kann im Grunde von gar nichts mehr träumen.« Ihre Frage an Sie lautet: »Wir wollen, daß unsere Kinder schon früh ein richtiges Verhältnis zum Geld entwickeln. So sprechen wir mit ihnen darüber, wie teuer das Leben ist bzw. über die Geldprobleme, die sich daraus ergeben. Wir erklären ihnen, daß man, um Geld zu haben, es erst einmal verdienen muß, und daß es folgerichtig einiger Anstrengungen bedarf, um zu Geld zu kommen. Sie kriegen auch nicht ständig Geld von uns für alles, was sie haben wollen. Jetzt habe ich ein wenig Angst, daß auch unsere Kinder zu vernünftig und realistisch im Umgang mit Geld werden, daß wir sie also daran hindern, von Dingen, die sie sich wünschen, zu träumen.«

Hinter diesem Bericht und den gestellten Fragen verbergen sich in der Tat eine ganze Reihe von Problemen! Diese Frau lebte anscheinend in einer Familie mit großen Geldsorgen. Es ist möglich, daß ihre Eltern ihr nicht erlaubten, davon zu träumen, was sie machen *könnte,* wenn sie Geld *hätten.* Insofern gestatteten sie ihr dann auch keine Träume, sich etwas anzuschaffen. Geld zu haben, bedeutete in dieser Familie im Grunde nur, ›über die Runden zu kommen‹. Sie hat gelernt, daß Geld sehr wertvoll ist, und daß man sparsam damit umgehen muß. Aber hätte sie nicht auch davon träumen können, sich etwas zu kaufen, wenn sie mit ihrer Mutter an den Schaufenstern von Geschäften vorüberging? Zum Beispiel hätten sie zusammen ein Spiel spielen können: »Schau, Mutter, ich möchte dir diesen schönen Regenschirm schenken. Oder diese schöne Tasche. Und Vater würde ich dieses tolle Buch schenken, wenn ich Geld hätte, wenn wir Geld hätten ...«. Man kann an diesem ›wenn‹ so viel Vergnügen haben, stellt es doch eine Form des Wünschens dar oder der Liebe für denjenigen, dem man etwas schenken möchte. Auf diese Weise hilft man den Kindern, ihre Phantasiewelt zu bewahren. Der Mann dieser Frau hat zwar als Kind immer Geld bekommen, doch mußte er ständig Rechenschaft darüber ablegen, was er damit anfing – im Grunde durfte er also mit dem Geld gar nichts *für sich* anfangen! Wenn ein Kind – sofern dies möglich ist – von seinen Eltern Geld bekommt, soll es daran auch sein Vergnügen haben, ebenso wie die Eltern auch Freude daran haben, sich etwas von ihrem Geld kaufen zu können. Und noch etwas: Wenn einem der Eltern einmal etwas besonders gut gelungen ist, wofür er – vielleicht auch einmal außerhalb der Reihe – etwas zusätzlich verdient hat, könnte man den Kindern sagen: »Heute bin ich aber sehr zufrieden mit mir.« Und man könnte diese Zufriedenheit oder Freude dadurch zum Ausdruck bringen, daß man jedem der Kinder ein Geldstück in die Hand gibt. Das macht ein Kind besonders glücklich, denn es merkt, daß das Geld Teil einer Macht ist, die dem Vater oder der Mutter in diesem Augenblick zur Verfügung gestellt wurde, und daß seine Eltern es – ganz für sich – daran profitieren lassen. Später könnte man das Kind dann noch fragen, was es sich mit dem Geld kaufen möchte. Dann würde das Kind anfangen zu träumen, was man von dem Geld alles bekommen kann, das es vom Vater oder der Mutter erhielt, als einer von diesen beiden einmal ganz besonders mit sich zufrieden war.

Will man den Kindern den Wert des Geldes beibringen, sollte man ruhig Zahlen nennen, was die Sachen kosten, wieviel Haushaltsgeld man zur Verfügung hat usw. Allgemeinplätze wie ›Das Leben ist heutzutage sehr teuer‹ oder ›Um Geld zu verdienen, muß man arbeiten‹ erzeugen hingegen keine klare Vorstellung vom Wert des Geldes und tragen zum tieferen Verständnis des Kindes in bezug auf das Geld nichts bei. Vielmehr sollte das Kind den Preis des Brotes, Fleisches oder des Gemüses, das auf den Tisch kommt, wissen. Es sollte auch wissen, was seine Kleider kosten oder ähnliche Kleider kosten würden. Außerdem könnte man ihm auch sagen, wieviel Geld man ungefähr ausgeben muß, damit es in der Schule alles hat, was es braucht. Nicht nur in bezug auf die Schule, sondern auch auf alles andere sollte ein Kind ab sechs oder sieben Jahren über den Wert des Geldes Bescheid wissen. Wenn es einen neuen Radiergummi oder einen neuen Bleistift braucht, könnte man ihm sagen: »Dieser Radiergummi hat so und so viel gekostet« oder: »Du brauchst einen neuen Bleistift? Ich finde, es wäre besser, einen teureren zu kaufen. Aber paß' dann gut auf, wenn du ihn spitzt, damit die Mine nicht ständig abbricht und du ihn lange gebrauchen kannst. Natürlich könntest du auch einen billigen Bleistift bekommen, aber die taugen nicht viel.« Man kann dem Kind auch vorschlagen, sich sein Schulmaterial selbst zu kaufen: »Ich gebe dir jetzt soundsoviel Geld für deine Schulsachen. Mal sehen, was du für diesen Betrag alles bekommst.« Und dann könnte man mit dem Kind, bevor es losgeht, alles zusammenaddieren, genauso, wie es die Erwachsenen ja auch meistens machen. Auf diese Weise erlernen die Kinder eine ganz konkrete Vorstellung vom Geld, und zwar anhand konkreter Gegenstände, die man sich davon kaufen kann, seien es Gebrauchs- oder Genußartikel. Aber es hat nur dann Sinn, wenn das Kind auch weiß, was der Vater oder die Mutter verdienen, d. h. über wieviel Geld die Familie eigentlich verfügt.

Man sollte das Kind im übrigen auch beraten, wie es sein Geld ausgibt. Viele Kinder, die ein wöchentliches Taschengeld bekommen, haben nämlich gar keine Vorstellung davon, wie schnell sie es ausgegeben haben. Sie merken es erst, wenn kein Geld mehr da ist. Man könnte ihnen dann sagen: »Eigentlich müßtest du ja wissen, daß du jetzt pleite bist. Hättest du von vornherein zusammengezählt, was du in den letzten drei bis vier Wochen an Süßigkeiten ausgegeben hast, stündest du jetzt nicht mit leeren Taschen da und könntest dir kaufen, was du dir heute wünschst. Aber so ist das Geld halt weg.« Man soll also den Wert des Geldes immer an ganz konkreten Beispielen erklären und nicht in abstrakten Begriffen oder mit Hilfe von Moralpredigten ...

Aber verhindert eine Fixierung auf die konkrete Wirklichkeit nicht gerade, daß die Kinder von diesem oder jenem träumen?

Absolut nicht, dann dafür gibt es ja den Ausdruck ›wenn ...‹. Die Realität ist ja nun einmal vorhanden und das Geld stellt einen Teil dieser Realität dar. Andererseits gibt es die Träume und Wunschvorstellungen, und ein Geldbetrag kann Ausgangspunkt dafür sein. Das Kind kann z. B. angesichts seiner kleinen Ersparnisse sagen: »Ich könnte mir dieses oder jenes davon kaufen.« Vielleicht könnten die Eltern es davor warnen: »Beeile dich bloß nicht, denn es kann sein, daß du dir morgen etwas anderes kaufen möchtest.« Das Ergebnis wäre, daß das Kind einerseits lernt, sein Geld zu sparen und andererseits von möglichen Anschaffungen träumt. Gleichzeitig würde es feststellen, daß sich seine Wünsche auch verändern können. Sicherlich empfindet man manchmal den Wunsch danach, etwas sofort zu kaufen, aber oft ändern sich die Wünsche ja auch von Tag zu Tag. Und dann kann sich das Kind sagen: »Ich hatte Recht gehabt, mir nicht gleich gekauft zu haben, was ich wollte, denn jetzt wünsche ich mir ja ganz etwas anderes!« Schon mit zwölf oder dreizehn Jahren weiß jedes Kind, das Taschengeld bekommt, über diesen Vorgang Bescheid. Es weiß, daß es besser ist, erst einmal abzuwarten, bevor man sein Geld ausgibt, denn nur so ist man in der Lage, die Macht, die einem das Geld zur Verfügung stellt, auch wirklich zu genießen. Entscheidend ist doch, daß nicht das Geld uns, sondern wir das Geld beherrschen und damit etwas Nützliches anfangen. Und wenn das Kind dies erkannt hat, kann es sich auch sagen: »Es hat sich gelohnt, daß ich mir dieses oder jenes gekauft habe.«

Natürlich stellt das Geld in unserer Gesellschaft auch noch ein Symbol für die Macht oder den Status von jemandem dar. Es wäre allerdings traurig, wenn man Geld nur als Statussymbol ansehen würde. In diesem Zusammenhang könnten die Eltern ihren Kindern sagen: »Dein Vater ist in meinen Augen sehr viel wert, auch wenn er weniger Geld verdient als etwa der Herr im oberen Stockwerk. Gott sei Dank haben wir andere Wertvorstellungen und sehen nicht nur im Geld das Wichtigste im Leben.«
Man sollte also den Kindern helfen, den symbolischen Wert des Geldes richtig zu verstehen. Man sollte ihnen seinen konkret-nützlichen Aspekt erklären und die Rolle, die es in ihren Phantasievorstellungen spielen kann: Wenn ich Geld hätte, dann ...

Zum gleichen Thema berichtet uns eine andere Mutter von einem recht erstaunlichen Ereignis. Sie hat zwei Töchter (dreizehn und neun Jahre alt) und einen achtjährigen Sohn. Einmal hat sie ihre Kinder zusammen mit der Schwiegermutter bei sich zu Hause gelassen, da sie und ihr Mann eine kleine Reise unternommen haben. Als sie zurückkamen, waren aus einem Geldbeutel 100 DM verschwunden, den sie im übrigen immer gut sichtbar irgendwo in der Wohnung herumliegen ließ. Nach dieser Entdeckung war sie sehr enttäuscht: »Mir war zum Heulen zumute. Ich habe meine Kinder nicht geschlagen, weil ich es nicht fertiggebracht habe. Aber können Kinder in diesem Alter eigentlich schon den Wert des Geldes begreifen, daß nämlich das Geld eine andere Form der Arbeit ihres Vaters darstellt?« Dies führt uns wieder zur Frage nach dem Taschengeld zurück: Kann man denn mit Hilfe des Taschengeldes solche unangenehmen Geschichten vermeiden?

Ich glaube nicht. Denn hierbei geht es nicht nur darum, ob ein Kind Taschengeld bekommt oder nicht, sondern um das Geld, seinen Wert und seine Bedeutung im allgemeinen.

Um den Wert des Geldes?

Ja. Es ist doch merkwürdig, daß uns diese Frau in ihrem Brief fragt, ob ihre Kinder den Wert des Geldes in ihrem Alter bereits verstehen können? In welcher Welt hat sie sie eigentlich leben lassen? Im gewissen Sinn leben sie bereits außerhalb von sozialen Normvorstellungen. Schon ein fünf- oder sechsjähriges Kind, das in der heutigen Welt lebt, müßte den Wert des Geldes kennen. In dieser Familie muß man in puncto Geld noch einmal von vorne anfangen: Wieviel der Vater verdient, was man für das Notwendigste ausgibt, wieviel für die nicht alltäglichen Dinge übrig bleibt usw. Erst wenn die Kinder dies alles verstanden haben, kann man sein Portemonnaie überall herumliegen lassen. Vorher sollte man es nicht tun.

Ich möchte noch etwas zu diesem Fall anmerken: Es waren die zwei jüngsten, die acht- und neunjährigen, die das Geld genommen haben ...

Natürlich haben auch sie irgendwann einmal mitbekommen, daß andere Kinder Taschengeld bekommen. Vielleicht bekommen sie selbst noch keines. Aber darum geht es doch in diesem Fall gar nicht. Denn das verblüffende ist doch, daß die Kinder, von denen die Rede ist, anscheinend gar nicht wissen, was das Geld überhaupt für eine Bedeutung hat, wieviel der Vater verdient, was ihre Kleider oder ein Mittagessen kosten. Sie wissen wahrscheinlich noch nicht einmal, wieviel ein Bonbon oder ein Brötchen kostet.

Na ja, jetzt werden sie es wohl wissen, nachdem sie das gestohlene Geld für irgendwelche Einkäufe aufgebraucht haben.

Sie werden es schon irgendwo wissen, aber sie haben in ihrem Alter keinen richtigen Bezug dazu. Dieser sichtbar hingelegte Geldbeutel schien ihnen ein regelrechtes Angebot zu sein. Der Vorteil des persönlichen Taschengeldes liegt eben darin, ich möchte es noch einmal betonen, daß die Kinder schon ziemlich früh über einen eigenen ›kleinen Haushalt‹ verfügen, über den sie nach Herzenslust verfügen können. Aber immer sollten sie wissen, daß sie mit jemandem sprechen können, wenn sie sich irgend etwas von diesem Geld kaufen möchten. Kinder wünschen sich ja alles Mögliche! Wichtig ist, daß ein Kind darüber spricht, nicht unbedingt, um sich das Gewünschte gleich zu besorgen, sondern weil die Wunschvorstellungen schon für sich genommen ein ganz interessantes Thema abgeben. Wünsche zu haben, macht das Leben doch irgendwie aus, auch wenn sie natürlich nicht alle zu verwirklichen sind. Dies zu wissen bedeutet, verantwortungsvoll zu leben.

Man sollte in diesem Zusammenhang auch nicht vergessen, daß vor noch nicht allzu langer Zeit – vor etwa vierzig Jahren – ein zwölfjähriges Kind (allerdings aus keiner bürgerlichen Familie) arbeiten mußte, d. h. schon selbst Geld erhielt, wovon es seinen Eltern für den Haushalt etwas abgab. Zum Glück haben sich die Zeiten in dieser Hinsicht geändert, und trotzdem trifft man selten ein Kind im Alter von zwölf oder dreizehn Jahren, das sich von den Möglichkeiten seines Taschengeldes her nicht einschränken müßte und sich nicht alles kaufen kann, was es gerade haben will. Das Kind lernt auf diese Weise, den Preis für etwas richtig einzuschätzen und es lernt darüber auch, auf etwas zu sparen. Will es sich z. B. etwas Teures kaufen, reicht das Taschengeld von zwei oder drei Wochen hierfür nicht aus. Und darüber kann es ja auch mit anderen sprechen.

Man sollte Kinder, was das Geld angeht, im übrigen so erziehen, wie das im Durchschnitt ihrer Umgebung auch der Fall ist. Sonst besteht die Gefahr, daß sie in bezug auf das Geld zu sehr zu Außenseitern werden. So wäre es für die Eltern der drei Kinder, von denen die Rede war, auch ganz gut, sich mit anderen Eltern zu unterhalten, die sie vielleicht über die Schule ihrer Kinder kennen. Auf diese Weise würden sie die Meinung der anderen zu diesem Thema erfahren. Sie könnten auch direkt ihre Kinder danach fragen: »Bekommt dein Bruder eigentlich Taschengeld? Wieviel bekommt er?« Auf diese Weise könnten sie das Problem bei ihren Kindern ansprechen. Ich bin sicher, daß sich ihre Kinder einfach nicht getraut haben, mit ihnen über dieses Thema zu sprechen. Deshalb haben sie das Geld gestohlen, als Kinder, denen niemals beigebracht wurde, damit umzugehen. Umgekehrt aber denke ich, daß man den Kindern nicht zuviel Geld zur Verfügung stellen sollte, so daß sie damit am Ende gar nichts mehr anzufangen wissen und lauter unnützes Zeug kaufen. Ich möchte noch einmal wiederholen: Man muß mit dem Kind ganz konkret über Geld sprechen, um ihm zu helfen, den Wert des Geldes zu begreifen: Geld ist für die Kinder ein wichtiges Erfahrungsfeld, da es sie in das soziale Leben einführt.

11

Psychotherapie, Psychiatrie, Sonderpädagogik und Psychoanalyse

Eine Volksschullehrerin stellt Ihnen eine – meines Erachtens – sehr wichtige Frage: »Sie geben den Eltern oder Jugendlichen manchmal den Rat, eine Beratungsstelle in ihrem Wohngebiet aufzusuchen. Mich würde in diesem Zusammenhang der Unterschied interessieren, der zwischen Psychotherapeuten, Psychologen, Psychoanalytikern, Psychiatern und Sonder- oder Heilpädagogen besteht. Vielleicht können Sie auch anhand von Beispielen darauf eingehen, damit die Leute, denen Sie diesen Rat geben, wissen, woran sie sind ... Wenn man z. B. zu einem Psychiater geht, weiß man vorher gar nicht so recht, mit wem man es eigentlich zu tun hat und was in seinem Sprechzimmer stattfinden wird ...«

Ich will es versuchen.
Wenn man sich unwohl fühlt, geht man normalerweise erst einmal zum Arzt. Hier findet eine körperliche Untersuchung statt. Lassen sich für die genannten Symptome keine eindeutigen Ursachen feststellen, so wird er vielleicht nach dem familiären Hintergrund fragen, nach dem Gefühlsleben oder der Arbeitssituation des Betroffenen – gesetzt den Fall, er hat überhaupt Zeit dazu. Ansonsten verschreibt er irgendein Medikament, das zumindestens die Beschwerden – selbst wenn deren Ursachen unklar bleiben – lindert. Stellt der Arzt aber fest, daß sein Patient über kein richtiges Urteilsvermögen mehr verfügt, daß er Denkstörungen hat, unkonzentriert, aufgeregt oder deprimiert ist, daß er phantasiert, sich selbst irgendwelcher erfundener Tatsachen bezichtigt, behauptet, den Tod zu verdienen oder Verwandte und andere Leute zum Objekt seiner Wahnvorstellungen macht, wird er ihn an einen Psychia-

ter überweisen. Er wird einen Patienten also zum Psychiater schicken, wenn er das Gefühl hat, daß dieser für sein eigenes Handeln keine Verantwortung mehr tragen kann und Dinge vorhat, die sein Leben bedrohen. Oder daß er umgekehrt, aufgrund der Überzeugung, verfolgt zu werden, anderen gegenüber aggressiv werden könnte und ihnen dadurch gefährlich wird. Falls der Patient diesen Rat selbst nicht einsehen kann oder einsehen will, kann er auch dessen Familie verständigen. Das hängt davon ab, ob jemand, der in einer psychischen Krise steckt, diese bei sich auch einsehen kann.

Der Psychiater ist aufgrund seiner Ausbildung in der Lage, die Schwere einer psychischen Störung festzustellen. Er kann den neurologischen Befund des Patienten erheben und befragt ihn hinsichtlich der von ihm gezeigten psychischen Symptome. Für den Fall, daß es ausreicht, die Symptome auf diese Weise zu kurieren, wird er Psychopharmaka verschreiben. Er kann auch beurteilen, ob der Patient ohne großes Risiko für sich und seine Umgebung bei seiner Familie bleiben darf oder ob es ratsamer wäre, ihn in einer psychiatrischen Klinik unter Aufsicht behandeln zu lassen. Dort wäre der Patient unter ständiger Beobachtung, ohne jedoch den Kontakt zu anderen Patienten oder dem Pflegepersonal zu verlieren. Es kann auch sein, daß man ihn dort für eine Weile mehr oder weniger ganz von der Außenwelt abschirmt, daß man eine Schlafkur anordnet usw.

Zusätzlich zur medikamentösen Behandlung kann der Psychiater auch eine Psychotherapie anregen, sei es, daß er diese selbst durchführt oder daß er den Patienten zu einem Psychotherapeuten schickt. Der Patient kann also, auch wenn er in einer psychiatrischen Klinik war, nach einiger Zeit der Ruhe, Trennung von seiner gewohnten Umgebung, Abwesenheit von der für ihn vielleicht besonders mit Streß verbundenen Arbeit und durch die Chemotherapie in bezug auf seine Symptome gebessert, den Kontakt mit dem Psychiater wieder aufnehmen. Und eine Psychotherapie würde dann helfen, daß er seinen Zustand besser erkennen und sein verlorenes Gleichgewicht wieder zurückgewinnen kann.

Sie erwähnten bis jetzt die Psychiater. Was machen die Psychologen?

Es gibt überall dort, wo Leute miteinander zusammenleben, Psychologen: in Betrieben, in der Schule, im Krankenhaus, in den Gefängnissen. Zum einen beschäftigen sie sich mit der gesunden Bevölkerung: Sie führen bestimmte Tests durch, um die Fähigkeiten von jemandem festzustellen: Intelligenz, Handgeschicklichkeit, besondere Interessenschwerpunkte, die Widerstandskraft gegenüber Müdigkeit und Monotonie, Konzentrationsfähigkeit usw. Auch können sie mit Hilfe von Tests die emotionale Grundstimmung erfassen, ferner gibt es eine Reihe von spezifischen Persönlichkeitstests usw. Manche Psychologen widmen sich auch nur ganz bestimmten Bevölkerungsgruppen, arbeiten z. B. mit gesunden oder behinderten Kindern in Kindergärten, Vorschuleinrichtungen, in Sonderschulen oder in für spezielle Fälle eingerichteten therapeutischen Zentren. Ein weiteres Feld ihrer beruflichen Tätigkeit liegt in der Schullaufbahn- oder Berufsberatung, wieder andere arbeiten mit vorwiegend älteren Menschen. Es gibt auch Psychologen, die in klinischen Institutionen wie psychiatrischen Krankenhäusern oder in der Kinder- und Jugendpsychiatrie arbeiten.

Zu welchem Zweck würde man also Eltern empfehlen, mit ihrem Kind zu einem Psychologen zu gehen?

Zum einen, daß der Psychologe erst einmal diagnostiziert, womit die Schwierigkeiten eines Kindes zu tun haben oder was diese Schwierigkeiten überhaupt sind. Auf der Grundlage einer solchen – zum Teil mit Hilfe von Tests ermittelten – Diagnose, kann der Psychologe die Eltern beraten, was am besten zu tun sei.

Aber es gibt doch auch Psychologen, die selber therapieren?

Ja. Es handelt sich um Psychologen mit einer entsprechenden Zusatzausbildung.

Damit wären wir bei der Frage angelangt, was eine Psychotherapie eigentlich bedeutet. Was macht der Psychotherapeut?

Eine Psychotherapie besteht im Grunde aus einer Reihe von Gesprächen: Man spricht und der Therapeut hört zu, erweckt Vertrauen bei demjenigen, der zu ihm gekommen ist und ermöglicht ihm zum Ausdruck zu bringen, was er bei sich oder in seinem Umgang mit anderen Menschen nicht in Ordnung findet oder was ihn dabei stört. Sich an jemanden zu wenden, zu dem man ein besonderes Vertrauensverhältnis hat, der einem geduldig zuhört und ausreden läßt und von dem man das Gefühl hat, daß er einen unterstützt, bedeutet immer eine große Hilfe.

Aber solche Therapien führen doch nicht immer zu einem Erfolg ...

Meistens liegt es daran, daß der Betreffende – ob Kind oder Erwachsener – aus seinen Schwierigkeiten gar nicht herauskommen will, wofür es wiederum eine ganze Reihe von Gründen geben kann; manchmal liegt es nur daran, daß ihm der Psychotherapeut einfach unsympathisch war. Die entscheidenden Kriterien für den Erfolg einer solchen Therapie liegen im Vertrauen und der Sympathie, die der Betreffende für den Psychotherapeuten empfindet, in seiner Zurückhaltung ihm gegenüber und in dem festen Bedürfnis, aus seinen Schwierigkeiten oder psychischen Krise auch wieder herauskommen zu wollen.

Sie sprechen häufig von ›analytischer‹ Psychotherapie im Gegensatz zu der ›einfachen‹ Psychotherapie. Worin besteht der Unterschied?

Der Unterschied läßt sich an der Ausbildung des Therapeuten festmachen. Letztlich hängt er damit zusammen, ob sich der Therapeut selbst einer Psychoanalyse unterzogen hat oder nicht. Man kann eine ›einfache‹ oder ›unterstützende‹ Therapie bei einem Arzt, Psychiater oder Psychologen machen, der Vertrauen in seine Person zu erwecken weiß, das eigene Sprechen fördert und einem dabei hilft, daß man das, was man auf dem Herzen hat, auch zum Ausdruck bringt. Aber eine (psycho-)analytische Therapie kann man nur mit einem Gesprächspartner machen, der selbst eine Analyse hinter sich hat und mit den unbewußten Prozessen umzugehen weiß, die sich ohne unser Wissen abspielen, während wir denken, sprechen und handeln. Auf der Ebene der Erscheinung scheinen sich beide Therapieformen zu gleichen, aber ein Therapeut, der eine Lehranalyse mitgemacht hat, ermöglicht durch seine Haltung im Verlauf der Therapie, daß tiefere und zurückliegende Konflikte beim Patienten wieder zum Vorschein und letztlich auch zum Ausdruck kommen.

Was aber ist der Unterschied zwischen einer analytischen Therapie und einer ›richtigen‹ Psychoanalyse, denn bei beiden Therapieformen gehört die Lehranalyse doch zur Ausbildung des Therapeuten?

Die Methode ist nicht die gleiche. Gehen wir erst einmal vom Augenscheinlichen aus: Bei der Psychotherapie sitzen sich Therapeut und Patient einander gegenüber und beide sprechen – der Patient meistens mehr als der Therapeut, der eigentlich nur eingreift, um das Gespräch zu erleichtern oder um dem Patienten zu helfen, sich auszudrücken. Eine solche Psychotherapie dauert auch weniger lang und ist weniger anstrengend als eine Psychoanalyse. Die Psychotherapie strebt eine mehr unmittelbare Besserung der Symptome bzw. deren Heilung an. Angesprochen wird im Grunde nur das, was aktuell geschieht und für den Patienten ein Problem darstellt, denn es geht darum, die bestehenden Schwierigkeiten besser kennenzulernen und sie zu überwinden. Man sagt nicht *alles,* was einem durch den Kopf geht. Zweck einer solchen Therapie ist eben, mehr oder weniger *bewußte* psychische Störungen oder Beziehungsprobleme zu behandeln. Sie berücksichtigt die aktuelle Situation, die es für den Patienten zu meistern gilt. Sie findet mehr an der Oberfläche statt und kommt schneller zu einem Abschluß. Oft reicht eine solche Psychotherapie aus, damit der Patient sein Gleichgewicht wieder erlangt, Selbstvertrauen zu sich findet und einen neuen Anfang macht; er findet auf diese Weise aus seiner schwierigen Situation wieder heraus, was er allein nicht geschafft hätte.
Bei einer Psychoanalyse hingegen liegt der Patient auf der Couch und sieht den Analytiker, der still zuhört, nicht. Es geht für den Patienten darum, alles, was er denkt und empfindet, zu

sagen. Die Erfahrung zeigt, daß über die vorgestellte Beziehung des Analysanden zum Analytiker und vor allem über die Träume, die er ihm mitteilt, der Analysand seine vergangenen Erfahrungen unbewußt von neuem erlebt, indem er auf seine individuell-psychische Geschichte wieder zurückgreift. Eine Psychoanalyse ähnelt einem sehr intensiven Erlebnis, aus dem man weniger zerbrechlich und psychisch gestärkt hervorgeht. Während einer solchen Analyse werden die ältesten Erinnerungen wachgerufen, die ganz und gar in Vergessenheit geraten waren. Es handelt sich um eine Art Wiederbelebung des ganzen, zurückliegenden Lebens, wobei insbesondere die emotionalen Konflikte wie Liebe, Haß, Mißtrauen, Vertrauen usw. eine gewichtige Rolle spielen. Sehr wichtig dabei ist die imaginäre Beziehung, die man während solcher Sitzungen zum Analytiker aufbaut, wir sprechen in diesem Zusammenhang auch von der ›Übertragungssituation‹.

Es handelt sich um eine langandauernde Arbeit, die oft mit viel Leiden und Ängsten verbunden ist und bei der es nicht direkt um das Heilen von einzelnen Symptomen geht.

Wann und in welchem Alter ist also eine Psychotherapie angezeigt?

Eine Psychotherapie kann in jedem Alter weiterhelfen, wenn jemand seine Beziehung zu sich selbst und zu anderen verbessern will.

Bei einem Säugling sollte man nicht zu lange warten, wenn man merkt, daß keine sichtbare Kommunikation zu der Mutter stattfindet; ebenso bei Kindern zwischen fünf und zwanzig Monaten, wenn sie zu beiden Eltern keinen menschlichen Kontakt finden, vor allem, wenn dieses Symptom auch außerhalb von zu Hause oder in ihrer Beziehung zu den anderen Familienmitgliedern zu beobachten ist. Das gleiche gilt für Kinder ab dreißig Monaten, wenn sie vor der Außenwelt oder Gleichaltrigen Angst haben, anstatt sich zu ihnen hingezogen zu fühlen, unter der Bedingung, daß sie sich zu Hause in Sicherheit fühlen können. Wenn diese Kinder sich eben nur langweilen, ständig unausgeglichen sind und nicht richtig spielen können.

Im Schulalter, wenn das Kind permanenten Mißerfolg hat und

gegen die Schule völlig eingenommen ist oder wenn es umgekehrt alle Aktivitäten, die Kinder in seinem Alter unternehmen, ablehnt und nur noch die Schule mag.
Ab acht Jahren, wenn das Kind keine Freunde hat, sich zu Hause nicht zu beschäftigen weiß, nicht draußen spielen mag, mit seinen Eltern ständig schmollt oder im Gegenteil ohne sie nicht auskommen kann.
Im Pubertätsalter, wenn der Jugendliche noch ein Kind geblieben ist, seine gleichaltrigen Kameraden – Jungen und Mädchen – meidet und sich nur mit dem Vater und der Mutter wohlfühlt.
In der Adoleszenz, wenn der Jugendliche keinen Kontakt zu Gleichaltrigen sucht, seinen Eltern gegenüber völlig stumm bleibt und sich nicht wohl in seiner Haut fühlt.
Als junger Erwachsener, wenn der Betreffende nach einem vielversprechenden Anfang sein Gefühls- und Sexualleben nicht auf andere Menschen seines Alters beziehen kann, wenn er sich gescheitert fühlt und Angst davor hat, weiterzuleben.
Als Erwachsener, wenn jemand unter sich selbst und den anderen leidet, glaubt, die anderen ständig zum Leiden zu bringen oder sie durch sein Verhalten auch tatsächlich ständig leiden läßt. Kurz, wenn schmerzhafte Beziehungskonflikte einem das Leben verderben, obwohl man sonst glücklich sein könnte. Als reifer Erwachsener, wenn die Kinder aus dem Haus sind und man im persönlichen Leben, im Gefühlsleben sowie in kulturellen und sexuellen Aktivitäten keinen Reiz mehr erblickt und man nicht leben kann, ohne wieder seine erwachsenen Kinder ständig um sich herum zu haben. Wenn man mit seinem Partner überhaupt nicht mehr auskommt und dies auch nicht über anderweitige Beziehungen zur Gesellschaft kompensieren kann.
Im Alter schließlich, wenn das Problem des Älterwerdens die ganze Aufmerksamkeit auf sich zieht, anstatt alle Gelegenheiten zu nutzen, mit anderen Kontakt aufzunehmen. Und wenn das Nahen des Todes einen ausschließlich beschäftigt und ängstlich macht.
Zusammengefaßt ist eine Psychotherapie also immer dann angezeigt, wenn bei jemandem das momentane Beziehungsleben gestört ist, d.h. er mit seiner nach außen gerichteten Intentionalität nicht mehr zu Rande kommt.

Es gibt also eine ganze Reihe von Indikationen für eine Psychotherapie?

Ja. Leider kommen Kinder häufig zwei oder drei Jahre zu spät zu einer Psychotherapie, meistens, weil ihre Eltern den Rat, ihr Kind in eine Therapie zu geben, nicht befolgt haben. In der Zwischenzeit ist es dann in seine Schwierigkeiten, die anfangs nur ab und zu auftauchten, vollends verstrickt, worauf sich weitere Nebeneffekte einstellten wie Mißerfolgserlebnisse, die dann zu Auflehnung, Depression, zu einer verspäteten affektiven Entwicklung und zu einer Neurose führten, zu deren Behandlung es nun einer längeren Zeit bedarf, bis daß eine Psychoanalyse notwendig wird.

Liegt es zum Teil nicht einfach an der Unkenntnis der Eltern darüber, was eine Psychotherapie eigentlich bewirkt? Werden sie durch diese Unkenntnis nicht häufig mißtrauisch gegenüber einer solchen Methode, jemandem zu helfen?

Bestimmt. Das mag auch mit uns Therapeuten selbst zusammenhängen. Oft erklären wir den Eltern nicht ausführlich genug, womit die Schwierigkeiten ihrer Kinder zu tun haben. Ebensowenig machen wir ihnen den Sinn der unbewußten Widerstände klar, die das Kind beeinträchtigen, sich so zu verhalten wie es soll. Wir sagen vielleicht auch nicht deutlich genug, daß für eine Besserung der Symptome allein der gute Wille des Kindes oder ein spezieller Erziehungsstil von seiten der Eltern nicht ausreichen. Es handelt sich nämlich um eine Situation, in der es – im Gegensatz zu der Meinung mancher Leute – sinnlos wäre, danach zu suchen, wer ›Schuld‹ hat – höchstens, daß manchmal die Verständigung zwischen den Eltern und Kindern nicht funktioniert hat.

Aber manchmal entscheiden sich die Eltern doch auch gegen eine Psychotherapie, weil sie vor deren Mißerfolg Angst haben?

Eine Psychotherapie endet eigentlich seltener mit einem Mißerfolg als es manche ängstliche und wenig entschlossene Eltern glauben. Die Voraussetzung für einen Erfolg liegt aber darin,

daß man sie zur rechten Zeit beginnt und nicht zu lange abwartet. Hinzukommt, daß derjenige die Entscheidung treffen sollte, der sich über seine eigene Situation selbst Sorgen macht bzw. sich seines Leidensdrucks bewußt ist.
Viele Kinder zeigen im übrigen Symptome, die sie selbst nicht sonderlich ängstigen, dafür aber ihre Umgebung. In diesem Fall ist es fast besser, daß die Eltern oder einer von beiden eine Therapie beginnt, damit man dem Kind helfen kann oder es darauf vorbereitet, sofern es noch nötig ist, daß es selbst eine Therapie anfängt.
Auf der anderen Seite sieht man häufig ältere Kinder oder Heranwachsende, die sich ihrer psychischen Probleme durchaus bewußt sind. Häufig befindet sich deren neurotische Fehlentwicklung schon in einem fortgeschrittenen Stadium, ohne daß die Eltern ihr Leiden überhaupt bemerken, zumal sie in der Schule sehr gute Leistungen zeigen können. Und wenn eines Tages die Neurose durch entsprechend ernste Symptome ganz offen zutage tritt, verlieren die Eltern den Kopf und fühlen sich an allem schuldig ...
Im Falle von Verhaltensauffälligkeiten sind die Eltern häufig besonders darauf fixiert und erwarten von der Therapie, daß sie die Symptome sofort wegzaubert. Sie vertrauen auf diese Weise weder ihrem Kind noch der Person, die sich um es kümmert und die das Kind gerne sieht ... Sie leiden einfach darunter, daß eine dritte Person das Vertrauen ihres Kindes genießt und sind häufig für eine Unterbrechung der Therapie, obwohl sie sich über die eingetretene Besserung der Verhaltensauffälligkeiten freuen. Sie lassen die Therapie ihres Kindes also nur solange zu, bis sie sich seines Verhaltens in der Öffentlichkeit nicht länger zu schämen brauchen bzw. keine Angst mehr haben, ihr Kind sei ›unnormal‹. Die Therapie wird dann viel zu früh beendet, womit sie ihrem Kind auch nicht helfen, Ausdauer zu zeigen. Es gibt wieder andere Eltern, die direkt darunter leiden, gute Ergebnisse der therapeutischen Bemühungen feststellen zu müssen. Zwar waren sie bei Beginn der Therapie davon ausgegangen und hatten sich sie auch herbeigewünscht, aber ihnen war nicht bewußt gewesen, daß der Therapieerfolg zwangsläufig mit einem Reifungsprozeß ihres Sohnes oder ihrer Tochter einhergeht, der oder die sich

von nun an für sich selbst verantwortlich fühlt. Dem Kind geht es sehr gut, es hat *seine* Kommunikationsfähigkeit wiedergefunden und ist in der Lage, *seine* persönlichen Bedürfnisse zum Ausdruck zu bringen. Das ist ein Zeichen dafür, daß es geheilt ist. Aber die Eltern sind verwirrt und wissen nicht mehr, welche Rolle sie jetzt in bezug auf das Kind einnehmen sollen, das sich aus seiner kindlichen Abhängigkeit ihnen gegenüber befreit hat. Sie machen für diese Schwierigkeiten dann die Therapie verantwortlich, obwohl es ihren Kindern doch fortan viel besser geht.
Hinzuzufügen wäre, daß die Eltern die Therapeuten ja nur selten ›selbst‹ ausgewählt haben und sich – von ihrer legalen und natürlichen Rolle als ›Erzieher befreit‹ – häufig ihres Sorgerechts beraubt fühlen. Der Umstand, für die Therapie auch noch selbst finanziell aufkommen zu müssen (was nur selten der Fall ist, denn meistens übernimmt die Krankenkasse die Kosten), kann eine solche Haltung noch verstärken. Eigentlich wollen sie, daß man *sie* dazu befähigt, Hilfe zu geben und dem Kind Ratschläge zu erteilen. Das hätte vielleicht zu Beginn der Schwierigkeiten ihrer Kinder auch ausgereicht, um wieder eine tragfeste Beziehung zwischen ihnen und dem Kind herzustellen. Im fortgeschrittenen Stadium einer psychischen Fehlentwicklung hat dies aber keinen Sinn mehr, denn der Therapeut kann den Eltern nun keine Ratschläge mehr in bezug auf ihren Erziehungsstil geben. Seine Rolle besteht vielmehr darin, das Kind zu befähigen, sich *selbst* besser verstehen zu lernen und die Spannungen, mit denen es sich konfrontiert sieht, für seine *eigene* Entwicklung positiv zu nutzen. Das heißt nicht, daß die Eltern nun ihre erzieherische Rolle aufgeben sollen, was oft die Kehrseite der oben beschriebenen Haltung darstellt. Enttäuscht oder eifersüchtig delegieren sie ihren Erziehungsauftrag an den Therapeuten. Alle Eltern müssen wissen: Es gibt kein Leben in der Gruppe, also auch keine Familie und keine Erziehung (ob sie nun gelungen ist oder gescheitert), ohne daß es zu Spannungen kommt. Eine Psychotherapie kann aber einem Kind helfen, sich von seinen Ängsten zu befreien und auf die Spannungen, mit denen es in der Familie und in der Gesellschaft konfrontiert ist, positiv zu reagieren.

Wenn die Eltern ihrem Kind und der Psychotherapie Vertrauen schenken, wenn sie ihr Kind unterstützen, sobald sich im Verlauf der Therapie unvermeidlich bestimmte Angstzustände bei ihm einstellen, wenn sie selbst in Zweifelsmomenten an der Therapie festhalten und ihrem Kind dazu raten weiterzumachen, werden sie letztlich auch für ihre Mühe belohnt. Dies wird uns auch in vielen Briefen von Eltern, die eine solche Erfahrung hinter sich haben, bestätigt. Aber daß durch eine Therapie nun schlagartig alles besser wird, ist ganz sicherlich nicht der Fall. Denn wenn sich jemand in seiner Persönlichkeit entwickelt, bedeutet es noch lange nicht, daß andere fortan besser mit ihm zurechtkommen.

Kann man Ihre Ausführungen also dahingehend zusammenfassen: Es kommt nur selten zu einem Mißerfolg, wenn diejenigen, die unter psychischen Störungen leiden, rechtzeitig und, sobald sie es merken, mit einer Therapie beginnen?

Ja. Die Mißerfolge sind, wenn sie sich einstellen, häufig von einer schlechten Ausgangssituation seitens der Eltern oder des Kindes bedingt. Doch manchmal fühlt sich ein Kind auch angetrieben und zu einer Therapie verpflichtet, zu der es überhaupt nicht motiviert ist, da es unter den Störungen, die seine Umgebung beobachtet hat, nicht oder noch nicht leidet. Manche Jugendlichen schreiben mir: »Ich bin als Kind zwei oder drei Jahre in einer Therapie gewesen, die aber überhaupt nichts genützt hat. Ich habe damals auch gar nicht verstanden, weshalb ich bei einer Frau oder einem Herrn ständig zeichnen sollte. Und dann haben wir auch irgendwann damit aufgehört.« Es liegt auf der Hand, daß der entscheidende Impuls, eine Therapie zu beginnen, nicht vom Kind selbst kam. Die Therapie ist also nicht gescheitert, sondern hatte eigentlich zu keinem Augenblick begonnen. Das Kind, die Eltern und der Therapeut haben ihre Zeit umsonst vertan. Manchmal liegt das Scheitern einer Therapie wiederum nur bei den Eltern. Das Kind selbst ist hochmotiviert, denn es hatte niemanden, dem es sich anvertrauen konnte. Die Therapie begann sehr gut, doch wurde sie nach und nach durch das mangelnde Verständnis der Eltern regelrecht boykottiert. Die Eltern bringen das Kind dann nicht mehr zu den Sitzungen. Oder in versteckter Form: Sie werfen dem Kind vor, seine Eltern wohl nicht länger zu brauchen, ihnen von den Sitzungen nichts zu erzählen usw. Wie gesagt, Eltern reagieren oft eifersüchtig in einer solchen Situation. Diese Eifersucht von seiten der Eltern bringt die Therapie zum Scheitern, das Kind gibt auf, bricht psychisch regelrecht zusammen und seine Symptome verschlimmern sich.

Aber das Scheitern wird doch auch das eine oder andere Mal auf den Therapeuten zurückzuführen sein?

Das kommt eigentlich selten vor, sehr selten. Denn die eigentliche Arbeit leistet ja nicht der Therapeut. Er steht nur demjenigen bei, der aus seiner Situation herauskommen will und hilft ihm dabei, sein Leiden ihm gegenüber zum Ausdruck zu bringen. Das Scheitern einer Therapie ist eher dann auf den Therapeuten zurückzuführen, wenn er ein Kind behandelt, das sich in gar keiner Situation befindet, die eine Therapie erfordert, bzw. wenn er nicht bemerkt, daß die Eltern des Kindes gar nicht verstanden haben, um was es bei der Therapie eigentlich geht. Dann wäre es besser, die Therapie abzubrechen und solange aufzuschieben, bis das Kind von sich aus wiederkommt. Es sollte aus freien Stücken zu ihm kommen und nicht, weil das Kind oder die Eltern Angst haben, daß es die Schule verlassen muß oder weil es zu seiner Entscheidung von irgendeinem ›Doktor‹ überredet wurde. Der Therapeut soll sich zur Verfügung stellen, mehr nicht. Weder kann man eine Therapie ›kaufen‹ noch kann man sie einfach über sich ›ergehen‹ lassen. Eltern und Kinder müssen aktiv dabei mitwirken.

Wenn der Patient persönlich dazu motiviert ist, stellen sich also keine Mißerfolge ein?

Nein, zumindestens nicht kurzfristig. Manchmal stellt man allerdings fest, daß die anfänglichen Störungen zwar verschwunden sind, aber abgelöst wurden durch andere, auf zurückliegenden Konflikten beruhende Symptome. Und manchmal tauchen die Störungen nach Beendigung einer Therapie auch wieder auf. Aber mit einem Scheitern der Therapie hat es nichts zu tun, denn auch die Psychotherapie hat ihre Grenzen. Die Behandlung zielt auf die aktuelle Situation des Patienten und berücksichtigt dabei vor allem das Bewußte.

Wäre denn im Falle des Wiederauftretens von Symptomen eine analytische Psychotherapie zu empfehlen?

Ja, denn hierbei werden vor allem die älteren, zurückliegenden Konflikte des Patienten bearbeitet. Es kann manchmal sogar notwendig sein, auf eine richtige Psychoanalyse zurückzugreifen.

Wann wäre diese Form der Therapie durch jemanden, der selbst eine Psychoanalyse abgeschlossen hat, zu empfehlen?

Jedesmal, wenn ein Arzt, Psychologe, Psychiater oder Psychoanalytiker es nach genauem Studium des vorliegenden Falles empfiehlt. Erst recht aber, wenn sich nach einer ernsthaft durchgeführten Psychotherapie keine Verbesserung der Symptome einstellt, obwohl der Patient, die Eltern und der Therapeut sich diese Verbesserung gewünscht haben.
Wie ich schon gesagt habe, werden in einer Psychotherapie die nur kurz zurückliegenden Konflikte bzw. die aktuellen und dem Betroffenen bewußten Schwierigkeiten angegangen und dies reicht häufig aus (sofern das erzieherische Umfeld des Patienten günstig ist). Es gibt aber auch Fälle, bei denen sich diese Konflikte als eine echte und schon lang zurückliegende neurotische Fehlentwicklung herausstellen. Ein von außen betrachtet scheinbarer Anfangserfolg verdeckte nur die Probleme, die sich hinter den bewußten Schwierigkeiten des Patienten verbergen. Dabei kann es sich um ernste Symptome handeln, die vom Beginn des Sexuallebens des Patienten und von seiner anfänglichen affektiven Beziehung zur Außenwelt herrühren, die aber bisher von ihm und seiner Umgebung ignoriert (weil nicht bemerkt) und deswegen auch stillschweigend in Kauf genommen wurden. Durch die Psychotherapie konnte der Betroffene aus einer akuten Krise, die durch ein

aktuelles Erlebnis ausgelöst wurde, herauskommen. Das ist immerhin etwas. Aber es reicht in diesem Fall eben nicht aus. Hier hilft nur eine gründliche Arbeit an den schwereren, verborgenen Symptomen weiter, und zwar sobald sie auftreten. Und dies ist, wie gesagt, nach einer ›erfolgreichen‹ Behandlung manchmal der Fall.
Ich stelle fest, daß ich zur Psychoanalyse mit Kindern noch nichts gesagt habe. Ihr wesentliches Merkmal ist zwar auch ein ›Hinhören‹ auf das Unbewußte, die Technik, mit der dies geschieht, ist jedoch eine andere: Nicht nur durch Sprechen, sondern auch durch Zeichnen, Modellieren, ausdrucksvolle Mimiken und Gestik kann das Kind verständlich machen, was es in seiner ›Vergangenheit‹ (schon) unbewußt blockiert hat. Um dies herauszufinden, würde eben nur der gute Wille des Kindes niemals ausreichen.

Ich denke, daß wir jetzt die Unterschiede zwischen den verschiedenen Therapieformen deutlich herausgestellt haben: Bei psychischen Störungen, deren Ursache eher in der aktuellen Gegenwart des Betroffenen zu finden sind: Psychotherapie. Bei Störungen, die auf ältere Konflikte und unbewußte Widerstände, sie zum Ausdruck zu bringen, zurückzuführen sind: analytische Therapie oder Psychoanalyse, vor allem auch dann, wenn der Betroffene, die Situationen, die ihn ängstigen, immer wieder selbst durch sein Verhalten und durch seine Äußerungen herbeiführt.

Im letzteren Fall entscheidet weder der Patient noch der Psychoanalytiker über eine entsprechende Behandlung, sondern beide entscheiden sich zusammen. Der Patient muß ernsthaft motiviert sein und muß über die nötige Zeit und – sofern die Krankenkasse die Kosten nicht übernimmt – auch über das nötige Geld dafür verfügen. Alle diese Bedingungen müssen vorab erfüllt sein und der Patient muß bereit sein, dafür die volle Verantwortung zu übernehmen. Ich betone es noch einmal: Die Psychoanalyse ist ein dornenreicher Weg, der einen dazu befähigen soll, daß man sich mit klarem Verstand seiner menschlichen Verantwortung stellt. Ihr Ziel ist nicht unmittelbar therapeutischer Art. Sie erfordert eine

ungeheure Verfügbarkeit über Zeit und die eigene Person, die man nicht in jeder Situation oder in jedem Alter besitzt. Man darf also die Psychoanalyse auf keinen Fall mit der Psychotherapie verwechseln. Ich hoffe, es deutlich genug erläutert zu haben. Die Indikationen für eine Psychoanalyse sind auf keinen Fall so breit angelegt wie für eine Psychotherapie.
Kommen wir nun noch zu dem etwas bescheideneren Aspekt unseres Themas, zur Sonder- bzw. Heilpädagogik.
Eigentlich geht es darum, eine Sinnesfunktion, die man verloren hat, nicht mehr beherrscht oder nicht mehr beherrschen will, wiederherzustellen. Hierzu reichen einfache pädagogische Maßnahmen vielfach nicht aus. Schließlich kann man eine Funktion, die man noch niemals besessen hat oder die man überhaupt nicht beherrscht oder beherrschen will, nicht einfach nachträglich trainieren. Und so geschieht es auch, daß selbst zahlreiche sonderpädagogische Maßnahmen zum Sprach- oder Bewegungstraining deswegen zu keinem Erfolg führen, weil man den zweiten Schritt vor dem ersten tut. Die Sonderpädagogik scheitert, weil vor ihren Bemühungen eine Psychotherapie versäumt wurde, die als vorbereitende Maßnahme notwendig gewesen wäre.
Bei einem kleineren Kind sollten der Vater und die Mutter bei der Behandlung zugegen sein, damit mit Hilfe der Erzieherin eine sprachliche oder motorische Kommunikation hergestellt werden kann. Eltern und Kinder sollten in einer vertrauensvollen und von Sympathie getragenen Atmosphäre mit der Erzieherin zusammenwirken. Die Sitzungen sollen möglichst entspannt verlaufen.

Und wann sind solche sonder- oder heilpädagogischen Maßnahmen zu erwägen?

Zum Beispiel gibt es viele Eltern, die meinen, daß ihr Kind schlecht spricht, stottert oder Legastheniker ist. Es ist die Frage, ob solche Kinder ausschließlich mit Hilfe solcher Maßnahmen zu kurieren sind. Die Sonder- oder Heilpädagogen sind ja eigentlich dazu ausgebildet, eine Technik anzuwenden, die mehr auf die körperliche Seite der Symptome abzielt. So könnten sonderpädagogische Maßnahmen dort weiterhelfen, wo sich ein Kind verbal schlecht äußern kann, sich ansonsten aber sehr gut durch Gesten oder den Ausdruck seiner Augen ausdrückt, das außerdem lebendig mit anderen Kindern zusammen spielt und die sprachliche Kommunikation mit anderen sucht, sie aber nicht zustandebringt. Aber im Grunde können es gut ausgebildete Pädagogen mit der Zeit selbst, ich meine, was das Erlernen der Sprache, des Schreibens, des Rechnens usw. angeht. Natürlich können sie dabei an eine Grenze stoßen, ab der sie die Schwierigkeiten eines Kindes nicht mehr beheben können. Meistens empfehlen sie den Eltern dann, mit dem Kind zu einem Psychoanalytiker oder zu einem Psychotherapeuten zu gehen. Es wäre vielleicht besser gewesen, dies als ersten Schritt vor den sonderpädagogischen Maßnahmen empfohlen zu haben, aber die Hauptsache ist, daß von nun an eine wirkliche Therapie stattfindet. Trotzdem sollte man die sonderpädagogischen Maßnahmen nicht einstellen, wozu es bei Beginn der Therapie häufig kommt. Vor allem dann nicht, wenn das Kind die Erzieherin oder den Erzieher sehr gern hat und dazu motiviert ist, seine Leistungsdefizite aufzuheben, besser sprechen zu lernen, richtig zu schreiben, zu lesen oder zu rechnen. Man sollte diese Förderungsmaßnahmen nur dann abbrechen, wenn das Kind nicht mehr hingehen will. Eine sonderpädagogische Maßnahme ist keine Psychoanalyse, kann aber durch eine Psychoanalyse erst ermöglicht bzw. unterstützt werden. Die Kinderpsychoanalyse hat mit der Sonder- oder Heilpädagogik nichts zu tun. Vielmehr ermöglicht sie über die Person des Analytikers ein Wiederaufleben verdrängter Gefühle bei dem Kind, die ganz zu Anfang seines Lebens bestanden und vor allem auch die Aufdeckung von solchen Konflikten, die seine Intelligenz, Affektivität oder Kommunikationsfähigkeit blockieren. Die Psychoanalyse unterscheidet sich ganz und gar von dem, worum es bei den pädagogischen Techniken und Methoden zum Erwerb von bestimmten Fähigkeiten geht. Aber dies bedeutet nicht, daß die Sonderpädagogik im Gegensatz zur Psychoanalyse stehen würde, und zwar vor allem dann, wenn das Kind seine Leistungsdefizite überwinden will, wenn es ganz bewußt dazu motiviert ist und eine gute Beziehung zum Sonderpädagogen und dessen Methoden entwickelt hat.

Gibt es Mißerfolge in diesem Bereich pädagogischer Bemühungen?

Ja, genauso, wie partielle Mißerfolge im Rahmen der Psychoanalyse oder Psychotherapie existieren, wie man ja zugeben muß. Für manche moralischen, gefühlsmäßigen oder intellektuellen Leidsituationen gibt es leider noch keine therapeutische Lösung.

12

Man muß nicht immer sagen, was gewesen ist

(Zu allem eine Bemerkung machen, Unverschämtheiten sagen, jemanden verpetzen)

Eine Mutter erzählt von ihrem vierjährigen Jungen, der überall »seinen Senf dazugeben muß« und sie durch seine lauten Kommentare auf der Straße häufig in Verlegenheit bringt. Begegnet er z. B. einem Afrikaner, sagt er: »Schau mal den Mann da, der ist aber schwarz!« Oder angesichts eines älteren Herrn, der gerade über die Straße geht: »Der ist ja uralt. Sicherlich stirbt er bald.« Da sie sich angesichts solcher Kommentare nicht gerade wohlfühlt, stellt das Verhalten ihres Sohnes für sie ein echtes Problem dar. Hinzu kommt folgendes: »Ich habe zwei Freundinnen, die beide familiäre Schwierigkeiten haben. Die erste hat ihren Mann verloren, da er Selbstmord begangen hat. Sie hat ein Kind im gleichen Alter wie mein Sohn, das seinen Vater praktisch nicht gekannt hat. Die andere lebt getrennt von ihrem Mann. Ihre beiden Kinder sehen den Vater sehr selten. Ich befürchte, daß mein Sohn diese Kinder eines Tages mit seinen vorlauten Kommentaren verletzen könnte und sie mit Fragen nach ihrem Vater löchert. Soll ich nun versuchen, diese Situation quasi vorwegzunehmen und mit ihm darüber sprechen? Oder soll ich erst einmal abwarten, bis er mich von sich aus darauf anspricht?«

Diese Frau könnte ihre Freundinnen erst einmal fragen, ob ihre Kinder über die jeweilige familiäre Situation Bescheid wissen. Ihrem Alter nach zu urteilen, dürfte es der Fall sein. So müßte das eine Kind eigentlich wissen, daß sein Vater starb, als es noch sehr klein war, z. B. durch Photos von diesem Mann, die vor seiner Geburt aufgenommen wurden oder als er noch ein Baby war. Mit den beiden anderen Kindern kann man sowieso ganz offen sprechen. Schließlich sind sie nicht die einzigen, die geschiedene Eltern haben und ihren Vater nur

selten sehen. Wenn die Kinder über ihre Situation also Bescheid wissen, werden sie eventuelle Kommentare des Jungen, von dem die Rede ist, sicherlich nicht verletzen, d. h. wenn sie sich nur auf die Tatsachen als solche beziehen. Anders verhält es sich, wenn der Junge diese Kinder absichtlich kränken will.
Der Kommentar über den Afrikaner bedeutet im übrigen nicht, daß der Junge rassistisch denkt: er hat ja lediglich gesagt, wie schwarz die Haut eines Afrikaners ist, was schließlich auch zutrifft. Natürlich kommen solche unbequemen Situationen, von denen die Mutter berichtet, vor. Manche Kinder ahnen bei anderen Menschen auch nur irgend etwas und treffen womöglich mit ihrem Kommentar den Nagel auf den Kopf! Ich kannte einmal ein Mädchen, das im Zug zu einer Frau, die gerade erklärte, daß sie zu ihrem Mann fahren würde, sagte: »Das glaube ich nicht. In Wirklichkeit ist ihr Mann gar nicht dort, wo sie hinfährt. Sie fährt zu einem anderen und hat ihrem Mann nichts davon gesagt.« Die Frau war ganz rot im Gesicht geworden und hatte daraufhin geschwiegen ...

Das Kind ist wohl ›ins Fettnäpfchen‹ getreten ...

Nun ja, es gibt schließlich das Sprichwort: ›Kindermund tut Wahrheit kund‹ ... Wenn Kinder mit ihren Kommentaren die Wahrheit sagen, dann auch häufig deswegen, weil sie sehr gute Beobachter sind.

Soll man diese Kinder eigentlich zurechtweisen?

Ich denke nicht. Im konkreten Fall könnte sich die Mutter, wenn sie merkt, daß die Worte ihres Kindes jemanden verletzt oder schockiert haben, bei ihm entschuldigen. Ihrem Sohn könnte sie ein Zeichen geben, damit aufzuhören und ihm später sagen: »Vorhin hast du diesem älteren Herrn gesagt, er würde bald sterben. Würdest du gern bald sterben?« Und sie kann ihm erklären, daß man jemandem nicht etwas sagt, das ihn verletzt. Dieses Kind ist intelligent und sicherlich auch sensibel. Wenn sie jetzt mit ihm darüber redet, so wird sie seine

Sensibilität sicherlich fördern. Sie könnte dem Kind auch den Vorschlag machen, ihr alles, was es beobachtet, leise mitzuteilen. Wenn sie dann zusammen auf der Straße gehen, könnte er ihr insgeheim ins Ohr flüstern: »Diese Frau ist aber häßlich« oder »Dieser Mann ist aber gemein«. Manche Kinder sagen auch Dinge wie: »Schau her, diese Frau ist aber ganz blau« oder »Die ist aber rot«. Meistens bedeutet es, daß sie die Farben als angenehm empfinden. Man muß wissen, daß vierjährige Kinder ihre Gefühle häufig in Farben zum Ausdruck bringen. Auf diese Weise können sie ihrer Mutter alles anvertrauen, denn sie versteht sie, weil sie mit ihnen ständig im Gespräch ist. Sie könnte das Kind fragen: »Geht es eigentlich um ein Spiel, wenn du sagst, daß diese Frau ganz rot ist. Findest du sie nett oder unsympathisch?« Mehr kann ich dazu nicht sagen. Das Kind ist auch erst vier Jahre alt ... Man sollte ihm keine große Moralpredigt halten!

Hier haben wir den Brief einer Mutter, die völlig durcheinander ist: »Soll ich das, was geschehen ist, nun ernstnehmen oder soll ich es herunterspielen?« Ihr sechsjähriger Sohn geht seit kurzem in die Schule: »Als ich gestern abend nach Hause kam, saß mein Mann ganz niedergeschlagen da«. Ihr Sohn hatte nämlich die Rektorin beim Verlassen der Schule wüst beschimpft, da sie ihm während der großen Pause seine Spielzeugautos weggenommen hatte. Als die Großmutter ihn dann nach dem Unterricht abholen kam, hat sie gehört, daß das Kind auf dem Schulhof immer noch wütend herumschrie und der Rektorin noch nachrief: »Du blöde Sau«. Gott sei Dank habe sie es nicht gehört ...

Dafür aber die Großmutter ...

Ja. Sie hat es dem Vater berichtet und der dann der Mutter. Und alle waren schockiert: »Stellen Sie sich dieses Verhalten vor! Was wäre denn passiert, wenn es die Rektorin wirklich gehört hätte? Was wäre meinem Sohn dann bloß passiert?« Die Mutter schreibt auch noch: »Im übrigen habe ich meinen Sohn – so, wie ich es jeden Abend tue – gefragt, wie er den Tag verbracht habe, was er gegessen habe ...

Lassen Sie mich hier sofort unterbrechen: Ich finde es schrecklich, wenn Eltern ihre Kinder jeden Abend fragen, was sie am Tag getan oder erlebt haben, wie es in der Schule war usw. Ich habe schon einmal gesagt, daß sich Kinder abends an den hinter ihnen liegenden Tag häufig gar nicht oder nur schlecht erinnern können. Dieser Junge hätte den Vorfall in der Schule sicherlich vollkommen vergessen, wenn nicht die Großmutter so eine Geschichte daraus gemacht hätte.

Genau das hat seine Mutter übrigens auch geschrieben, daß er den Vorgang eigentlich schon vergessen hatte ...

Das glaube ich ihm gern. Die Großmutter fühlte sich im Grunde durch den Kommentar des Jungen selbst getroffen. Wahrscheinlich hat sie sich vorgestellt, was *sie* empfinden würde, wenn ein Kind so etwas zu ihr gesagt hätte. Ich denke, auch, daß die Rektorin den Satz des Jungen gehört hat, nur war sie intelligent genug, nicht darauf zu reagieren. Das ist auch das beste, wenn ein Kind einmal etwas Freches und Unverschämtes sagt. Und schließlich hatte man dem Jungen auch böse mitgespielt: Da war er nun gerade drei oder vier Tage in der Schule und brachte seine Autos mit, um damit vor seinen kleinen Kameraden – Jungen oder Mädchen – ein wenig anzugeben, und schon verstieß er gegen die Bestimmungen! Nun gut, es handelt sich um Regeln für alle, aber sie sind recht hart für einen Jungen dieses Alters. Und nicht nur für ihn: Wer hat denn noch niemals in seinem Leben insgeheim zu einem Polizisten oder Richter »blöde Sau« gesagt? Alles in allem besteht kein Grund, eine große Affäre aus dem Vorfall zu machen. Viel schlimmer ist das Drama, das jetzt zu Hause bei dem Jungen daraus entstanden ist.

Die Mutter fährt fort: »Irgendwann kam dann doch alles heraus und er hat alles zugegeben.« Er habe daraufhin fürchterlich geweint und sich in sein Zimmer eingesperrt. Nach einer Weile kam er wieder heraus, und zwar mit einem Bild, das er für die Mutter gemalt hatte: »Ich bin aber nicht darauf hereingefallen«, schreibt sie, »nur weil er auf den schlauen Gedanken kam, mir etwas zu schenken. Ich habe aber lange mit ihm kämpfen müssen, das Bild nicht anzunehmen«.

Warum hat sie es nicht angenommen?

Die Mutter schreibt: »Ich habe ihm erklärt, warum er von mir an diesem Abend weder vorgelesen noch Liebkosungen bekommt. Um 10 Uhr war er aber immer noch nicht eingeschlafen und so habe ich letztendlich einen Rückzieher gemacht.« Sie fand, daß es von ihm schlau eingefädelt war, ihr ein Bild zu schenken, nachdem er sich in der Schule so unmöglich benommen hatte.

Ein typisches Beispiel für das Verhalten von Eltern, die nicht akzeptieren können, daß sich ihr Kind einmal auflehnt und das, was es dabei fühlt, unmittelbar zum Ausdruck bringt! Natürlich kann man nicht in jeder Situation sagen, was man gerade denkt. Das hätte sie ihm vielleicht schon vorher einmal erklären sollen. Und jetzt könnte sie ihm sagen: »Hör mal, beim nächsten Mal mußt du aber besser aufpassen. Wenn du einer Respektsperson etwas sagen willst, was sich nicht gehört, dann verkneife es dir lieber und sage es uns später. Und im übrigen weißt du jetzt, daß du keine Autos in die Schule mitbringen darfst.« Aber ich muß schon sagen, daß ich diesen niedergeschlagenen Vater und diese aufgebrachte Mutter eigentlich nicht verstehen kann. Sie messen der Impulsivität ihres eigentlich doch entzückenden und sich treu gebliebenen Kindes viel zu viel Bedeutung bei.

Im nächsten Brief geht es um etwas anderes, was aber auch mit der Schule zu tun hat, nämlich um das sogenannte ›Petzen‹. Die Mutter, die diesen Brief schreibt, hat zwei Söhne, die fünfeinhalb Jahre und vier Jahre alt sind. Es geht dabei um den älteren Sohn. In der Schule sei er im übrigen sehr gut.

Was heißt das schon, in diesem Alter?

Die Mutter schreibt einfach, daß seine Lehrerin sehr zufrieden mit ihm ist und daß er sehr schnell etwas Neues lernt ...

Das heißt, daß er intelligent ist.

Der Junge sei seit seiner frühesten Kindheit schon immer ein sehr ängstliches Kind gewesen. In der Schule fürchtet er sich jetzt vor seinen Kameraden. Er kann sich nicht gut wehren und statt dessen denunziert er sie und petzt alles, was er mitbekommt bei seiner Lehrerin oder seiner Mutter. Die Mutter sagt ihm zwar immer, er solle es bleiben lassen, aber er fährt trotzdem damit fort. Sein Verhalten erklärt sie sich wie folgt: Im Alter von zwanzig Monaten hat er seinen Großvater väterlicherseits verloren, der eine Bäckerei besaß. Diese Bäckerei haben seine Eltern dann übernommen und arbeiten dort bis heute. Das war auch der Grund dafür, daß sie der gerade verwitweten Großmutter das Kind tagsüber anvertrauen mußten. Und diese ging mit ihm jeden Tag auf den Friedhof, »was ihn sicherlich sehr beeindruckt hat«. – »Ich habe aber damals nicht gewagt«, so die Mutter, »meine Schwiegermutter darum zu bitten, es bleiben zu lassen, weil ich wußte, wie sehr sie litt und daß es ihr gut tat, auf den Friedhof zu gehen«. Sie fügt noch hinzu, daß sie und ihr Mann die ersten Jahre ihrer Ehe nicht sehr glücklich waren, daß sie oft tagelang nicht miteinander sprachen, ohne sich zu fragen, ob die Kinder nicht womöglich darunter leiden würden. Jetzt geht es ihnen aber viel besser.

Es liegt auf der Hand, daß das schwierige Leben, das dieses Kind bereits ab dem Alter von zwanzig Monaten führen mußte, nicht spurlos an ihm vorübergegangen ist. Vor allem blieb es den ganzen Tag mit einer Person zusammen, die in einer ausgesprochenen Leidsituation befangen war, die auf das Kind ›abfärben‹ mußte. Es entwickelte, wenn man so will, allmählich einen ›masochistischen‹ Zug. Ich will versuchen zu erklären, was ich damit meine: Das Kind war gezwungen, tagsüber seinen Spaß am Leben in der Gegenwart seiner Großmutter zu entdecken und so faszinierte ihn allmählich auch deren Leidsituation. Darum ist er jetzt ganz gern das Opfer von anderen und läßt sich auch von ihnen schlagen. Denn er war ja schließlich auch das ›Opfer‹ der elterlichen Umstellung auf eine neue Tätigkeit geworden. So ungefähr stelle ich mir den Sachverhalt vor ... Wie kann man ihm nun helfen? Einem Kind, das sich regelmäßig von seinen Kameraden verprügeln läßt, muß man – ich habe es bereits erwähnt –

sagen: »Hör zu: Du hast bei der Schlägerei im Klassenzimmer oder auf dem Schulhof einfach nicht richtig aufgepaßt. Du hast nicht darauf geachtet, *wie* sie dich schlagen und wann die Schläge *besser wehtaten* (man soll in diesem Zusammenhang unbedingt den Begriff ›besser wehtun‹ benutzen). Wenn du den Schlägen ausweichen kannst, dann tue es. Aber sobald dich der andere überwältigt, erinnere dich an das, was ich dir eben gesagt habe. Und wenn du mit der Zeit genügend Erfahrung gesammelt hast, was eigentlich ›besser‹ wehtut, wirst du auch wissen, wie man die Schläge am besten verteilt und dich entsprechend verteidigen können. Deine Kameraden werden dich dann nicht mehr angreifen, dessen bin ich mir sicher. Aber du selbst wirst vielleicht Spaß daran haben, mit ihnen zu raufen.« Einem solchen Kind nur sagen, es solle sich besser wehren, nützt überhaupt nichts, da es anscheinend nicht anders kann, als sich den anderen als Opfer anzubieten. Man sollte es also ermuntern, die Aggressivität der anderen besser einschätzen zu lernen. Dabei soll es besonders auf die Technik der angreifenden Kinder achten. Dieser Junge ist intelligent genug, solche Dinge zu lernen und wird sich sicherlich bald selbst verteidigen können. Man soll ihn jetzt weder auslachen, noch den anderen die Schuld geben, sondern ihm Anregungen geben, wie er sich Respekt verschaffen und bei körperlichen Auseinandersetzungen den anderen gleiches mit gleichem vergelten kann. Dieses Kind verhält sich noch zu passiv.

Da wir gerade über die Ängste von Kindern sprechen, hierzu folgende, vielleicht beispielhafte Geschichte: »Während der letzten Sommerferien habe ich meinen Sohn zu einem Schwimmkursus im Schwimmbad angemeldet. Wir bekamen jedoch einen Schwimmlehrer zugeteilt, der über keinerlei pädagogische Fähigkeiten verfügte. So behauptete er, daß es gar nicht schlimm wäre, wenn ein Kind Angst hätte, da es mit seiner Intelligenz diese Angst immer überwinden könnte. Man müsse es nur dazu zwingen. Meinem Sohn ist diese Behandlung aber nicht gut bekommen. Er wurde immer ängstlicher und seine Angst übertrug sich auch auf andere Bereiche. So wollte er nicht mehr ohne Licht abends einschlafen.« Die letzte Schwimmstunde wurde zur völligen Katastrophe: Der Schwimmlehrer ging mit ihm in das große Becken und dort ist das Kind vor Schrecken buchstäblich steif geworden und hat aus Leibeskräften geschrien: »Ich habe Angst, ich habe Angst.« Die Mutter hat aber nicht eingegriffen. Als der Schwimmlehrer ihr den Jungen zurückbrachte, war er eiskalt und hatte geschlossene Augen, obwohl es draußen sehr warm war. Erst nach einem warmen Bad ist er wieder zu sich gekommen und damit war der Schwimmunterricht für ihn natürlich gestorben. Er ist nie wieder hingegangen. Der Brief dieser Mutter endet mit folgender Frage: »Was soll ich nun tun, damit er diese Ängste überwindet und er in der Schule nicht mehr petzt? Sollte er mehr Sport treiben – aber damit habe ich ja bislang wenig Glück gehabt? Und welche Sportart wäre die beste für ihn?«

Zunächst sollte er nicht ständig dazu angehalten werden, irgendeine Sportart zu betreiben. Und mit knapp sechs Jahren ist es vielleicht auch noch zu früh, einem Kind das Schwimmen beizubringen, das von Anfang an davon nicht begeistert ist. Und falls man die Schwimmstunden im voraus bezahlen mußte, sollten sich die Eltern auch nicht von dem finanziellen Aspekt leiten lassen und das Kind gegen seinen Willen weiter am Schwimmunterricht teilnehmen lassen. Man sollte den Jungen jetzt damit in Ruhe lassen. Ein Kind mit acht Jahren hätte man vielleicht überzeugen können. Aber die Eltern sollten wissen, daß man einem knapp sechs Jahre alten Kind nur dann das Schwimmen beibringen kann, wenn es ausdrücklich darum bittet. Und dann kann man das Kind auch erst einmal zu einer Schwimmstunde mitnehmen, damit es sich ansieht, was dort gemacht wird. Ich habe das Gefühl, daß die Frau, die uns geschrieben hat, ihren Sohn wie einen Achtjährigen behandelt. Ich möchte noch hinzufügen, daß ich es schade finde, daß die Eltern dieses Kindes vorher scheinbar nie mit ihm zusammen im Schwimmbecken gewesen sind. Auf diese Weise hätten sie es an das Schwimmbad gewöhnt. Das Kind hätte zwischen Vater und Mutter im Wasser gespielt, wäre wie ein kleiner Hund geschwommen, wie es alle Kinder anfangs tun, und später wäre es von sich aus auf die Idee gekommen, richtig und schneller schwimmen zu lernen. Und dann wäre auch alles anders gekommen.

Kommen wir noch einmal auf seine Angewohnheit zurück, andere Kinder zu verpetzen.

Was heißt ›petzen‹? Man muß genau darauf achten, um was es im jeweiligen Fall geht. So ist es manchmal durchaus nützlich, wenn ein Kind einem Erwachsenen von etwas, was ein anderes Kind tut, berichtet, z.B. wenn es sich um etwas Gefährliches handelt. Wenn man Kindern sagt, daß sie niemals ›petzen‹ sollen und sie deswegen nur beschimpft und bestraft werden, werden sie sich auch nicht trauen, den Erwachsenen über etwas zu berichten, was eine wirkliche Gefahr für es oder andere darstellt. Wenn ein Kind zu einem Erwachsenen kommt und sagt: Dieser oder jener hat aber dieses oder jenes gemacht, sollte man sofort sagen: »Warum sagst du mir das?« Und wenn es antwortet: »Weil man es nicht tun darf«, kann man ihm sagen: »Ja, du hast Recht, es ist verboten. Da du es ja weißt, wirst du so etwas nicht machen.« Wenn das Kind meint, man müsse nun mit dem anderen Kind schimpfen, kann man antworten: »Es hat Glück gehabt, ich habe es nicht gehört oder gesehen« oder: »Zum Glück ist nichts passiert.« (Schließlich spricht man ja ein Verbot nur dann aus, wenn die Handlung des Kindes eine Gefahr für sich oder andere darstellt.) Wenn ein Kind jedoch ›petzt‹, weil es gesehen hat, wie ein anderes Kind etwas wirklich gefährliches tat, muß man es dafür ausdrücklich loben. Und man sagt ihm auch, daß es nicht ›gepetzt‹, sondern völlig richtig gehandelt hat. Man erkundigt sich, was eigentlich losgewesen ist und greift vielleicht ein.
Ein Kind, das von einem anderen ›verpetzt‹ wurde, sollte man im übrigen nie vor dessen Augen beschimpfen. Vielmehr sollte man ihm sagen: »Du weißt wohl selbst, daß es nicht richtig ist, was du gerade tust« oder »Es ist gefährlich, was du gerade getan hast. Darum ist es ja auch verboten.« Wenn niemand zu Schaden gekommen ist, obwohl es gefährlich war, kann man auch sagen: »Ihr habt noch einmal Glück gehabt und ich werde euch jetzt nicht ausschimpfen.« Und zum Kind, das alles angezettelt hat: »Zum Glück habe ich dich nicht dabei erwischt, denn sonst hätte ich fürchterliche Angst um euch bekommen.« Verstehen Sie den Unterschied? Man schimpft nicht, sondern achtet darauf, daß die Sicherheit der Kinder

gewährleistet ist. So hilft man dem betroffenen Kind aus den Schwierigkeiten heraus, in die es durch sein Verhalten geraten ist. Und dem Kind, das über das Geschehen berichtet hat, sagt man: »Du hast recht gehabt, mir alles zu sagen, denn du hast auch das Schlimmste befürchtet. Er ist ein großes Risiko eingegangen und es hätte für ihn fürchterliche Folgen haben können.«

Auf diese Weise kann man den Kindern helfen. Man sollte ihnen nicht sagen, daß es prinzipiell schlecht ist, jemanden zu verpetzen. Es hängt von der konkreten Situation ab. Nur das Petzen, das zum Ziel hat, daß ein anderes Kind beschimpft wird, sollte man verhindern. Und diese Form des Petzens existiert im Grunde nur deshalb, weil Eltern Kinder beschimpfen, über die gepetzt wird.

Noch einmal zu dem vorliegenden Fall. Hier scheint ja der Junge, der petzt, das Opfer desjenigen zu sein, den er denunziert. »Ich sage es aber meiner Mutter« oder »Warte nur, wenn ich es meinem Vater gesagt habe« – solche Redewendungen hört man ja oft zu Hause oder auf dem Schulhof. Wie soll sich ein Erwachsener denn verhalten, wenn sich ein Kind nach einem Streit unter Kindern, bei dem es das Opfer wurde, über einen Freund, seinen Bruder oder seine Schwester beklagt?

Zwei Reaktionen, die nahe liegen, sollte man vermeiden: zum einen sollte man denjenigen, der getroffen wurde und vielleicht auch ein wenig verletzt ist, nicht sofort bemitleiden; zum anderen sollte man den ›Angreifer‹ nicht gleich wüst beschimpfen oder ihn gar körperlich züchtigen. Denn beide Verhaltensweisen können sowohl dem einen als auch dem anderen Kind schaden. Und mit Erziehung haben sie schon gar nichts zu tun. Zuerst sollte man sich um denjenigen kümmern, der beleidigt oder verletzt wurde und ihn trösten. Dabei könnte man ihm z.B. sagen: »Der andere hat mit seiner Kraft wohl etwas übertrieben« oder »Du mußt deine Gegner besser einschätzen, dieses Kind ist zu stark und zu groß, um mit dir zu spielen. Aber das hast du ja jetzt gelernt.« Meistens reichen ein paar Worte und konkrete Hilfe – und alles ist vergessen. Man soll aber niemals über denjenigen, der die Auseinandersetzung angezet-

telt hat, schlecht sprechen. Man kann ihn vielleicht ermutigen mitzuhelfen, den Schaden wieder gutzumachen, den er angerichtet hat.
Es kommt auch oft vor, daß ein Kind, sobald sich ein anderes über es beklagt, dazukommt, um sein Verhalten zu rechtfertigen oder um nun ebenfalls über das andere Kind zu klagen: »Sie hat mich aber vorher ständig geärgert und mich provoziert..« Dann muß man auch dieses Kind trösten: »Aber es ist schwächer als du, das ist dein Pech. Es macht eben keinen Spaß, mit jemandem zu spielen, der nicht gleichstark ist.«
Was nun die Streitigkeiten unter Geschwistern angeht, die sich um das eigene Zimmer oder um die eigenen Spielsachen drehen, sollte jedes Kind die Möglichkeit haben, sich vor dem anderen zurückziehen zu können. Ich habe diese Art, die eigenen Sachen vor dem Zugriff des Geschwisters in Sicherheit zu bringen, einmal eine Art von ›passiver‹ Verteidigung genannt: Jedes Kind könnte zu Hause für seine persönlichen Sachen über einen bestimmten Platz verfügen (z.B. eine Kiste oder ein Schränkchen, das man abschließen kann). Die Eltern sollten dann nur darauf achten, daß dieses Konzept einer ›passiven Verteidigung‹ auch klappt. Denn wenn einem Kind dann trotzdem vom Geschwister ständig etwas ›aus seinem Bereich‹ genommen wird, hat es noch nicht gelernt, von dieser Möglichkeit, etwas vor dem Zugriff des anderen nur für sich aufzubewahren, Gebrauch zu machen.

Ganz allgemein: Ist es auf die Dauer für ein Kind nicht von Nachteil, immer als jemand zu gelten, der petzt?

Wenn ein Kind eine starke Tendenz dazu hat und andauernd andere Kinder beschuldigt, sollte man vor allem vermeiden, sich von ihm manipulieren zu lassen und das andere Kind zu bestrafen oder ihm Vorhaltungen zu machen. Ansonsten wird das Kind, das die anderen ständig verleumdet und sich selbst immer nur als Opfer versteht, niemals unabhängig werden können. Es wird immer auf eine es beschützende Autorität angewiesen sein und die Strafe anderer als armselige Befriedigung für sich selbst erleben. Es wird allmählich bei anderen Kindern verhaßt sein und von ihnen als ›Feind‹ oder ›Spion‹ ausgeschlossen werden.

Wenn das Petzen eines Kindes dadurch bedingt ist, daß es mehr als andere darüber verunsichert ist, daß ein anderes Kind bestimmte Verbote nicht einhält, muß man diesem Kind noch einmal die Richtigkeit des Verbotes erklären, damit es sich selbst richtig zu verhalten weiß und sich nicht dazu hinreißen läßt, die gleichen Dummheiten zu machen ...

Aber das Kind, das immer petzt, ist eigentlich ein schwaches Kind, das sich gegenüber stärkeren, schlaueren oder geschickteren Kindern nicht durchzusetzen vermag und deswegen eifersüchtig ist. Man muß ihm dabei helfen, diese ständig anklagende Sensibilität, die es in sich trägt, zu überwinden, damit es Freunde findet. Man muß ihm die Befriedigung nehmen, die es aus dem Petzen zieht, nämlich anzusehen, wie ein anderes Kind bestraft wird. Solche Kinder, die schlechte Verlierer sind, die mit keinem anderen Kind gut zurechtkommen, die immer nur über andere herziehen können und sich gegenüber Autoritätspersonen ständig brav verhalten, werden allmählich einsame und unglückliche Kinder innerhalb ihrer gleichaltrigen Bezugsgruppe, wenn sich die Eltern zu Hause von ihnen manipulieren lassen.

Unsere Rolle als Erzieher besteht darin – und ich wiederhole es – darauf hinzuwirken, daß unsere Kinder mit Gleichaltrigen gut auskommen und daß sie in schwierigen Situationen ihre eigene Mutter und in ihrem Verhalten ihr eigener Vater sind. Sie sollen Vorsichtsmaßnahmen und gesetzliche Bestimmungen beachten und sich nicht von anderen dahingehend beeinflussen lassen, daß man sie ohne größeren Schaden umgehen kann.

13

Schneewittchen, die von früh bis spät arbeitet

(Vom richtigen Umgang mit Märchen)

Eine Mutter schreibt uns, daß sie sich bezüglich des Verhaltens ihrer Tochter einige Fragen stellt; insgesamt gäbe es aber keine ernsthaften Probleme mit ihr.

Ich denke schon, daß sie Probleme mit ihr hat.

Am besten wir schildern kurz die ganze Geschichte. Die Tochter ist fünfeinhalb Jahre alt und hat eine vierzehnjährige Schwester. Die Mutter selbst arbeitet nicht, der Mann kümmere sich zwar um die jüngere Tochter, »aber das sei auch alles«. Mit zweieinhalb Jahren ist sie bereits in den Kindergarten gekommen, aber hat sich dort nur gelangweilt, wie die Mutter anmerkt.

Warum sollte man eigentlich ein Kind im Kindergarten lassen, wenn es sich dort doch nur langweilt und die Mutter zu Hause Zeit für es hätte?

Wahrscheinlich hat ihre Tochter den Wunsch, in den Kindergarten zu kommen, von sich aus geäußert, nur war sie sehr schnell enttäuscht von dem, was dort geschah. Sie hatte anscheinend auch erwartet, ihre ältere Schwester dort zu treffen. Nun denn. Dieses Mädchen hört auf jeden Fall sehr viele Schallplatten und hat es sehr gern, wenn man ihr Geschichten erzählt. Das ist ja alles ganz ›normal‹ und entspricht auch ihrem Alter. Nur ist sie von dem Märchen ›Schneewittchen‹ absolut begeistert. Die Mutter schreibt dazu: »Es geht soweit, daß sie seit zwei Jahren (!) dieses Märchen mindestens zweimal am Tag hört.« Zusätzlich mußte sie ihr das Märchen auch noch vorlesen, und zwar in den verschiedensten Variationen (Gebrüder Grimm, Walt Disney usw.). »Und natürlich muß meine Tochter genau das gleiche

Kleid wie Schneewittchen tragen, so daß ich es ihr genäht habe. Sie möchte sich auch die Haare so schwarz wie die von Schneewittchen färben lassen. Schuhe mit hohen Absätzen besitzt sie zwar noch nicht, aber sie träumt davon. Kommt man dann beim Vorlesen an die Stelle, wo der Prinz Schneewittchen mit einem Kuß wieder zum Leben erweckt, ist sie außer sich vor Freude und bekommt glänzende Augen ...« Die Mutter erwähnt noch, daß das Mädchen sehr hübsch sei, daß sie aber die Familienmitglieder darum gebeten habe, ihr nicht zu viele Komplimente zu machen.
Denken Sie, daß dieses Mädchen von dem Märchen deswegen so fasziniert ist, weil Schneewittchen als so hübsch geschildert wird? Und was hat diese fast grenzenlose Bewunderung zu bedeuten? Die Mutter hat in dem Buch von Bruno Bettelheim *›Kinder brauchen Märchen‹ zwar den Passus über Schneewittchen gelesen, aber sie meint, daß die Ausführungen* Bettelheims *auf die Reaktion ihrer Tochter nicht zutreffen würden.*

Egal, wie die Anziehungskraft eines Helden – Schneewittchen ist ja eine ›Heldin‹ – auf ein Kind auch immer beschaffen sein mag, die Eltern könnten sie nutzen, um dem Kind in seiner Entwicklung weiterzuhelfen. Bei diesem Mädchen ist aber genau das Gegenteil der Fall: sie entwickelt sich nicht weiter. Sie erstarrt förmlich vor etwas Imaginärem und kann der Anziehungskraft, die die Märchenfigur auf sie ausübt, überhaupt nicht widerstehen. Sie bleibt in ihrer Vorstellungskraft mit der Heldin ganz für sich allein und bezieht andere Kinder nicht mit ein, kommuniziert nicht darüber, was sie empfindet, spielt das Märchen nicht zusammen mit ihnen nach usw. Übrigens schreibt uns die Mutter nicht, ob sie für das Märchen auch die Zwerge gebastelt hat, sie hätte ja genug Zeit dafür.

Sie hat ihr auf jeden Fall das Kleid genäht.

Ja eben. Aber es ist auch nicht schwer, aus Kinderschuhen Schuhe mit hohen Absätzen zu fabrizieren, man braucht nur ausgeschnittene Pappteile unter den Absatz zu kleben. Und dann könnte sie ihrer Tochter noch eine alte Perücke besorgen, warum auch nicht? Kinder verkleiden sich sehr gern. Und jetzt zu meiner Anregung, die Zwerge nicht zu vergessen: Dieses Mädchen spielt gern die Rolle von Schneewittchen, schön und gut; aber Schneewittchen ist ja nicht nur das hübsche Mädchen, als das es in dem Märchen geschildert wird, sondern auch noch jemand, die von morgens bis spät im Hause der Zwerge arbeiten muß: es macht die Betten, näht Decken aus bunten Stoffresten, hat stets den Besen in der Hand usw. Von zu Hause ist sie geflüchtet, weil sie eine böse Mutter hatte. Aber sie ist geflüchtet, um die Mutter der sieben Zwerge zu werden, um die sie sich fortan kümmern muß – und wie! Sie muß sich buchstäblich um alles kümmern. Und dieses kleine Mädchen, von dem in unserem Brief die Rede ist, will sie auch eine Mutter sein, die nur die Hausarbeit im Kopf hat? Wenn sie sich so gern als Schneewittchen verkleidet, dann könnte sie zumindestens auch das Gemüse putzen und kochen, sie könnte ihrer Mutter und ihrer Schwester und allen anderen im Haus sagen, sie seien die sieben Zwerge und sie würde sich um sie kümmern ...

Wahrscheinlich wird sie sich dann sehr schnell ein anderes Märchen auswählen, sich vielleicht mit Dornröschen identifizieren ...

Ich will damit sagen, daß man mit Märchen richtig umgehen sollte. Man kann sie z. B. dazu nutzen, dem Kind zu helfen, seine Fähigkeiten und Begabungen in bezug auf die Wirklichkeit besser zu entwickeln. Im vorliegenden Fall flüchtet sich das Mädchen aber nur in eine Phantasiewelt, wobei es von der Mutter noch einseitig unterstützt wird. Es wäre aber sinnvoller, sich mit dem Helden auch in der Realität und nicht nur in der Phantasiewelt zu identifizieren. Das heißt einerseits so, wie die Person im Märchen wirklich dargestellt wird, und andererseits, indem man den Stoff des Märchens auch mit der eigenen Wirklichkeit um einen herum in Verbindung bringt. Schneewittchen ist nun einmal die ›klassische‹ Hausfrau, also das Gegenteil von einer emanzipierten Frau. Trotzdem bin ich nicht prinzipiell gegen die Rolle, die Schneewittchen in dem Märchen spielt; man kann sie nutzen, weil Kinder durch sie in ihrer Entwicklung auf einiges hingewiesen werden und davon auch einiges lernen können. Zum Beispiel könnte die Mutter dem Mädchen anhand von Zeichnungen zeigen, was Schneewittchen im Haus alles tut, aber auch, was die Zwerge tun: daß sie den ganzen Tag arbeiten müssen und daß, wenn sie nach Hause kommen, alles für sie vorbereitet ist. Das Kind sollte sich also auch mit dieser Seite der Realität von Schneewittchen beschäftigen und nicht nur mit ihrem Kleid, ihrer Schönheit oder auch ihrer Einsamkeit. Das ist gerade, was mich bei diesem Kind beunruhigt: seine Langeweile, seine Flucht in eine Traumwelt, in der es sich nur mit sich selbst unterhält, sein totales Desinteresse für alles, was im Haushalt passiert, seine Passivität zu Hause und im Kindergarten. Es lebt anscheinend fast ausschließlich in seiner Traumwelt und wartet sehnsüchtig auf die Ankunft seines zukünftigen Prinzen (der es aus allem erlöst).

Wenn man einem Kind ein Märchen, eine Legende oder Geschichte erzählt, muß man eigentlich immer betonen, daß es sich dabei um etwas Erfundenes handelt, um etwas, was ›in Wirklichkeit‹ nicht passiert ist?

Man ›muß‹ nicht ...

Ich meine, wäre es vielleicht ratsam ...

Wenn ein Kind einen Helden oder eine Heldin gern mag, sollte es sich mit ihm meiner Meinung nach nicht nur in seinen Gedanken identifizieren, sondern auch in dem, was es tut. Viele Kinder mögen sich z. B. gern als ›Robin Hood‹ verkleiden. Aber man kann dem Kind dann auch beibringen, wie man besonders geschickt mit Pfeil und Bogen umgeht. Man bastelt eine große Zielscheibe aus Holz und einen ungefährlichen Pfeil, indem man an seiner Spitze ein Stück Knete befestigt. Und dann bringt man dem Kind bei, aus immer größeren Entfernungen auf die Zielscheibe zu treffen. Man kann dem Kind sagen: »Wenn du Robin Hood bist, muß du auch gut mit Pfeil und Bogen umgehen können. Denn sonst nützt es dir ja gar nichts, Robin Hood zu sein.« Das Kind kann auf diese Weise die Geschicklichkeit Robin Hoods und seinen Vorsatz, Menschen vor dem ›Bösen‹ zu retten, nachahmen.

Die Geschichte, die sich das Kind ausdenkt, sollte also nicht nur in seinem Kopf stattfinden. Denn alles, was ein Kind *tut,* trägt zu seiner Entwicklung bei, hilft ihm, seine Schwächen zu überwinden und in der Realität, nach dem Vorbild, welches ihm sein Held vermittelt, stark zu werden. In den Märchen sind die Helden zwar erfundene Gestalten, doch ist ihr Handeln meistens vorbildlich, sie sind körperlich gut entwickelt, tüchtig und geschickt. Und genau das sollten die Kinder in ihrem Spiel auch anstreben: sich entsprechend ihrer Möglichkeiten und ihrer individuellen Art bemühen, die Eigenschaften des Helden oder der Heldin, die sie bewundern, bei sich zu entwickeln.

14

Von den Elementen fasziniert

(Feuer)

Ein alter Erziehungsgrundsatz besagt, daß Kinder nicht mit Feuer spielen sollen. Die Großmutter eines sechsjährigen Jungen stellt Ihnen – aus gutem Grund, wie ich meine – hierzu einige Fragen. Anläßlich eines Besuches bei ihrem Sohn und der Schwiegertochter bemerkte sie, daß sich ihr Enkel in einer außergewöhnlichen Art und Weise vom Feuer angezogen fühlt: »Schon als er ganz klein war, faszinierten ihn die brennenden Geburtstagskerzen. Mit Hilfe eines Erwachsenen, der ihm die Hand dabei führte, zündete er sie immer wieder an. Später war er fasziniert, wenn sein Großvater in der Ecke seines Gartens ein Feuer machte.« Die Großmutter erfuhr nun bei ihrem Besuch, daß der Junge kurz zuvor eine Wolldecke angezündet hatte, die (Gott sei Dank) schnell wieder gelöscht werden konnte, da noch andere Leute in der Wohnung gewesen waren. Bei dieser Gelegenheit haben die Eltern mit dem Kind gesprochen und ihm erklärt, wie gefährlich es sei, mit Feuer zu spielen, daß das ganze Haus hätte abbrennen können usw. Sie haben also versucht, ihm die Katastrophe drastisch vor Augen zu führen, die durch sein Handeln hätte entstehen können. Kurz danach mußten sie aber feststellen, wie der Junge heimlich eine Streichholzschachtel aus ihrer Küche entwendete, obwohl er bisher noch nie etwas vor ihnen versteckt gehalten hatte. Ansonsten hatte er seinen Eltern nämlich immer gesagt, wenn er etwas von ihnen nahm, sei es ein Buch oder eine Schere. Die Eltern haben sich danach gefragt, ob es überhaupt etwas nützt, mit diesem Kind darüber zu sprechen. Aber es kam noch schlimmer: Am Tag vor der Ankunft seiner Großmutter – dies ist auch der eigentliche Grund, warum sie sich jetzt an uns gewendet hat – ertappten ihn Nachbarn, wie er in einer Mülltonne Papier ansteckte. Die Mülltonne wurde durch das Feuer völlig deformiert. Ein anderer Junge, der dabei war, ist schnell weggerannt, er aber blieb stehen und schaute fasziniert den Flammen zu. »Was soll man jetzt tun? Soll man ihn bestrafen, weil das Sprechen anscheinend nicht weitergeholfen hat? Und wie soll man auf ihn aufpassen? Man kann ein Kind seines Alters schließlich keine 24 Stunden am Tag im Auge behalten. Sollte man ihm vielleicht die Finger einmal verbrennen, um ihm zu zeigen, wie gefährlich ein Feuer sein kann? Dies erscheint mir andererseits zu übertrieben und grausam.« Eine Freundin der Familie kam noch auf eine andere Idee: Man solle ihn zwingen, alle Streichhölzer von 20 Vorratspackungen zu verbrennen, damit er ein für allemal genug davon hat. Die Großmutter möchte nun Ihre Meinung dazu hören.

Der Umgang mit Feuer stellt für Kinder tatsächlich ein Problem dar. Sie sind vom Feuer einfach fasziniert, genauso, wie sie fasziniert von Wasser, von Sand oder von der Luft sind. Tagtäglich passieren Unfälle, weil Kinder in Sandhaufen auf Baustellen tiefe Löcher graben mit der Gefahr, daß die Wände der Löcher einbrechen oder Sand auf sie herabrutscht. Und genauso lieben die Kinder, Luftballons in die Luft steigen zu lassen, was natürlich nicht so gefährlich ist, vom Spiel mit Wasser ganz zu schweigen. Kinder sind von den Elementen der Natur fasziniert, wie im übrigen alle Menschen, seit die Welt existiert. Und Kinder entwickeln sich gerade dadurch, daß sie lernen, diese Elemente zu beherrschen. Was das Entwicklungsstadium dieses Jungen betrifft, erfahren wir von der Großmutter nichts. Sie nennt uns zwar sein Alter, äußert sich aber nicht über seine motorische Geschicklichkeit, sein sprachliches Niveau, seine Schulleistungen, die Art seines sozialen Verhaltens in Gegenwart von Erwachsenen oder Gleichaltrigen.

Sie schreibt, daß er ein Einzelkind sei und die Eltern für bald ein zweites Kind planen.

Mir fiel im übrigen auch eine wichtige Bemerkung zur Vergangenheit des Kindes auf. Sie schreibt, daß ein Erwachsener ihm die Hand geführt hat, damit er die Kerzen seines Geburtstagskuchens anzünden konnte, denn er war ja damals noch zu klein gewesen, es selbst zu tun. Nun sollte man niemals die Hand eines Kindes führen, um ihm bei etwas behilflich zu sein, was in seinem Alter noch verboten ist und was es allein auch noch gar nicht schafft. Dies gilt insbesondere für das Spielen mit Feuer, gerade weil es für ein Kind so faszinierend ist. Ich habe den Eindruck, daß dieser Junge im Grunde immer noch Sehnsucht nach dieser Hand hat, die ihn bei jeder Gelegenheit führt und er sich an sein damaliges Erlebnis erinnert. Vielleicht aber ist ihm bewußt die Faszination einer Tätigkeit erhalten geblieben, die gefährlich war, und bei der er damals nicht registrierte, daß man ihm dabei geholfen hatte.

In diesem Zusammenhang fallen mir übrigens jene Väter ein, die sich ihre Kinder auf den Schoß setzen, um sie dann Auto ›fahren‹ zu lassen. Oder man läßt Kinder im Alter von zwölf oder dreizehn Jahren schon selbst mit dem Auto fahren, nur weil sie dessen Technik schon halbwegs beherrschen können. Abgesehen davon, daß man ihnen auf diese Weise nicht gerade die Achtung vor dem Gesetz beibringt, gaukelt man ihnen vor, eine Tätigkeit zu beherrschen, deren Folgen sie in ihrem Alter noch gar nicht absehen und vernünftig einschätzen können.

Aber zurück zu dem konkreten Fall. Was soll es nun bringen, das Kind zu veranlassen, eine Unmasse an Streichhölzern zu verbrennen? Soll es sich nur ärgern? Dadurch wird man ihm sicherlich nicht weiterhelfen. Wenn jemand diesem Kind helfen kann, dann nicht eine Frau, sondern der Vater: Erstens ist das Kind schon sechs Jahre alt und zweitens steht das Feuer als Symbol für das sexuelle Begehren. Natürlich kann die Mutter auch ab und zu ein Auge auf ihn werfen. Und sie kann ihn ein Feuer anmachen lassen, das eine nützliche Funktion erfüllt, etwa den Gasherd anzünden oder den Kamin, wenn es einen gibt. Sie könnte ihm jedesmal sagen: »Schau genau zu, ich zeige dir, wie es geht.« Aber sie sollte ihm dabei auf keinen Fall die Hand führen, sondern es ihm mit Worten erklären. Dann kann er es selbst ausprobieren. Wenn er sich dabei einmal aus Versehen die Hand ein wenig verbrennt, könnte sie ihm sagen: »Du hast dich verbrannt, aber wenn du es richtig machst und dich dabei konzentrierst, d.h. wenn du vorsichtig mit Feuer umgehst, wirst du dich nicht mehr verbrennen.« Auf diese Weise würde sie ihm etwas Nützliches beibringen und ihm verschiedene Techniken des Feuermachens beibringen, auf die er dann stolz sein könnte.

Sollte man die Streichhölzer nicht besser vor ihm wegschließen?

Das wird wenig nutzen, weil er ja woanders welche auftreiben kann. Der Vater könnte aber mit ihm auch einmal ein richtiges Feuer machen, vielleicht im Garten, wo es nicht gefährlich ist. Er könnte ihm sagen: »Hör mal, weil du vom Feuer so fasziniert bist, machen wir einmal ein richtiges Feuer und nutzen die Gelegenheit, darüber zu sprechen. Wir haben eine halbe Stunde oder Stunde Zeit dafür und werden es perfekt hinkriegen. Da du Feuer so gerne magst, machen wir halt selbst eines.« Und währenddessen kann er ihm erklären, wann und wo es gefährlich ist, ein Feuer zu machen. Aber ein Kind, das ein Feuer anzündet, zu bestrafen, nutzt absolut nichts, denn es geht dabei immer um eine Faszination, die tief im Unbewußten des Kindes liegt. Der Junge muß diese Faszination beherrschen lernen und wissen, daß man an gefährlichen Stellen kein Feuer anzündet. Sein Vater wird es ihm sicherlich beibringen können.
Sollte seine Mutter bereits schwanger sein, braucht er die Zuwendung seines Vaters, seine Zärtlichkeit, seinen Schutz und seine Aufmerksamkeit ganz besonders.
Vielleicht hat aber in der Vergangenheit dieses kleinen Jungen auch etwas anderes stattgefunden als die Begebenheit, daß man seine Hand zu den Kerzen führte, um sie anzuzünden. Vielleicht erinnert es sich daran, einmal einen großen Brand gesehen zu haben? Aber was es auch gewesen sein mag, man sollte dieses Problem so angehen, wie ich vorgeschlagen habe, wenn man ihm wirklich helfen will. Statt ihn zu bestrafen, sollte man sich ihm und seinen Problemen zuwenden und mit ihm über das Feuer sprechen. Man muß ihm beibringen, diese Faszination, die das Feuer auf ihn ausübt, zu beherrschen.

15

Über seine Hände die Herrschaft behalten

(Diebstahl)

Stehlende Kinder stellen ihre Eltern vor große Probleme. Eine Mutter mit drei dicht aufeinanderfolgenden Kindern (der Sohn ist sieben, die Töchter sind sechs und vier Jahre alt) schreibt uns dazu: »In der Schule ist mein Ältester ganz gut. In diesem Zusammenhang gibt es an seinem Verhalten nichts auszusetzen. Auch zu Hause benimmt er sich für sein Alter recht vernünftig. Doch seit kurzem hat er begonnen zu stehlen: Filzstifte in der Schule, Batterien bei seiner Großmutter oder Kugelschreiber bei seinen Klassenkameraden. Frage ich ihn, warum er das tut, antwortet er mir: ›Weil diese Sachen so schön und so neu sind.‹ Wie kann ich dieses Problem lösen, ohne daß ich ihm zuviel Aufmerksamkeit schenke?«

Bei einem siebenjährigen Kind darf man dieses Verhalten nicht mehr einfach ignorieren. So möchte ich ausführlich auf das eingehen, wovon hier die Rede ist. Die Frau hat zwei Töchter, von denen die eine nur ein Jahr jünger ist als der Sohn. Vielleicht hat sie die beiden unbewußt wie Zwillinge behandelt. Oder beide Kinder haben sich als solche gefühlt. Den Geschlechtsunterschied wird der Junge erst mit ungefähr drei Jahren bemerkt haben, denn in diesem Alter werden Kinder auf die unterschiedlichen Geschlechtsmerkmale aufmerksam. Wahrscheinlich hat man seine Schwester, als er damals ein Jahr alt war, als die ›*Neu*geborene‹ sehr bewundert. Und eine Weile ist er damit anscheinend ganz gut hingekommen, so daß er erst jetzt darauf reagiert, indem er ein intensives Verlangen nach ›neuen‹ und ›schönen‹ Gegenständen entwikkelt hat. Er möchte sich selbst darüber aufwerten, d. h. sich schöner und wichtiger als seine Schwester fühlen. Doch mit sieben Jahren, im Schulalter also, stellt das Stehlen ein ernstzunehmendes Problem dar. Die Frau sagt uns nicht, ob sie mit dem Vater darüber gesprochen hat. Aber wie dem auch sei, ich denke, daß man gestohlene Dinge immer zurückgeben sollte, und zwar zusammen mit dem Kind. Auch wenn das Kind sich dann hinter seiner Mutter versteckt, sollte sie darauf bestehen, daß es dabei ist. Nur darf sie das Kind keinesfalls vor den Klassenkameraden, bei der Familie des Kindes, dem er etwas gestohlen hat oder vor seiner Großmutter demütigen. Vielmehr sollte sie ihm erklären: »Komm mit mir, damit wir die Gegenstände zurückgeben können; denn deine Hände haben etwas getan, was dein intelligenter Kopf eigentlich gar nicht tun wollte. Siehst du, du warst klein, als deine Schwester geboren wurde. Sie war hübsch und wurde von allen sehr bewundert. Vielleicht hast du dich damals als weniger schön empfunden. Trotzdem mußt du jetzt einsehen, daß du die Sachen von anderen nicht einfach nehmen darfst. Du wärest auch traurig, wenn man dir deine Sachen wegnehmen würde.« Auch hinterläßt es bei Kindern großen Eindruck, wenn man ihnen folgendes sagt: »Was würdest du machen, wenn eines Tages an unsere Tür ein Polizist klopft, der zu mir sagt: ›Ich muß Ihren Mann festnehmen, weil er ein Dieb ist‹ oder ›Ich komme, um Sie festzunehmen, weil Sie immer stehlen.‹ Was würdest du davon halten? Du würdest dich wahrscheinlich schämen. Genauso schämen wir (dein Vater, deine Mutter) uns, wenn jemand aus unserer Familie Dinge tut, die man nicht tun darf. Du bist ja kein kleines Kind mehr. Du mußt diesen Drang, dir irgend etwas Neues oder Schönes zu nehmen, unbedingt überwinden und lernen, deine Hände zu beherrschen. Wenn du Lust bekommst, etwas zu stehlen, so könntest du z. B. die Hände einfach hinter den Rücken halten. Und bald wirst du mir dann sagen können: ›Mutter, ich habe gegen die Hände gewonnen, die etwas stehlen wollten.‹« Auf jeden Fall sollte man sich diesem Problem mit großer Aufmerksamkeit zuwenden.

Aber ist denn ein kleines Kind überhaupt schon in der Lage, zwischen ›sich nehmen‹ und ›stehlen‹ zu unterscheiden?

Ein kleines Kind? Nein.

Zum Beispiel nehmen doch die zwei- oder dreijährigen in Supermärkten alles an sich, was in ihrer Reichweite steht. Soll man ihnen dennoch zu verstehen geben, daß sie es nicht tun dürfen?

Man sollte es so früh wie möglich bei den Kindern ansprechen. Natürlich darf man ein Kind deswegen nicht ohrfeigen, man sollte ohnehin ein Kind niemals demütigen. Aber man könnte es bei der Hand, die sich gerade nach etwas ausstreckt oder die gerade etwas hält, nehmen und ihm sagen: »Deine Hand hat dich wieder einmal reingelegt; sie ist so wie das Maul eines Hundes, das nach allem Möglichen schnappt. Aber du sollst deine Hand nicht gewähren lassen, denn später, wenn du älter bist, mußt du in der Lage sein, deine Hände zu beherrschen.« Und dann sollte man den Gegenstand zurückstellen oder ihn zurückgeben, selbst wenn es für die Mutter peinlich ist.

Wir haben zu diesem Thema noch einen anderen Brief, den die Mutter wie folgt einleitet: »Meiner Meinung nach ist es wichtig, sich stets zu vergegenwärtigen, daß ein Kind nicht uns allein gehört, sondern der Gesellschaft und daß es im Alter von ungefähr zehn Jahren lernen muß, sich den Regeln dieser Gesellschaft entsprechend zu verhalten. Einem unabhängigen Kind, dem Selbstachtung und damit auch Achtung vor den Belangen der anderen beigebracht wurde, wird später auch der verantwortungsvolle Umgang mit seiner Umgebung leichter fallen.« Nun will sie Ihre Meinung zu der Methode von Neill *wissen, der anscheinend die Auffassung vertritt, daß man ein Kind, das stiehlt, eher ›belohnen‹ soll, denn im Grunde sei es unglücklich und brauche eher Zuwendung und Liebe als eine Strafe für das, was es getan hat. Womit er wohl einen ganz anderen Standpunkt vertritt als Sie ihn eben eingenommen haben.*

Ich denke, daß die Methode von *Neill* vor allem darauf abzielt, Eltern über die Beweggründe des Stehlens aufzuklären, daß es, wenn man so will, ein Mangelsymptom darstellt. Aber jedem Menschen wird von Zeit zu Zeit etwas fehlen! Nun ist es bestimmt sehr gut, wenn ein Kind sich geliebt und akzeptiert fühlt, auch dann, wenn es etwas stiehlt. Gerade die Liebe, die es für sich empfindet, befähigt ja ein Kind, mit dem Leben der Erwachsenen und den an es geknüpften sozialen Bestimmungen zurechtzukommen. Aber im allgemeinen ist es doch so, daß ein Kind, das stiehlt, selbst nicht so gern bestohlen werden möchte. Natürlich gibt es auch die Ausnahme, daß es einem Kind vollkommen egal ist, ob man ihm etwas wegnimmt oder nicht. In diesen Fällen wird die Mutter häufig ärgerlich sein, wenn die Schulmappe oder irgendwelche Hefte ständig verschwinden. Aber wenn ein Kind ein Gespür dafür entwickelt hat – etwa mit vier Jahren –, daß ihm etwas gehört, kann man ihm auch beibringen, daß man anderen nichts wegnehmen darf. Man sollte dem Kind etwas über das Tauschgesetz sagen, es ihm erklären; dann wird es sich auch ärgern, wenn ihm etwas genommen wird, ohne daß es dafür etwas bekommt. Und natürlich sollte man dem Kind immer zeigen, daß man versucht, ihm aus Liebe dabei zu helfen, ein Mensch zu werden, der unabhängig vom Alter dem gleichen Gesetz, wie es für alle gilt, unterstellt ist.

Bis jetzt haben wir noch kaum über das Alter gesprochen in dem ein Kind etwas stiehlt. Im folgenden geht es um einen vierzehnjährigen Jungen, der seit einigen Jahren immer wieder das starke Bedürfnis verspürt, etwas zu stehlen. Dazu schreibt seine Mutter: »Wir, d. h. sein Vater und ich, haben ihm immer wieder erklärt, daß es Diebstahl ist, wenn man sich einfach ›Dinge nimmt‹, und daß er mit Konsequenzen zu rechnen habe, wenn er es weiterhin tun würde. Es hat aber alles nichts geholfen. Ich habe jetzt Angst, daß seine Diebstähle bei ihm schon zu einer richtigen Gewohnheit geworden sind.« Weiter schreibt sie, daß ihr Sohn ein Einzelkind ist, mit dem sie ansonsten kaum Probleme habe.

Überhaupt keine Probleme? Ist er produktiv, in dem, was er tut, ist er geschickt, bastelt er gern, ist er fleißig usw.?

Das Kind scheint in seiner Entwicklung weit voraus zu sein, wie die Mutter schreibt.

Gut, im Sprechen und Denken vielleicht. Aber woher dann dieses Bedürfnis, sich zu nehmen und noch mal zu nehmen? Normalerweise lernt ein Kind ja dadurch zu sprechen, daß es sich Worte ›nimmt‹. Auch in der Schule ›nimmt‹ es, nämlich aus dem Erfahrungsschatz vorangegangener Generationen. Und dann kommt es schließlich in ein Alter, in dem es anfängt zu entdecken, etwas zu erfinden, zu bauen und seine Hände produktiv zu benutzen. In diesem Alter produziert es also selbst etwas und ist nicht mehr nur auf das ›Nehmen‹ angewiesen.

Die Mutter versteht unter der Entwicklung ihres Jungen mehr seine körperliche Entwicklung. Körperlich wirke er schon wie ein Jugendlicher, doch geistig wie ein kleines Kind. Er habe wenig Verstand und entwickele kaum Initiativen ...

Sehen Sie, da haben wir es!

Er sei jetzt fast das Gegenteil von dem, was er mit acht Jahren war, nämlich Klassenbester und ein erfinderischer Geist.

Wieso kann sie dann behaupten, daß es, abgesehen von seinen Diebstählen, keine Probleme gibt? Mit seinen vierzehn Jahren regrediert er, er entwickelt sich gleichsam zurück! Irgend etwas muß in dieser Familie vor sich gehen, was erklären könnte, warum er nicht stolz sein kann, ein großer und verantwortungsvoller Junge zu werden. Vielleicht handelt es sich um ein Problem zwischen ihm und seinem Vater oder zwischen seiner Mutter und seinem Vater?

Wahrscheinlich. Denn sie schreibt auch, daß sie ihrerseits große Probleme mit ihrem Mann habe ...

Ach so?

Doch fährt sie fort, daß diese Probleme unmöglich mit dem Verhalten des Kindes zu tun haben können.

Doch, gerade! Der so vielversprechende Stolz, ein Mann zu werden wie sein Vater, wurde ihm entzogen, seitdem die

Mutter unter ihrem Mann leidet und er dieses zu Hause mitbekommt. Das Kind ist aufgrund dieser Schwierigkeiten meiner Meinung nach psychisch gefährdet. Die Eltern sollten es bitte auch so sehen. Zu allererst sollten sie mit dem Kind über die Schwierigkeiten unter sich offen reden. Die Mutter sollte ihrem Sohn sagen, daß sein Vater trotz der Kritik, die sie an ihm hat, gesellschaftlich anerkannt wird. Denn das Kind muß sich mit ihm identifizieren können, es muß ihm vertrauen können. Ich habe das Gefühl, daß sich der Junge in diesem problematischen Elternhaus, in dem sich die Mutter ständig über den Vater beklagt, langweilt. Meiner Ansicht nach müßte er für eine Weile von seinen konfliktbeladenen Eltern getrennt leben und vielleicht in ein Internat gehen. Vielleicht müßte der Sohn auf diese Trennung mit einer Psychotherapie vorbereitet werden, sofern dies dort, wo er wohnt, möglich ist. Die ganze Angelegenheit hat für ihn immerhin eine ziemlich schlechte Wendung genommen. Mit acht Jahren war er fleißig und intelligent. Jetzt ist er passiv und gleichzeitig auch schlau, wenn es darum geht, sich auf angenehme Art und Weise alles zu beschaffen, was er sich wünscht. Aber er ist dabei nicht stolz auf sich und findet keine Freunde. Nach dem Bericht seiner Mutter zu urteilen, lebt er völlig passiv dahin, so wie ein Plüschtier seiner Mutter, die ihrerseits in seinen Augen den Vater ständig herabsetzt. Letzteres deprimiert ihn. Mit seinen Diebstählen verschafft er sich für sein trauriges Zuhause eine Art von Ausgleich. Aber gerade wegen seiner psychischen Unreife ist auch in seinem Alter noch alles möglich. Er sollte in einem Rahmen leben, in dem er sich nur Sorgen um sich selbst zu machen braucht, in dem er mit anderen Jugendlichen, die um ihn herum sind, einen Zusammenhalt findet. So wird er wieder erwachen und in die Lage kommen, seine Intelligenz erfolgversprechend einzusetzen. Ich kenne im übrigen eine ganze Reihe von Fällen, bei denen die räumliche Entfernung eines in seiner Entwicklung gehemmten Jugendlichen bewirkte, daß sich auch die Eltern erholen konnten und besser miteinander zurechtkamen. Und wenn Geschwister vorhanden sind, kann sich die Abwesenheit eines Problemkindes ebenfalls positiv auf deren psychische Gesundheit auswirken. Im Moment quält sich die Mutter mit Selbstvorwürfen und läßt ihren Mann über die Diebstähle ihres Sohnes im unklaren. Diese Diebstähle finden ja schon seit mehreren Jahren statt und nie hat sie das Kind dazu bewegt, das Gestohlene wieder zurückzugeben. Im Grunde hat sie sich auf diese Weise zur Mittäterin gemacht ... wie im übrigen viele Mütter, die große Moralpredigten halten, aber das Kind ansonsten gewähren lassen.

Dieser vierzehnjährige Junge ist in meinen Augen psychisch gefährdet, vielleicht ist er auch schon selbst ganz verzweifelt. Wenn er weder akzeptiert, auf ein Internat zu gehen oder eine Psychotherapie zu beginnen, könnte die Mutter selbst eine Therapie anfangen, um die eigene Haltung zur Erziehung ihres Sohnes zu verändern und um aus der Sackgasse, in der sie und ihr Sohn sich befinden, herauszukommen.

16

Wenn die Programme eines Computers durcheinandergeraten

(Zweisprachige Erziehung)

In bezug auf die Fragen, die sich Eltern im Falle einer zweisprachigen Erziehung stellen, baten Sie um konkrete Erlebnisberichte. Diese sind nun eingetroffen. Ein Vater schreibt uns, mit seinen Söhnen hiermit überhaupt keine Schwierigkeiten gehabt zu haben. Aber er berichtet in seinem Brief auch von einem Mädchen, dessen Vater Deutscher und Mutter Engländerin ist. Beide Eltern sprachen noch französisch miteinander und zudem hatten sie ein Kindermädchen, das nur italienisch sprach. Dieses Mädchen hat erst mit acht Jahren gesprochen – aber dann alle vier Sprachen auf einmal!

Ja, das Erlernen einer Sprache ist in mancher Hinsicht mit der Programmierung eines Computers vergleichbar. Es gibt kleine Kinder, die lange überhaupt kein Wort sagen können und dann auf einmal perfekt sprechen. Andere wiederum fangen schon früh an zu sprechen, plappern dann aber sehr lange irgendein Kauderwelsch daher, bis auch sie später sehr gut reden können. Wirklich gut aber sprechen Kinder vor allem dann, wenn sie innerhalb von kurzer Zeit vieles richtig sagen können. Deshalb sollte man ein Kind in dieser Hinsicht niemals bedrängen.
In der Familie, die Sie gerade erwähnten, hat man wahrscheinlich vermutet, daß das Kind deshalb so spät gesprochen hat, weil es mehrere Sprachen zur gleichen Zeit gelernt hat. Doch hat es sich bis dahin, wie aus diesem Brief hervorgeht, vorzüglich mit Hilfe von Gesten und Mimiken mit den vier Menschen, die um es herum waren, ›unterhalten‹ können. Aber erst mit acht Jahren, d. h. nach Abschluß der gesamten ödipalen Phase, als sich das Kind aus seinen ersten sexuell motivierten Objektbeziehungen gelöst hat und sich mehr dem sozialen Leben um

sich herum zuwandte, konnte es ohne Schwierigkeiten die vier Sprachen sprechen. Sicherlich hat es viele Probleme in dieser Zeit gehabt. Aber es ist in seiner Entwicklung weitergekommen, weil seine Eltern keine Ängste hatten oder ihre Ängste dem Kind gegenüber nicht gezeigt haben. Eltern brauchen nicht ängstlich zu sein, wenn ihr Kind noch nicht spricht, sich aber durch Gesten verständlich machen kann. Man soll sich nur um die Kinder Sorgen machen, die zurückgezogen leben, die zu Gleichaltrigen keinen Kontakt finden – und seien es nur Blicke oder ein stillschweigendes Verständnis – und die nicht spielen können. Dieses Mädchen war wohl ein lebhaftes Kind, bei dem die verschiedenen Programme, die ihr die Außenwelt boten, durcheinandergeraten waren.

Hier werden uns weitere Probleme geschildert, die entstehen können, wenn ein Kind zwei- oder mehrsprachig ›programmiert‹ wird. Eine Mutter gibt uns einen Bericht, der auf die Zeit zwischen 1938 bis 1940 zurückgeht: »Ich bin Österreicherin und wir sprechen mit unserem Sohn deutsch zu Hause.« In den dreißiger Jahren haben sie einige Jahre auf einem Bauernhof in Tirol gelebt, auf dem sehr stark Dialekt gesprochen wurde. Das Kind wußte zwischen dem Deutsch, welches zu Hause gesprochen wurde, und dem Dialekt der Leute auf dem Bauernhof sehr gut zu unterscheiden. 1938 ist die Familie dann nach Peru ausgewandert. Dort wurde das Kind, inzwischen fünfeinhalb Jahre alt, auf eine englisch-peruanische Schule geschickt. Es konnte zu dieser Zeit weder englisch noch spanisch. Eine deutsche Schule kam für sie nicht in Frage, weil die Nazis dort das Sagen hatten. So mußte das Kind auf eine Schule gehen, deren Sprache es nicht verstand. Eines Tages hat sich dieses Kind mitten im Unterricht auf einen Tisch gestellt und begonnen, wie ein Besessener zu schreien. Der Lehrer hat daraufhin ein anderes Kind herbeigerufen, das deutsch sprach. Und dieses hat dann gesagt: »Bist du denn verrückt geworden?« Sofort hörte der kleine Fremde auf zu schreien und hatte sich beruhigt. Und sehr schnell fing er an, sowohl spanisch als auch englisch zu reden, so als ob alle seine inneren Sperren durchbrochen waren.

Diese Geschichte ist sehr schön. Der Lehrer hat mit viel Intelligenz und Menschenkenntnis gehandelt. Er kam auf die Idee, ein anderes Kind herbeizuholen, das sich an den schreienden Jungen mit der Stimme eines Kindes und in der gleichen Sprache, die er von früher kannte, wandte. Er sagte »verrückt« und der Junge fühlte sich auch so »ver-rückt«, daß er sich nicht mehr ausdrücken konnte. So kam es zu diesem Wutanfall. Das plötzliche Auftauchen der Sprache aus seiner frühen Kindheit half ihm – dank dem Einfall des Lehrers – eine Verbindung zwischen seiner frühen Kindheit und Gegenwart wieder herzustellen. Er machte die Erfahrung, daß er aufgrund seiner Sprache nicht mehr von der Gesellschaft, in der er fortan leben mußte, ausgeschlossen wurde.

Diese Dame schreibt Ihnen einige Tage darauf noch einmal, um ihren Bericht zu ergänzen. Der kleine Junge ist heute über vierzig Jahre alt, er ist Chirurg geworden, mit einer Französin zusammen und hat drei Jungen. Uns interessiert allerdings mehr, daß er im Alter von zwölf Jahren sehr große Probleme hatte. Etwas von seiner traumatischen Kindheit war in seinen sozialen Kontakten erhalten geblieben. Er bekam im Umgang mit seinen Schulkameraden sehr große Schwierigkeiten. Die Mutter hat damals nicht gezögert und ihn zu einer erfahrenen Psychologin geschickt, die dem Kind in vier Sitzungen aus seinen Schwierigkeiten herausgeholfen hat.

Auch das finde ich interessant, denn viele Eltern wissen nicht, wie ratsam es sein kann, ein Kind in psychotherapeutische Behandlung zu geben, wenn es durch seine Schwierigkeiten in der Beziehung zu Gleichaltrigen mit sich selbst nicht mehr zurechtkommt. Eine Psychotherapie ist besonders dann zu erwägen, wenn, wie ich schon ausgeführt habe, das Kind selbst dazu motiviert ist. Gerade in der Vorpubertät lassen sich auf diese Weise einige psychische Probleme von Kindern schnell lösen.

Sie schreibt ferner, daß seine Konflikte im Alter von sechzehn Jahren wieder aufgetaucht sind und berichtet, wie sie ihnen begegnet ist: »Ich habe ihm gesagt, daß ich seine neuerlichen

Probleme habe kommen sehen, aber auch, daß in diesem Alter alle jungen Leute Probleme haben. Er bräuchte sie mir aber nicht unbedingt mitzuteilen, denn es würde reichen, wenn ich, seine Mutter, über seine Schwierigkeiten Bescheid wüßte.« Wenn man so will, hat sie die ›Dolto-Methode‹ angewendet.

Auf jeden Fall sollte man allen Müttern, die die Probleme ihrer sechzehnjährigen Söhne unbedingt herausbekommen wollen, das Lesen dieser Zeilen empfehlen. Die Mutter hat ihrem Sohn gegenüber auf jeden Fall eine sehr vernünftige und respektvolle Haltung bewiesen, da sie auf seine Verletzlichkeit Rücksicht nahm und nicht insistierte, etwas von seinen Problemen zu erfahren.

Uns liegt noch ein weiterer Brief vor, aus dem hervorgeht, daß sich ein Sprachproblem auch über Generationen hinweg stellen kann. Er stammt von einer Frau, deren Eltern aus der deutschsprachigen Schweiz sind und die, als sie selbst erst sechs Monate alt war, mit ihr nach Frankreich zogen. Sie schreibt: »Ich habe mich während meiner ganzen Jugend sowohl in der Schweiz wie auch in Deutschland immer fremd gefühlt. Irgendwie muß sich unsere französische Erziehung bei uns – schon von früher Kindheit an – durchgesetzt haben. So erweiterten wir unseren Wortschatz während dieser Zeit fast nur mit französischen Wörtern und das Schweizerdeutsch trat immer mehr in den Hintergrund unserer Sprache. Und trotzdem fühle ich mich in keiner Sprache richtig zu Hause. Als wir nach meinem Abitur – ich war damals achtzehn Jahre – wieder zuück in die Schweiz zogen und ich dort mein Hochschulstudium in deutscher Sprache absolvierte, hatte ich das Gefühl, mein Französisch sei auf dem Niveau meines Abiturs stehen geblieben und meinem Deutsch würden die versäumten Schuljahre in meiner Kindheit und Jugend fehlen. Hinzu kommt, daß ich zwischen zwei verschiedenen Kulturen aufgewachsen bin, die mir sozusagen zwei verschiedene Persönlichkeiten verliehen haben.

Dieser Bericht mag dem einen oder anderen vielleicht merkwürdig vorkommen, aber es trifft zu, daß gerade die Sprache auf unsere Lebens- und Denkweise einen großen Einfluß ausübt. Man fühlt sich einfach nicht als der gleiche Mensch, wenn man französisch oder schweizerdeutsch spricht.

Sie fährt aber mit einer noch merkwürdigeren Bemerkung fort: »Wenn ich englisch spreche, stellt sich bei mir dieses Gefühl der Unsicherheit nicht ein. Wahrscheinlich deswegen, weil ich mit der englischen Kultur nie in Berührung gekommen bin.« Da ihr Mann jetzt in Afrika arbeitet, ist sie nämlich gezwungen, dort englisch zu sprechen. Und hier taucht das Problem der zweisprachigen Erziehung wieder auf, nämlich für die nächste Generation: »Meinen Kindern, sie sind viereinhalb und drei Jahre alt, geht es sehr gut. Der zweite Sohn hat zwar erst mit drei Jahren gesprochen, allerdings beherrschte er dann beide Sprachen – Englisch und Schweizerdeutsch – von Anfang an. Er wußte ganz genau, bei welcher Gelegenheit er die eine und bei welcher Gelegenheit er die andere Sprache zu benutzen hatte.«

Sie hat sich eben keine großen Sorgen gemacht, daß er nicht früher anfing zu sprechen. Schließlich hatte sie ihre eigenen Erfahrungen dabei vor Augen. Ihr Sohn hatte Zeit genug, die verschiedenen ›Programme‹ richtig in seinem Kopf zu ordnen. So konnte er dann beide Sprachen, nachdem er sich Zeit dazu gelassen hatte, perfekt. Sie berichtet ihren Kindern ja auch von ihren eigenen Erfahrungen und erkennt an ihnen, daß man durch das Sprechen von zwei verschiedenen Sprachen zwar zwei ›Persönlichkeiten‹ haben kann, aber trotzdem gut damit auskommen kann. Und wenn man mit der einen Sprache dann besser zurechtkommt, heißt das noch lange nicht, daß die andere deswegen völlig verdrängt wird oder in Vergessenheit gerät.

Nun noch ein letzter Brief zu diesem Thema. Geschrieben hat ihn eine zwanzigjährige Marokkanerin. Ihr Vater ist Marokkaner, ihre Mutter Französin. Sie selbst studiert in Frankreich. Sie schreibt: »Meine eigentliche Muttersprache ist Französisch. Aber seltsamerweise habe ich es bisher noch nicht geschafft, arabisch zu sprechen ...« Sie hat in bezug auf die arabische

Sprache eine Art von Komplex, wie sie schreibt, nämlich Angst davor, sie zu sprechen. Wenn man so will, ist sie hinsichtlich der Sprache ihres Vaters total blockiert. Als sie noch in Marokko lebte, ist sie niemals auf eine arabische Schule gegangen, sondern hat ihre ganze Schulzeit auf einer französischen Schule verbracht, wo sie nur französisch sprach. Sie war aber unter ihren Schulkameraden von Anfang an die einzige, die überhaupt kein Arabisch konnte. »Ich habe mich so gefühlt, als wäre ich anders als die anderen. Die Unkenntnis der arabischen Sprache empfand ich fast als Krankheit, für die man sich schämen mußte. Wenn man mich auf arabisch ansprach, fühlte ich mich gedemütigt, weil ich ja verstand, was man mir sagte, aber selbst keinen Ton herausbringen konnte. Wenn ich etwas sagen wollte, war ich wie blockiert.« Diese Sprachhemmung hat sie bis heute noch. So hat sie Angst, die arabischen Wörter schlecht auszusprechen oder falsch zu betonen. Ihre Sprachunfähigkeit in bezug auf die arabische Sprache hat auch eine gewisse Entfremdung zu ihren Eltern mit sich gebracht, unter der sie sehr leidet. Sie möchte, daß Sie ihr vielleicht die Ursache dafür erklären. Und wie könnte sie diese Sprachhemmung überwinden?

Erklären, erklären ... Sie sollte es vor allem selbst herausbekommen. Denn das Problem scheint sie tatsächlich stark zu belasten und zu ängstigen.

Ja, schon. Sie schreibt auch an anderer Stelle: »Ich bin unfähig, mit meinen Eltern oder Verwandten zu sprechen.« Aber vor allem mit ihrem Vater stellt sich dieses Problem: »Ich empfinde fast eine körperliche Unfähigkeit, mit ihm auch nur ein arabisches Wort zu sprechen. Ich habe eine fürchterliche Angst davor, ihn zu enttäuschen.«

Es ist schwierig, auf die Fragen dieses jungen Mädchens einzugehen, weil uns fast sämtliche Kenntnisse über die Familie dieses Vaters fehlen. Sie erzählt nur von dem Vater selbst. Es kommt mir so vor, als wollte sie in ihrer frühen Kindheit mit ihrem Vater gar nicht sprechen und nur die Tochter ihrer Mutter sein und deren Sprache sprechen. Aber der Vater muß ja auch den Wunsch gehabt haben, daß sie die französische Sprache und Kultur pflegt, sonst hätte er sie nicht in eine französische Schule geschickt.

Sie schreibt, daß es damals eine Art Mode oder eine Art von Snobismus war, seine Kinder in eine französischsprachige Schule zu schicken.

Vielleicht. Aber die anderen Kinder konnten dort ja auch alle die arabische Sprache.

Natürlich.

Aber sie nicht – vielleicht deshalb, weil sie irgend jemanden aus der Familie des Vaters, die Großmutter oder Tante – nicht leiden konnte. Ich denke, daß es bei der ganzen Angelegenheit um ein Identitätsproblem des Mädchens geht. Sie konnte nicht die Tochter ihres Vaters sein, weil sie sich nicht im klaren darüber war, ob ihre Beziehung zu ihm ›unschuldig‹ bliebe, wenn sie mit ihm seine Sprache sprechen würde. Das Arabische wäre ein Teil von ihr geworden, in dem für die Mutter kein Platz mehr ist. So wäre sie auf einem Gebiet Teil ihres Vaters geworden. Irgend etwas in dieser Richtung wird sich wohl in einer sehr frühen Phase ihrer Sexualität abgespielt haben – in der präödipalen Phase, wenn die Mädchen sich eine sexuelle Beziehung zum Vater wünschen, aber gezwungen sind, mit ihm nur sprachlich zu kommunizieren.
Vielleicht würde es ihr weiterhelfen, zu marokkanischen Kommilitonen Kontakt aufzunehmen. Sie könnte einer von ihnen ihre Probleme anvertrauen. Wenn sie lernt, mit einer Freundin arabisch zu sprechen, würde es sie darauf vorbereiten, auch mit männlichen Freunden diese Sprache zu benutzen. So könnte sie sich allmählich von der Unmöglichkeit, arabisch mit ihrem Vater zu sprechen, lösen. Dieses Mädchen war zudem – dem Brief nach zu urteilen – ein Einzelkind und hatte keine Brüder. So konnte sie den Kontakt zu ihrem Vater niemals über eine dritte Person herstellen, mit der sie bereits arabisch sprach. Aber wenn sie es jetzt auf diese Weise lernt, kann sie vielleicht auch mit ihrem Vater arabisch sprechen und ihre Ängste

überwinden. Hinter diesem Bericht verbirgt sich meines Erachtens das Schicksal eines Einzelkindes, dem eine große Familie gefehlt hat, in der auch arabisch gesprochen wurde, Großmutter, Onkel oder Tanten väterlicherseits, Kusinen usw., die für sie auch in sprachlicher Hinsicht ein Vorbild abgegeben und ihr beigebracht hätten, mit ihren Eltern arabisch zu sprechen.

Zum Schluß sollte man wohl ergänzen, daß die meisten Briefe, die wir zu diesem Thema bekommen haben, über positive Resultate bei der zweisprachigen Erziehung berichteten. Manche Eltern schreiben auch: »Wenn man den Eindruck hat, daß ein Kind beim gleichzeitigen Erlernen von zwei Sprachen Schwierigkeiten bekommt, sollte man vor ihm kein großes Problem daraus machen.« Auf diese Weise bekäme man die schwierige Situation besser in den Griff.

Unbedingt. Man sollte weder vor dem Kind noch hinter seinem Rücken ein großes Problem daraus machen, sondern zeigen, daß man ihm unbedingt vertraut. Aus den meisten Berichten geht hervor, daß es ab und zu in der Sprachentwicklung des Kindes zu kleineren Verzögerungen kommt, die aber vom Kind später rasch wieder aufgeholt werden. Man muß eben die Schwierigkeiten, die ein Kind im Rahmen einer zweisprachigen Erziehung bekommen kann, respektieren, ohne ein großes Problem daraus zu machen, über das sich die ganze Familie den Kopf zerbricht. Das scheint mir das Wichtigste zu sein.

17

Der Vater ist kein Baby mehr

(Kommunikationsschwierigkeiten von Vätern)

Wenn man sich die Briefe von Müttern, darunter auch solche, die kinderreiche Familien betreffen, anschaut, so fällt auf, daß eigentlich recht selten vom Vater die Rede ist.

Ja, so daß man manchmal meinen könnte, daß es ihn gar nicht gibt ...

In diesem Fall haben wir aber einmal einen Brief, in dem sich ein Vater darüber Gedanken macht, was er ›Kommunikationsschwierigkeiten‹ nennt. Er hat den Eindruck, daß die Väter häufig aufgrund ihrer Arbeitssituation keinen so leichten Zugang zu ihren Kindern finden wie die Mutter. Er schreibt dazu folgendes: »Meiner Ansicht nach kann ein Vater seinen Kindern seine Zuneigung eher durch körperlichen Kontakt zeigen als durch viele Worte.« Und dann fährt er fort: »Ich habe einen siebeneinhalbjährigen Sohn und eine sechsjährige Tochter, die jedoch meine zärtlichen Gesten oder Liebkosungen ablehnen. Manchmal fangen sie auch an, dabei zu lachen oder sich lustig über mich zu machen. Neulich, als wir sie zur Schule begleiteten und sie von ihrer Mutter zärtlich umarmt wurden, habe ich so getan, als würde ich eifersüchtig sein. Daraufhin hat mein Sohn gesagt: »Du hast kein Recht, geküßt zu werden, weil du mich auch nicht geboren hast.« Ich denke, daß dieser Vorgang für den Vater ein großes Problem darstellt.

Die Thematik ist auf jeden Fall sehr interessant und ich glaube, daß sie viele Väter betrifft. Aber dieser Mann hat eigentlich selbst die Bedingungen für das geschaffen, worunter er jetzt leidet. Die Liebe der Kinder zum Vater kommt eigentlich nie dadurch zustande, daß er sie ständig umarmt oder küßt.

Natürlich können solche Zärtlichkeiten bestehen, wenn das Kind als Baby noch sehr klein ist, dagegen ist nichts einzuwenden. Aber so früh wie möglich sollten sie durch etwas anderes ersetzt werden bzw. sich auf ein Minimum beschränken. Eigentlich ist der Vater gerade derjenige, der seinem Sohn oder seiner Tochter die Hand auf die Schultern legt und sagt: »Mein Sohn« oder »Meine Tochter«, der sie auf den Schoß setzt, Lieder singt, Bilder aus Büchern oder Zeitschriften kommentiert, dabei Geschichten aus seinem Leben erzählt oder den Kindern alles Mögliche erklärt. So auch die Gründe für seine häufige Abwesenheit bzw. warum er manchmal so und manchmal so handelt. Da er oft außer Haus ist, könnte das Kind wohl meinen, daß er die Welt besser kennt als die Mutter, die ihrerseits wieder vor allem die Dinge zu Hause kennt. Ich finde, daß sich dieser Mann seinen Kindern gegenüber wie ein Baby aufführt, das nur Küsse und Umarmungen haben will. Irgendwann zählt er im Leben der Kinder dann gar nichts mehr ...

In bezug auf die Verantwortung des Vaters bei der Geburt sollte die Mutter – das habe ich schon oft gesagt – ihren zwei- oder dreijährigen Kindern sagen, daß sie vor ihrer Geburt in ihrem Bauch waren und hinzufügen: »Aber du warst dort nur deshalb, weil es sich dein Vater so gewünscht hat. Du hast als Junge geboren werden wollen – wenn es ein Junge ist – oder als Mädchen – wenn es ein Mädchen ist. Aber gezeugt haben wir dich zu zweit.« Man sollte das richtige Wort hierbei verwenden, nämlich ›gezeugt‹, und nicht ›gemacht‹; denn dieses Wort symbolisiert für die Kinder eher die Funktion, etwas auszuscheiden bzw. mit den Händen etwas zu fabrizieren oder zu handhaben.

Um nun noch einmal auf diesen Mann zurückzukommen: Ich denke, daß er sein Problem noch in den Griff bekommen kann, wenn er den Kindern sagt: »Vielleicht habt ihr gedacht, ich wollte nur immer umarmt und geküßt werden. Das stimmt aber nicht. Ich habe nur gedacht, ihr wäret noch zu klein, um mit mir zu sprechen oder um mich mit euch zu unterhalten. Jetzt soll es aber anders werden! Wenn ihr wollt, werde ich mit euch spazieren gehen. Wir können irgend etwas Interessantes besichtigen, entweder mit euch zweien oder mit einem von euch.« (Schließlich interessieren sich die Jungen und Mädchen nicht immer für die gleichen Dinge.) Ich möchte also hervorheben, daß sich die Väter bei ihren Kindern nicht durch den körperlichen Kontakt, sondern eher dadurch Respekt verschaffen, indem sie mit ihnen sprechen.

Sie erwähnen das Wort ›sprechen‹. An einer anderen Stelle des Briefes lesen wir: »Mein Sohn gibt auf unsere *Fragen oft keine Antwort. So möchte er weder seiner Mutter noch mir sagen, was er eigentlich in der Schule macht. Was meine um ein Jahr jüngere Tochter angeht, so rebelliert sie regelrecht, wenn man sie etwas fragt. Sie geht auf uns los und lehnt sich offensichtlich gegen das auf, was* wir *ihr sagen. Unsere Kinder scheinen für Worte wohl nicht besonders empfänglich zu sein ...«*

Darum geht es nicht. Diese Eltern scheinen selbst untereinander keine Gespräche zu führen, wie es unter Erwachsenen üblich ist, sondern nur in bezug auf ihre Kinder zu leben. Es herrscht in dieser Familie so eine Art ›Kindermädchenatmosphäre‹. Geistig scheinen mir diese Eltern noch ziemlich jung zu sein, da sie ihre Kinder necken, als würden sie Babies sein. Sie lassen sich ja anscheinend auch besonders gern von ihren Kindern küssen und umarmen. Sie sollten am Abend aber über das sprechen, was *sie* interessiert, was sie tagsüber gemacht haben und ihre Kinder bitten, dabei still zu sein. Sie könnten sie auch auffordern, spielen zu gehen. Nur so werden diese Kinder verstehen lernen, daß ihre Eltern als Erwachsene ein eigenes Leben haben, in dem die Kinder nicht immer unentbehrlich sind. Das ist sehr wichtig. In vielen Familien spielt nur das Kind die Hauptrolle und die Erwachsenen sind von ihm abhängig: Erzählt es ihnen nicht von der Schule, sind sie gleich frustriert. Nun können die Kinder zu Hause aber nicht auf Kommando von der Schule oder in der Schule von zu Hause erzählen. Auf der anderen Seite brauchen sie aber ihr eigenes Leben mit ihren Freunden. Auch mit ihren Eltern, die ihnen darüber Sicherheit vermitteln, daß sie ebenfalls gleichaltrige Freunde haben, mit denen sie sprechen können. Sie brauchen Eltern, mit denen sie sich identifizieren können, um groß zu werden, aber keine Eltern, die so sind, wie ihre gleichaltrigen Spielkameraden.

Hier liegt ein ähnliches Problem vor, deshalb sollten wir es in diesem Zusammenhang erwähnen. Diesmal ist es allerdings eine Frau, die Ihnen geschrieben hat. Sie ist seit vier Jahren verheiratet, neunundzwanzig Jahre alt und ihr Kind drei Jahre. Ihr Mann ist einundvierzig Jahre alt. Sie schreibt: »Seit seinem ersten Lebensjahr ist mein Sohn auf meinen Mann eifersüchtig. Dies vergiftet die Atmosphäre zu Hause, besonders dann, wenn wir zu dritt sind. Ich selbst gehöre nun nicht zu denjenigen, die ihre Kinder verwöhnen oder besonders nachgiebig sind. Mit meinem Sohn komme ich alles in allem gut hin, trotzdem wird er von mir streng erzogen. Doch nützt meine Erziehung nicht sehr viel, da sich mein Mann, für den es sehr wichtig war, mit seinen achtunddreißig Jahren noch ein Kind zu bekommen, in seinem Erziehungsstil genau entgegengesetzt verhält. So kritisiert er vor dem Kind, was ich gerade sage oder mache. Das Ergebnis ist, daß mein Sohn jetzt nur noch seinem Vater gehorcht und ihn übrigens beim Vornamen nennt, was ihm meiner Ansicht nach keine besondere Autorität verleiht. Ich möchte, daß Sie mir sagen, wie ich mich diesem Kind gegenüber fortan verhalten soll.« Am Ende ihres Briefes fügt sie dann noch hinzu: »Im übrigen habe ich seit einigen Monaten noch ein Baby als Pflegekind zu Hause, was die Situation nicht gerade einfacher werden läßt.«

In dieser Familie spielt die Mutter die Rolle des ›Aufpassers‹, wobei der Vater eine eher mütterliche Rolle einnimmt. Vor allem scheint er ja auch von dem Baby völlig begeistert zu sein. Schimpft die Mutter mit ihm, ergreift er sofort die Partei des Babys, als würde er selbst in dessen Haut stecken, oder weil er selbst nicht ausgeschimpft werden mag. Ich weiß nicht genau, wie sich diese Situation ändern läßt. Vielleicht könnte die Mutter einmal mit ihrem Kind sprechen: »Hör mal zu, er ist mein Mann und du bist sein Sohn.« Und der Vater sollte etwas ähnliches sagen: »Deine Mutter ist meine Frau und ich möchte, daß du mich in Ruhe läßt, wenn ich mit ihr zusammen bin. Das werde ich auch später gegenüber deiner Frau so tun. Wollen wir diese Verabredung nicht ›unter Männern‹ einmal treffen?«

Es ist wichtig, daß beide Elternteile die Begriffe ›Mann‹ oder ›Frau‹ benutzen, wenn sie mit dem Kind von ihrem Partner sprechen und nicht ›Mutter‹ oder ›Vater‹. Im letzteren Fall sollten sie von ›deinem Vater‹ oder ›deiner Mutter‹, oder von ›deinem Papa‹ oder ›deiner Mama‹ sprechen. (Zum Beispiel: Sag bitte deiner Mutter ... und nicht ›sag bitte Mutter‹.)

In demselben Brief schreibt die Frau auch, daß sie ihren Sohn streng erzieht. Ist das im Fall eines dreijährigen Kindes denn überhaupt angebracht?

Man müßte wissen, was sie darunter versteht.

Vielleicht das Gegenteil von ›laissez faire‹. Wie halten Sie es mit diesem Erziehungsstil, denn danach werden wir auch häufig gefragt.

Ich würde diesen Erziehungsstil nicht als modern bezeichnen wollen. Vielfach besagt er doch nur, daß denjenigen, die ihn pflegen, in ihrem Leben sowieso alles egal ist.

Und worin besteht nun Ihrer Meinung nach der Unterschied zwischen einem solchen Erziehungsstil und dem, was die Mutter eine ›strenge‹ Erziehung nennt?

Das Wichtigste in der Kindererziehung ist doch, dem Kind gegenüber aufgeschlossen zu sein und aufrichtig mit ihm sprechen zu können. Jemand, der sein Kind einfach auslacht, oder das, was es einem Erwachsenen gegenüber sagt, lächerlich macht, also ein Kind in seiner Kommunikation mit einem Erwachsenen hänselt, respektiert weder den Erwachsenen noch das Kind. Derartige ›Erwachsene‹ verhalten sich im Grunde selbst wie Kinder. Und dem Kind wird überhaupt kein Platz mehr gelassen, sich zu entfalten. Wenn sich die Eltern also andauernd in die Haut ihrer Kinder stecken, werden diese keine Vorbilder mehr an ihnen haben. Das beste wäre, wenn solche Eltern ihre Kinder ab und zu außer Haus betreuen ließen. Im konkreten Fall braucht dieses Ehepaar sicherlich Zeit, um sich wieder miteinander zu arrangieren. Momentan sieht es jedenfalls so aus, daß sie abwechselnd den ›ausgeschlossenen‹ oder den ›schuldigen‹ Dritten spielen. Genau das ist ihr Problem.

Spielt eigentlich die Pflege des Babys, das sie bei sich aufgenommen haben, eine Rolle?

Zweifellos. Ihr eigenes Kind fühlt sich hintangesetzt und weiß im übrigen nicht, mit wem es sich eigentlich identifizieren soll (ob mit den Erwachsenen oder mit dem Baby). Dieser Vater, der ganz den Eindruck vermittelt, selbst noch ein Jugendlicher zu sein, möchte nicht streng und entschieden auftreten, um nicht wie eine Frau zu wirken. Anscheinend hat er angesichts des Verhaltens seiner Frau das Gefühl, ein solches Auftreten sei typisch nur für Frauen. Das stellt den Jungen vor große Probleme, er kann den seinem Alter entsprechenden Platz in dieser Familie nicht finden, d. h. findet nicht zu seiner Identität. Im Moment identifiziert er sich jeweils mit derjenigen Person, die in der jeweiligen Situation die vermeintlich stärkere ist. Mal ist es der Vater, wenn er das Verhalten seiner Frau kritisiert, und mal ist es die Mutter, die das Verhalten des Vaters kritisiert.

Sie haben in diesem Zusammenhang einmal erwähnt, daß es für ein Kind nicht gut ist, wenn sich seine Eltern vor ihm widersprechen. Stimmt das?

Ja. Aber in diesem Fall tun sie es andauernd und sie haben es wohl immer getan. Man kann das Rad der Geschichte jetzt nicht einfach zurückdrehen.

Ich meine aber, ob es prinzipiell nicht gut ist, wenn Eltern sich vor ihren Kindern ständig widersprechen.

Nein, es ist nicht gut. Wenn Eltern in bezug auf die Erziehung ihrer Kinder unterschiedlicher Meinung sind, dann sollten sie dies nicht vor dem Kind austragen, sondern später darüber reden. Für das Kind ist es in jedem Fall schwierig, mit Eltern zu leben, die andauernd in Widerspruch zueinander stehen. In dem vorliegenden Fall können beide Eltern sich nicht entscheiden, auf wen das Kind nun eigentlich hören soll. Nun sollte ein Kind aber vor allem auf sich selbst hören, d. h. nützliche und solche Dinge tun, die ihm Spaß machen. Ich vermute, daß sich dieses Kind im Grund langweilt, weil es nichts Interessantes zu tun weiß. Außerdem wird es durch die Atmosphäre verunsichert, die seine Eltern zu Hause verbreiten. Ich möchte auch noch einmal betonen, daß es für die psychische Entwicklung von Kindern gefährlich ist, wenn sie ihre Eltern ausschließlich beim Vornamen nennen bzw. irgendwelche Spitznamen für ihre Eltern verwenden: das hieße die Blutsverwandtschaft und die Besonderheit der Beziehung zwischen Eltern und Kindern leugnen zu wollen.

18

Seine Enkelkinder verhätscheln heißt nicht, sie wirklich zu lieben

(Kinder und Großeltern)

Den folgenden Brief hat ein sechsundzwanzigjähriger Vater geschrieben. Seine Frau ist achtundzwanzig Jahre alt und sie haben zwei Töchter im Alter von drei Jahren und zweieinhalb Monaten. Die Töchter haben noch ihre beiden Großeltern und sogar noch zwei Urgroßmütter. Das Problem, auf das der Vater in seinem Brief hinweist, hat insbesondere mit der Großmutter und Urgroßmutter väterlicherseits zu tun. Er meint, daß diese seiner ältesten Tochter viel zu viel Aufmerksamkeit widmen. So läßt sich die Großmutter, die sich ihr ganzes Leben lang selbst eine Tochter gewünscht hat, von seiner Ältesten förmlich ›um den Finger wickeln‹, wobei noch hinzukommt, daß sie das kleine Mädchen nachts gern mit zu sich ins Bett nimmt. Die Urgroßmutter, die früher kein besonders mütterliches Verhältnis zu ihren Kindern gehabt hat, möchte dagegen immer bei der Kleinen schlafen oder mit ihr auf die Toilette gehen; auch erzählt sie ihr gern grausame Geschichten... Der Vater führt das Verhalten der Großmütter im übrigen auf ungelöste sexuelle Konflikte bei beiden zurück.

Was sicher stimmt ...

Die Eltern sind aber auf die Bedürfnisse der Großmütter nicht länger eingegangen, auch wenn der Druck, den sie diesbezüglich auf sie ausüben, noch stärker wurde, als die zweite Tochter zur Welt kam. Die beiden Frauen hätten sich zu dieser Zeit ständig in den Haaren gelegen und versucht, jeweils der anderen das Glück streitig zu machen, das ältere Mädchen jetzt endlich einmal für längere Zeit bei sich haben zu dürfen. Die Eltern haben sich aber geweigert, es weder der einen noch der anderen zu überlassen.

Das war richtig.

Der Vater möchte nun Ihren Rat einholen, weil seine ältere Tochter allmählich Spaß an diesem innigen Verhältnis zur Großmutter hat. Sie sehnt sich öfter nach der Großmutter oder der Urgroßmutter und möchte gerne bei ihnen schlafen. Und die beiden alten Frauen beklagen sich, daß es die Mutter nicht erlaubt.

Von vornherein möchte ich feststellen, daß es überhaupt nicht in Frage kommen soll, daß Kinder mit ihren Großeltern zusammen in einem Bett schlafen. Zu einer Großmutter oder Urgroßmutter, die so etwas tut, sollte man sein Kind nicht mehr hinschicken. Der Vater sollte seinem Kind klarmachen, daß *er* es ihm verbietet, weiter zu den Großmüttern zu gehen, denn dem Brief nach zu urteilen behaupten diese dem Kind gegenüber, daß es die Mutter sei, die ihm verbieten würde, mit ihnen ins Bett zu gehen oder dagegen wäre, daß sie es ›abknutschen‹ oder sich ihm sexuell annähern ... Diese Frauen verhalten sich wie Babies! Offensichtlich kennen sie keine Grenzen ihres Tuns. Vielleicht denken sie an ihre eigene Kindheit und daran, daß ihre Mutter es mit ihnen nicht so gemacht hat. Wie dem auch sei, der Vater muß auf den Wunsch seiner Tochter, bei einer von den Großmüttern übernachten zu wollen, antworten: »Ich möchte nicht, daß du bei der Oma schläfst, weil sie mit dir tut, wovon du mir erzählt hast und mit dir spielt, als wärest du eine Puppe und sie selbst das dreijährige Kind.« Der Vater müßte die Verantwortung für dieses Verbot auf sich nehmen. Und wenn das Mädchen eines Tages seinen Großmüttern erzählt, was der Vater gesagt hat und sie daraufhin ihrem Sohn bzw. Enkel Vorwürfe machen, wird der Vater zu seiner Meinung stehen und ganz einfach sagen: »Es stimmt, ihr verhaltet euch wie Babies. Mit eurem Verhalten schadet ihr dem Kind. Mit Liebe zu diesem Kind hat es im übrigen nichts zu tun.« Seiner Tochter zuliebe muß er so handeln. Dem Brief nach zu urteilen, hat er ansonsten nichts gegen die Großeltern des Kindes. Er ist nur angesichts dieser perversen Spielereien, die sie mit seinem Kind betreiben, bestürzt.

Weiter schreibt er: »Jede Kleinigkeit nehmen sie zum Anlaß, das Kind emotional zu erpressen. Das heißt sie begleiten fast jede Reaktion des Kindes mit Sätzen wie »Du liebst deine Oma ja gar nicht mehr«, »Du liebst aber deine Oma!«, »Ich liebe dich nicht mehr« oder »Wen magst du lieber?« usw.... Ich glaube, daß dieses Verhalten Kindern gegenüber sehr verbreitet ist, vielleicht nicht in dieser extremen Form ...

Ja, aber es ist pervers, Kinder auf diese Weise erziehen zu wollen. Nach dem Motto: »Wenn du das tust, dann liebe ich dich nicht mehr!« Wenn sich die Liebe zu einem Kind auf diese abscheuliche Art und Weise äußert, ist es für ein Kind fast besser, überhaupt nicht geliebt zu werden. Diesem Kind kann man ruhig sagen: »Du kannst wirklich froh sein, wenn dich deine Großmutter nicht mehr liebt. Denn liebt sie dich, haßt sie dich eigentlich, sie will dich nur wie ein Baby behandeln, anstatt dir zu helfen, ein großes Mädchen zu werden.«

Nun zur letzten Frage des Briefes: da sie bald umziehen, brauchen sie jemanden, bei dem das Kind ein paar Tage bleiben kann. Die Tochter weiß davon und will jetzt unbedingt zu ihrer Großmutter bzw. Urgroßmutter gehen. Es ist für sie sozusagen ›die‹ Gelegenheit.

Sie sollten das Mädchen lieber zu einer Tagesmutter geben, die vielleicht noch zwei oder drei andere Kinder betreut und eben Geld dafür ausgeben, wenn sich sonst keine andere Möglichkeit findet. Auf keinen Fall aber sollten sie das Mädchen zu seinen Großeltern schicken.

Er soll sich also an das halten, was er sich vorgenommen hat.

Unbedingt. Man muß bei einem dreijährigen Kind, das schon sehr empfänglich für solches Tun seiner Großmutter ist, sehr auf der Hut sein. Später wird es seinen Eltern dafür dankbar sein.
Aber Gott sei Dank sind nicht alle Großeltern so. Viele bringen ihren Enkelkindern Lieder bei, zeigen ihnen intelligente Spiele und erzählen ihnen schöne Geschichten. Sie sind

den Kindern gegenüber zurückhaltend und bringen ihnen Achtung vor ihrem eigenen Körper bei. Dieser Brief beschreibt einen schlimmen Vorgang, der zeigt, wie schnell Kinder durch Erwachsene verdorben werden können.

(Einige Wochen später)

Der Brief des jungen Vaters und Ihre Antwort haben bei einigen Großmüttern heftige Reaktion bzw. Proteste hervorgerufen. Ich möchte dazu aus dem Brief einer Großmutter zitieren, der die übrigen Schreiben recht gut zusammenfaßt. Aber zuerst lassen Sie mich vielleicht noch einmal klarstellen, daß Sie prinzipiell nichts gegen Großmütter haben ...

Überhaupt nicht. Im Gegenteil habe ich in Zeitschriften, die sich hauptsächlich an ältere Menschen richten, geschrieben, wie wichtig für die kleineren Kinder der Umgang mit den Großeltern ist.

Die Großmutter, von der ich sprach, schreibt also folgendes: »Es kommt tatsächlich vor, daß meine Enkelkinder, um mir einen ›Guten Morgen‹ zu wünschen, in mein Bett schlüpfen, ein Lied oder eine Geschichte verlangen oder auf meinen Schoß klettern, um mir ein Küßchen zu geben, ›sich von mir abknutschen lassen‹, wie Sie sich ausdrücken. Ich möchte Ihnen versichern, daß ich mir dabei absolut nicht wie eine perverse Großmutter vorkomme. Haben Sie eigentlich Ihre Großeltern gekannt? Meine schönsten Kindheitserinnerungen verdanke ich der Zärtlichkeit und Güte einer Oma, bei der ich immer Zuflucht fand, wenn meine Mutter, die früh verwitwet war, arbeiten mußte oder mit etwas anderem beschäftigt war. Ich bin davon überzeugt, daß sich viele Großmütter ihren Enkeln gegenüber ebenso verhalten wie ich und Sie sie mit Ihren Äußerungen verletzt haben; wenn sie auch ihre Enkelkinder verhätscheln, dann bestimmt nicht mit den Hintergedanken, die Sie ihnen dabei unterstellen.«

Ich muß trotzdem etwas dagegenhalten: Seine Enkelkinder zu verhätscheln bedeutet nicht, daß man sie für das, was sie sind, wirklich liebt.

Ich selbst habe tatsächlich nicht nur meine beiden Großmütter, sondern auch meine Urgroßmütter gekannt. Und ich kann mich daran erinnern, daß wir – wir waren ja eine kinderreiche Familie – bei diesen Großmüttern sehr viele Gesellschaftsspiele gelernt haben, daß sie nie müde waren, mit jedem einzelnen von uns zu spielen, uns Lieder vorzusingen, indem sie sich dabei auf dem Klavier begleiteten, damit auch wir sie lernten und dann unseren Eltern vorsingen konnten. Sie zeigten uns Bilder aus früheren Zeiten und erzählten uns, wie es damals war, als sie kleine Mädchen waren. Die Großmutter, die 1860 geheiratet hatte, hat uns über ihre Hochzeit erzählt. Das war alles sehr spannend. Natürlich hat es bei ihnen auch einmal Süßigkeiten gegeben oder sie haben uns kleine Spielzeuge geschenkt. Aber hauptsächlich haben sie uns viele Beschäftigungen angeboten und in diesem Sinne wurden wir nie verhätschelt. Und dafür bin ich ihnen heute auch sehr dankbar. Es war viel besser, daß sie uns viele Geschichten über die Familie erzählt haben, uns das Leben von früher schilderten, wie der Alltag damals war oder wie man sich in dieser Zeit kleidete. Sie haben uns auch erklärt, wie sich mit der Zeit der Wert des Geldes gewandelt hat, aber vor allem haben sie uns viele spannende Bücher vorgelesen ...

Ich möchte noch einmal klarstellen: Wichtig für die Kommunikation zwischen Großeltern und Enkelkindern ist nicht, die Kinder zu verhätscheln oder die kleinen Mädchen mit zu sich ins Bett zu nehmen. Wenn die Kinder es verlangen, kann man ihnen erklären: »Kommt, wir machen lieber noch ein Spiel zusammen.« Denn die Kindererziehung besteht nicht darin, die Kinder zu streicheln und zu verhätscheln wie ein Baby oder einen Teddybären, sondern ihnen interessante Tätigkeiten beizubringen, sie dabei zu unterstützen, etwas zu Ende zu bringen, womit sie gerade angefangen haben. Ein Kind zu erziehen bedeutet eben nicht, es verführen oder sich seine Liebe erkaufen zu wollen, sondern es in das praktische Leben einzuführen, seine Intelligenz zu fördern und auszubilden, die Geheimnisse, die es einem mitteilt, für sich zu behalten – kurz, sich für das Kind Zeit zu nehmen und sich ihm von ganzem Herzen zu widmen. Und wer hätte dafür mehr Geduld als die Großeltern? Ich bin also überhaupt nicht gegen Großmütter, Urgroßmütter oder Großväter eingestellt.

Ich möchte zwar kein Öl ins Feuer gießen, aber da wir gerade bei dem Thema der Beziehung zwischen Kindern und Großeltern sind, will ich noch den Brief einer Mutter erwähnen, die Ihnen folgendes schreibt: »Ich weiß nicht, wie ich meiner Mutter erklären soll, daß ich nicht will, daß sie meine Kinder während der Ferien mit zu sich nach Hause nimmt. Vielleicht können Sie mir helfen.« Die Frau hat einen elfjährigen Sohn und zwei Töchter, die zehn und fünf Jahre alt sind. Jedesmal, wenn die Kinder Ferien haben, wird sie aufs Neue mit diesem Problem konfrontiert: »Meine Mutter möchte die Kinder in den Ferien immer bei sich haben. Seit sie verwitwet ist, lebt sie in einer kleinen Zweizimmerwohnung, die zwar bequem, aber doch zu klein ist, um gleichzeitig Kinder und Enkelkinder zu empfangen. Wenn wir mit der ganzen Familie bei ihr zu Besuch sind, schlafen mein Mann und ich im Wohnzimmer und die Kinder schlafen bei der Großmutter im Schlafzimmer. Seit einigen Jahren verfahren wir auf diese Weise und haben uns auch nicht gegen die bequemere Lösung versperren können, ein Kind aufgrund des Platzmangels im Bett seiner Großmutter schlafen zu lassen.« Die Kleine schläft also seit einiger Zeit während ihres Besuches im Bett der Großmutter: »Beide sind wie ein Herz und eine Seele. Schon beim Aufwachen denkt das Mädchen an nichts anderes, als mit der Großmutter spielen zu wollen. Diese macht ihre Spielereien auch mit. Sie sagen sich so Sprüche wie »Guten Tag, gnädige Frau, wie geht es Ihrem Kind?« usw. Sie schließen sich auch beide im Zimmer ein, um miteinander zu spielen, wenn wir da sind. Ich möchte aber auch hervorheben, daß meine Mutter uns gegenüber sehr entgegenkommend ist. So besucht sie uns einige Male im Jahr, damit wir ohne die Kinder verreisen können. Wir sind – bis auf einige Unannehmlichkeiten, die ihr Aufenthalt bei uns mit sich bringt – für ihre Hilfe schon dankbar. Aber sie kann den Kindern nie ›Nein‹ sagen, kann ihnen nie widersprechen, denn sie will, daß sie mit ihr immer einer

Meinung sein können. So kommt es, daß sie jeden Abend fernsehen dürfen, egal, was es gerade gibt. Die Mahlzeiten bestehen praktisch nur aus Nachspeisen. Sie fühlt sich mit ihren Enkelkindern eben sehr glücklich und möchte sie ab und zu auch einmal ohne uns bei sich zu Hause haben.«
Die Mutter schreibt an anderer Stelle, daß die Großeltern vor einigen Jahren zusätzlich zu ihren Kindern auch noch deren Kusinen eingeladen hatten – sie waren sechzehn, dreizehn, zwölf und neun Jahre –, so daß ihr Sohn unter den ganzen Mädchen der einzige Junge gewesen war. Seit einigen Jahren hat sie zumindestens für ihren Sohn diese Ferien bei der Großmutter abgeschafft, was ihm im übrigen sehr gut bekommen sein soll. Wie soll man nun dieser Großmutter beibringen, daß die Kinder ihre Ferien nicht länger bei ihr verbringen sollen? Es ist ja nicht einfach, diesen Wunsch zu begründen.

Das stimmt. Aber warum können sie nicht für das fünfjährige Mädchen ein Klappbett oder einen Schlafsack mitbringen, um zu vermeiden, daß die Kleine im Bett der Großmutter schläft? Es dürfte doch kein Problem sein, ein schmales, zusammenklappbares Bett bei der Großmutter zu lassen; es nimmt nicht viel Platz weg und man könnte es z.B. unter das Bett der Großmutter schieben. Ähnlich wie in dem Fall, auf den ich vorhin eingegangen bin, ist auch dieses Kind mit dem Vorbild einer älteren Frau konfrontiert, die sich selbst wie ein fünfjähriges Kind verhält. Dieses Verhalten steht völlig im Gegensatz zu dem, was ich allgemein in bezug auf Großmütter gesagt habe, die den Kindern viele Dinge beibringen und sie in ihrer psychischen und sozialen Entwicklung unterstützen. Es liegt auch klar auf der Hand, daß das Fernsehen den Kindern schadet, wenn sie sich buchstäblich alle Programme ansehen dürfen. Ich habe das Gefühl, daß ein Besuch bei der Großmutter für diese Kinder ein richtiges Fest darstellt, allein schon, was die Nachspeise betrifft ... Aber dies ist nur ein Detail und nicht so schlimm. Vor allem die Schlafgewohnheiten der Kinder bei dieser Großmutter sind schädlich für sie.
In bezug auf die Ferien möchte ich der Mutter folgendes sagen: sie hatte recht, daß es für ihren Sohn nicht günstig war, der einzige Junge in dieser Schar von Mädchen gewesen zu sein.

Ebenso ungünstig ist es im übrigen, in dieser kleinen Wohnung sechzehnjährige Jugendliche und fünfjährige Kinder zusammenwohnen zu lassen.
Ich sehe schon ein, daß es für eine Mutter schwierig ist, ihre Kinder nicht mehr zur Großmutter zu schicken, die ihr so behilflich ist. Aber ich habe das Gefühl, daß diese Frau, seitdem sie Witwe geworden ist, sehr stark regrediert. Vielleicht könnte ihre Tochter dafür sorgen, daß sie Kontakte zu gleichaltrigen Frauen bekommt oder sich überhaupt einmal mit anderen Erwachsenen trifft, damit sie geistig wach und am gesellschaftlichen Leben beteiligt bleibt. Sonst besteht die Gefahr, daß sie wirklich zu einer ›Fünfjährigen‹ wird und sich nicht mehr mit solchen Dingen beschäftigt, die ihrem wirklichen Alter entsprechen.

Wie soll man aber einem Kind klarmachen, daß es von heute auf morgen nicht mehr im Bett der Großmutter schlafen soll, wo es dies doch solange gewöhnt war? Das wird doch bestimmt schiefgehen.

Nun, das Kind wird wohl keine Lust haben, bis zu seinem fünfundzwanzigsten Lebensjahr im Bett der Großmutter zu schlafen ... Man kann dem Mädchen doch ganz einfach erklären: »Hör zu, dafür bist du jetzt aber wirklich zu groß. Du bist doch nicht der Mann deiner Großmutter. Ich möchte also nicht, daß du in ihrem Bett schläfst ...«
Aber ich möchte noch einmal auf die Großmutter selbst zurückkommen, denn das eigentliche Problem scheint mir in diesem Fall bei ihr zu liegen. Sie ist dabei, sich psychisch und sozial zurückzuentwickeln. Sie beteiligt sich nicht mehr am gesellschaftlichen Leben. Ich glaube, daß sie sich langweilt. Dabei gibt es heute doch viele interessante Tätigkeiten für ältere Menschen. Vielleicht könnte die Dame, die sich an uns gewendet hat, einen Freund oder eine Freundin ihrer Mutter darum bitten, sich mehr um sie zu kümmern. Möglicherweise hat diese alte Frau früher kein für sie befriedigendes Leben gehabt. Vielleicht lebte sie im Schatten eines Mannes, bei dem sie kein eigenes, einer erwachsenen Frau entsprechendes Leben führen durfte. Als sie dann durch den Tod ihres Mannes

einer wichtigen Stütze, sich in der Wirklichkeit zurechtzufinden, beraubt wurde, konnte sie allein mit sich und ihrem Leben nichts mehr anfangen. Viele ältere Leute haben heute bis zu einem Alter von siebzig oder fünfundsiebzig Jahren ein erfülltes Leben, weil sie Kontakte zu Gleichaltrigen haben, sich intellektuell entfalten können, verschiedenen Freizeitaktivitäten nachgehen, sich nachmittags mit Freunden treffen, irgend etwas zusammen arbeiten oder basteln oder sich in gemeinnützigen Aktivitäten engagieren. All dies fehlt dieser Großmutter, sie lebt nicht wie ein älterer Bürger, der Kontakt zu Gleichaltrigen hat und am gesellschaftlichen Leben beteiligt ist. Ihre Tochter könnte vielleicht in dieser Hinsicht mehr für sie tun als sie nur von ihren Enkelkindern fernzuhalten.

19

Jede Arbeit ist ihres Lohnes wert

(Großeltern und Eltern)

Vielfach passen die Großeltern auf ihre Enkelkinder auch deswegen auf, weil man sie nicht dafür bezahlen muß ...

Ja. Und häufig resultieren daraus Konflikte zwischen den Eltern der Kinder und Großeltern.

Die Großmutter, die Ihnen geschrieben hat, versorgt ihren dreizehnjährigen Enkel von Geburt an. Zu der Mutter des Kindes steht sie allerdings in einem eigenartigen Konkurrenzverhältnis: »Im Grunde wünscht meine Tochter gar nicht, daß ihr Sohn mich lieb hat. Sie ist zwar sehr froh, daß ich auf ihn aufpasse, aber ich habe den Eindruck, daß sie ihn gegen mich aufbringt.« Ich habe festgestellt, daß letzteres Wort häufig genannt wird, wenn es um Konflikte zwischen Großeltern und Eltern geht.

Daß Eltern ihre Kinder gegen die Großeltern aufbringen, kommt sicherlich häufiger vor ...

Die Beziehung zwischen der Mutter und Großmutter hat im übrigen allmählich verheerende Folgen für das Kind. Es ist, wie die Großmutter schreibt, »böse, aggressiv und widerspenstig geworden«. Auch kommt es in der Schule nicht richtig mit, nach Meinung der Großmutter nur deswegen, weil es von seinen Eltern nicht richtig verstanden wird. Man wird aus ihrem Brief nicht so recht schlau, aber es scheint in dieser Familie dem Kind gegenüber eine gespannte Atmosphäre zu herrschen, die das ganze Leben der daran Beteiligten allmählich zu vergiften droht, wenn kein Weg gefunden wird, wie man sich einmal gegenseitig näherkommen kann.

Vielleicht ... Aber mit dreizehn Jahren braucht man ein Kind doch nicht mehr von der Großmutter hüten zu lassen. Insofern finde ich es seltsam, daß man es noch immer bei der Großmutter unterbringt, obwohl es von seinem Alter her schon selbst Babysitter sein könnte. Ich frage mich, ob die ganzen Schwierigkeiten nicht daraus resultieren, daß der Junge Spaß daran gefunden hat, zwischen den beiden Frauen Zwietracht zu säen. Es macht ihm anscheinend Spaß, die ›Puppen tanzen zu lassen‹. Ich glaube, daß er genau weiß, daß seine beiden ›Lieben‹ kein gutes Verhältnis zueinander haben und daß er seine Freude daran hat, sie gegeneinander aufzubringen – nach dem Motto ›teile und herrsche‹ ... Mir scheint, daß es höchste Zeit ist, daß dieser Junge nicht mehr ständig bei der Großmutter und auch nicht mehr ständig bei seiner Mutter ist. Ich würde auch gern wissen, wie der Vater eigentlich dazu kommt, seinen Sohn ständig der Schwiegermutter zu überlassen.

In dem Brief wird er jedenfalls nicht erwähnt.

Hatte der Vater vielleicht auch mit dreizehn Jahren einen Babysitter, der ständig auf ihn aufgepaßt und ihn bei allem, was er tat, kontrolliert hat? Oder blieb er, wie viele Kinder, nach der Schule in einem Schülerhort, um später nach Hause zu kommen und für seine Eltern das Essen vorzubereiten? Dieser Junge wird jedenfalls wie ein kleines Kind behandelt ... Daß er kein guter Schüler ist, ist nicht so wichtig. Man kann in der Schule schlecht sein und trotzdem sein tägliches Leben so gut meistern, daß man später seinen Lebensunterhalt verdienen kann.
Überhaupt denke ich, daß viele Eltern unter dem Vorwand, sich um ihre Kinder besonders intensiv zu kümmern, dafür sorgen, daß ein zu starkes Abhängigkeitsverhältnis zwischen Eltern und Kind bestehen bleibt. Und um sich gegen ein solches, übertriebenes Abhängigkeitsverhältnis zur Wehr zu setzen, verbleiben dem Kind meistens nur zwei Möglichkeiten: Entweder es wird aggressiv und ergreift die Flucht oder es erträgt einfach seine Abhängigkeit von den Erwachsenen. Im letzten Fall wird es dann entweder völlig apathisch oder braust bei jeder kleinsten Gelegenheit auf und hat sich dann nicht

mehr in seiner Gewalt. Und irgendwann ergreift es dann doch noch die Flucht ...

Aber es trifft doch auch auf jüngere Kinder zu, daß sie für Spannungen zwischen den Großeltern und Eltern sorgen.

Zum Teil ist es darauf zurückzuführen, daß die Eltern Schwierigkeiten haben, den Großmüttern, die ihnen ja einen Gefallen tun, indem sie die Kinder zu sich nehmen, ihre Dankbarkeit zu erweisen. Denn ohne diese Hilfe wären die Eltern ja gezwungen, für einen Babysitter Geld auszugeben. Selten gelingt es jungen Eltern, eine Großmutter, die für ihre Hilfe kein Geld haben will, davon zu überzeugen, von ihnen bezahlt zu werden. Aber sie könnten doch z.B. das Geld, das sie für den Babysitter sparen oder wenigstens einen Teil davon, auf das Sparkonto der Großmutter oder ein Konto, das sie nur zu diesem Zweck einrichten, einzahlen. Denn auf ein Kind aufzupassen, stellt eine richtige Arbeit dar, die ihres Lohnes wert ist, auch wenn sie mit dem emotionalen Engagement einer Großmutter verrichtet wird. Wenn die Kinder später die Betreuung durch die Großmutter nicht mehr brauchen, könnten ihr die Eltern mitteilen: »Ein Babysitter hätte uns soundsoviel Geld gekostet. Da wir diesen Preis nicht zu bezahlen brauchten, haben wir die Hälfte davon für dich gespart. Dieses Geld gehört jetzt dir.« Und wenn das Kind acht Jahre lang bei der Großmutter gewesen ist, kommt eine ganz schöne Summe zusammen, die sie jetzt annehmen kann, obwohl sie zu der Zeit, als das Kind noch klein war, kein Geld für ihre Arbeit entgegennehmen wollte. Damals sagte sie vielleicht: »Das kommt überhaupt nicht in Frage, denn ich möchte euch nur helfen.« Und jetzt hilft man ihr mit dem Geld, das man für sie gespart hat. Ich finde diese Art, sich nachträglich für das zu bedanken, was die Großmutter für einen getan hat, viel besser als ihr von Zeit zu Zeit etwas dafür zu schenken. Denn das erworbene Geld bedeutet für die Großmutter nun ein Stück zusätzlicher Freiheit. Wenn das Kind also das Alter erreicht hat, in dem es nicht länger betreut zu werden braucht, bekommt die Großmutter dafür ein kleines Guthaben, das eine greifbare Anerkennung für die Monate und Jahre darstellt, die sie dem Kind geopfert hat. Ich glaube, daß daran die wenigsten Eltern denken. Und wenn die Eltern nicht so viel Geld haben, dann reicht auch eine kleine Summe. Was passiert aber, wenn man nicht so verfährt, wie ich vorschlage? Es läuft doch darauf hinaus, daß die Eltern jedesmal, wenn die Großmutter andeutet, sie wäre zu müde, um die Kinder weiterhin betreuen zu können, sich nicht mehr zu helfen wissen und ängstlich werden. In einem solchen Fall wird immer der Schwächere der Leidtragende sein; und wenn man eine Arbeit nicht bezahlt, gerät man zwangsläufig demjenigen gegenüber, der einem einen Gefallen getan hat, in die schwächere Position. Häufig ist dies die Ursache für manche Konflikte der beschriebenen Art. Und jedes Kind leidet unter einem Konflikt, den es selbst auszulösen scheint. Es fühlt sich dann schuldig...

Umgekehrt gibt es Eltern, die den Großeltern für die Betreuung ihres Kindes eine regelrechte Rente zahlen, damit ihr Haushaltsgeld stimmt. Hier grenzt das ›gute‹ Verhältnis zwischen Eltern und Großeltern an pure Heuchelei. Denn die Hilfe, zu der von uns ›Alten‹ ihren Enkelkindern gegenüber eigentlich jeder verpflichtet ist, sollte über keinen solchen Kuhhandel zustandekommen. Das Kind wird dann nämlich aufgrund eines bestehenden Kaufvertrages betreut, durch den sich sowohl die Großeltern als auch die ihnen anvertrauten Kinder verletzt fühlen, während die Eltern – zumindestens kurzfristig – im Glauben sind, ein gutes Geschäft gemacht zu haben. Ein Mensch, der von einem Kaufvertrag abhängig ist, wird sich indes niemals geliebt fühlen. Eltern und Großeltern würden sich also viel besser verstehen, wenn die Eltern den Großeltern eine Überraschung bereiten, nachdem sie über Monate oder Jahre ihr Kind betreut haben. Mit acht Jahren braucht ein Kind dann keine Tagesmutter mehr und es wird stolz sein, daß man von nun an seiner Selbständigkeit vertraut. Natürlich kann es jederzeit seine Großmutter, die es mag, besuchen und ihr ein wenig Gesellschaft zu leisten, wenn es dazu Lust hat.

20

Eltern sollten ein Wunschkind bekommen

(Planen oder ein Kind spontan zeugen?)

Früher gab es mehr kinderreiche Familien als heute. Zur Zeit geht die Tendenz eher dahin, selbst zu entscheiden, wann ein Kind kommen soll oder nicht. Das Kind wird, wenn man so will, ›vorprogrammiert‹.

In erster Linie hängt es mit den verbesserten Verhütungsmethoden zusammen und mit einer gewissen Liberalisierung der Sexualität. Viele Eltern planen die Geburt eines Kindes ja heute ähnlich wie den Kauf einer Waschmaschine oder ihres Fernsehapparates. Und dann nennt man diese Kinder bedauerlicherweise auch noch ›Wunschkinder‹. Ich verstehe unter einem ›Wunschkind‹ eigentlich etwas anderes, nämlich die Zeugung eines Kindes, die ein Paar, das bisher recht glücklich miteinander gelebt hat, wirklich überrascht. Plötzlich werden beide Partner Eltern ...

Eine Frau schreibt: »Wir, mein Mann und ich, stellen uns derzeit die Frage, ob wir ein Kind haben möchten oder nicht.« Ihr Mann ist Archäologe und sie Röntgenassistentin. Aus beruflichen Gründen leben sie häufig getrennt voneinander, z. B. wenn der Mann auf seinen Forschungsreisen unterwegs ist. Sie fährt fort: »Wir würden uns zwar beide über ein Baby freuen, können uns jedoch das Leben mit einem Kind, das schließlich älter wird, nicht vorstellen. Das Baby würde außerdem aufgrund meines Alters (sie ist vierunddreißig Jahre alt) und auch aus finanziellen Gründen ein Einzelkind bleiben. Und für meinen Mann ist seine Arbeit sein Ein und Alles, was ich verstehen kann, denn seine Tätigkeit begeistert mich ebenfalls.« Sie fragt sich, ob es nicht ein Fehler wäre, ihre Partnerschaft, die glücklich zu sein scheint, aufs Spiel zu setzen, um ein Kind in die Welt zu setzen, nur weil in einem bestimmten Alter ›alle‹ ein Kind bekommen. Auf der anderen Seite meint sie aber auch: »Eigentlich ist es ja ganz normal, Kinder zu haben, es gehört sozusagen zum Leben dazu.«

Zunächst einmal zu Ihrer Äußerung, sie sei vierunddreißig Jahre alt und könne deswegen später keine Kinder mehr bekommen. Das hört sich an, als wäre sie bereits eine alte Frau. Dabei sind vierunddreißig Jahre doch ein sehr gutes Alter, um mit dem Kinderkriegen zu beginnen.

Eine solche Antwort hatte ich von Ihnen erwartet ...

Man kann bis zum Alter von vierzig Jahren Kinder bekommen. Mit vierzig Jahren das erste Kind zu bekommen, kann aus verschiedenen Gründen etwas problematisch werden. Man kann Kinder auch viel früher bekommen, also weit vor dem vierunddreißigsten Lebensjahr. Aber sowohl vom körperlichen wie auch vom psychischen Aspekt her gesehen, ist das Alter von vierunddreißig Jahren fast ideal, denn die Frau hat eine Reihe von Erfahrungen hinter sich, die sie gut darauf vorbereitet haben können. Diese Frau schreibt allerdings auch noch, daß sie viele Freunde haben, die genauso sind wie sie. Sie leben wie in einer Gruppe von Studenten zusammen, die etwas älter geworden sind. Jeder widmet sich seinem ›Studium‹ und niemand von ihnen hat Kinder. Persönlich halte ich nicht viel von solch einem Lebensstil. Aber ich denke, wenn ein Kind auf die Welt kommt, wenn es einfach ›da‹ ist und geliebt wird, wird man mit dem übrigen Leben auch gut zurechtkommen. Schwierig erscheint es einem nur, bevor man sich dazu entschließt. Wenn die Frau dieses Kind liebt, wird sie, trotz des Berufes ihres Mannes, viel Spaß daran haben zuzusehen, wie es größer wird. Man bekommt im übrigen auch kein Kind, nur damit es immer ein Baby bleibt. Ebensogut könnte man ja mit Puppen spielen, wenn es nur darum ginge. Den Wunsch nach einem Kind sollten beide Eltern haben. Sie müssen sich allerdings auch darüber im klaren sein, daß sie erst durch das Dasein des Kindes zu Eltern gemacht werden. Wenn sie so denken, ist das Kind auch nicht länger nur ein ›Baby‹ für sie, sondern ein Mensch – ob Junge oder Mädchen –, der viele neue Lebensperspektiven mit sich bringt, weil er ständig neue Fragen stellt. Erst dadurch kommt eine Partnerschaft wirklich weiter. Vielleicht verstehen sie sich ganz gut, aber vielleicht nur wie zwei Leute, die sich mit der Zeit aneinander gewöhnt haben und dabei tun, was sie wollen. Ein Kind wird diese Situation sicherlich verändern. Sie muß es von vornherein wissen. Aber die Erfahrung lohnt sich, nicht weil man Kinder ›haben muß‹, sondern für sie selbst, wenn sie den Wunsch danach hat. Die Entscheidung kann ich den beiden jedoch nicht abnehmen, dieses Problem müssen sie in ihrer Beziehung selbst lösen.

Sie sind also eher für Wunschkinder als für solche, die exakt im voraus geplant werden.

Ja, weil doch die Liebe eines Paares gerade im ›zufälligen‹ Wunschkind zum Ausdruck kommt: Die Eltern freuen sich, daß ein Kind zur Welt kommen wollte und sie quasi überrascht hat.

Um Mißverständnissen zuvorzukommen: Sie sind aber nicht gegen die modernen Verhütungsmethoden?

Natürlich nicht, im Gegenteil, es ist gut, daß es sie heute gibt. Aber seitdem dies der Fall ist, müssen wir uns auch in der Erziehung der Jugendlichen besonders anstrengen: Denn die Möglichkeit zu verhüten, macht die Entscheidung, ein Kind zu bekommen, nicht einfacher, denn man will nun ganz besonders gut darauf vorbereitet sein. Man kann aber auf etwas, das einem noch gänzlich unbekannt ist, nie ganz vorbereitet sein, d. h. man wird davon immer überrascht. Zwar können wir eine Geburt verhindern, aber was mit dem Menschen, der aus der Begegnung eines Paares entsteht, später einmal sein wird, wissen wir nie ganz genau. Wir können aber die Jugendlichen dahingehend erziehen, daß sie am Tag der Überraschung schon ein wenig Bescheid wissen, was sie erwartet. Und wenn die Verhütungsmittel dem Einzelnen schon die Möglichkeit geben, mit seiner Verantwortung bewußter umgehen zu können, so sollten sie andererseits nicht dazu führen, sich ständig noch nicht ›reif‹ genug für ein Kind zu fühlen; man sollte nicht so fixiert darauf sein, indem man die Entscheidung ständig auf die lange Bank schiebt. Schließlich ermöglicht gerade das Kind den Eltern, sich ihrer Verantwortung zunehmend bewußt zu werden. Die Eltern verändern sich und werden nicht mehr die gleichen sein, die sie zum Zeitpunkt der Zeugung waren. So werden selbst Eltern, die ein Kind adoptieren, plötzlich ›reif‹ für ein Kind: Vielfach kommt es vor, daß sie nach einer solchen Entscheidung selbst noch Kinder bekommen. Vielleicht ist gerade bei diesen Eltern die Überraschung am größten, eine Erfahrung, die im übrigen ausgesprochen schön sein kann. Zusammenfassend könnte man sagen, daß es eigentlich das Kind ist, das ein Paar zu Vater und Mutter werden läßt. Diese geben dem gezeugten Kind nur ›grünes Licht‹. Und wie gesagt, man sollte nicht bis zu einem Zeitpunkt warten, an dem man sich für ›perfekt‹ hält. Vielmehr sollte man sich sagen: »Jetzt sind wir bereit, das Unbekannte, das ein Kind für uns darstellt, zu akzeptieren. Es soll kommen, wann es will.« Und eine Partnerschaft bekommt durch das Baby einen neuen Sinn.

Hier habe ich den Brief einer Mutter vor mir liegen, die die Geburt ihres Kindes überhaupt nicht geplant hatte. Jetzt ist ihr Sohn zwölf Jahre alt. Als sie und ihr Mann ihn bekommen haben, fühlten sie sich allerdings noch überhaupt nicht reif genug dafür. Nachträglich schildert sie ihre Situation von damals wie folgt: »Mir fehlte damals vielleicht einfach der ›gesunde Menschenverstand‹; ich fühlte mich überhaupt nicht ausgeglichen und habe das Kind niemals richtig akzeptieren können. In der Folge war ich sehr streng mit ihm. Ich schimpfte es ständig aus, nahm es nie auf den Arm, so daß es viel geweint hat.«

Das Kind kam eben zu früh.

»Jetzt«, schreibt sie weiter, »kann ich nicht verstehen, wie ich jemals so handeln konnte.« Und sie fügt einen Satz hinzu, der Sie sicherlich interessieren wird: »Wäre es nicht gut, wenn man

die Jugendlichen bereits in der Schule darauf vorbereiten würde, später einmal die Eltern eines Kindes zu sein? Wenn man ihnen z. B. etwas über Kinderpsychologie und Kinderpflege beibringen würde?«

Eine solche Form ›theoretischen‹ Unterrichts halte ich für weniger geeignet. Ein Kind ist doch gerade Inhalt des praktischen Lebens. Nachdem es heute kaum noch Großfamilien gibt, haben die Jugendlichen sicherlich nur wenig Kontakt mit kleinen Kindern. Wenn die Großfamilien einen Vorteil besaßen, dann bestand er darin, daß immer kleine Kinder im Haus waren und alle an deren Leben partizipierten. Die Großfamilie war ein Stück lebendiger Psychologie, man war mit den Eigenarten von Menschen verschiedensten Alters, auch mit denen von kleinen Kindern, ständig konfrontiert und von daher auch vertraut.

Der zwölfjährige Junge, von dem im Brief der Mutter die Rede war, ist ja ein Einzelkind geblieben. Er wurde zu früh geboren und seine Eltern wollten – oder konnten – keine Kinder mehr bekommen, vielleicht auch deswegen, weil ihnen die Erziehung ihres Sohnes zu sehr zu schaffen gemacht hatte. Die Mutter überlegt sich nun, dem Kind das zu geben, was zu geben sie ihm in seiner frühen Kindheit versäumt hat. Dazu müssen Sie wissen, daß er sich immer bei seiner Mutter verkriecht, um von ihr wie ein kleines Kind, Zärtlichkeit zu empfangen. Er kaut sich auch die Fingernägel blutig.

Das erinnert mich an jene Mütter, die ihrem Kind noch einmal die Flasche geben wollen, weil sie glauben, sie hätten ihm, als es noch klein war, zu wenig hineingetan. Nein, was vorbei ist, ist vorbei. Jetzt sollte dieses Kind wirklich wie ein zwölfjähriger Junge leben. Wahrscheinlich verkriecht er sich doch nur bei seiner Mutter, weil er keine Freunde hat. Die Eltern würden das beste tun, wenn sie ihn zusammen mit sich und anderen Kindern mit in den Urlaub nehmen. Sie könnten dann selbst mit den Eltern der anderen Kinder zusammensein und ihr Sohn hätte geeignete Spielkameraden für sich.

Aus dem Brief der Mutter geht aber hervor, daß sie ihn schon mehrmals zusammen mit anderen Kindern in die Ferien geschickt hat; er habe sich in diesen Ferien jedoch niemals so richtig wohlfühlen können.

Weil seine Eltern nicht mit dabei waren.

Jetzt hat er auf diese Art von Ferien jedenfalls keine Lust mehr. Die Mutter schreibt: »Er fühlt sich nur mit uns glücklich, so daß wir uns entschlossen haben, ihm dieses Jahr solche Ferien zu ersparen.«

Der Junge hat sich in eine Dreierkonstellation zurückgezogen, die zudem sehr isoliert von anderen zu leben scheint. Von daher kam er in den Ferien, als er in einer Kindergruppe ohne die Eltern war, natürlich nicht zurecht. Aber ich hielte es jetzt für besser, daß die Eltern und der Junge zusammen mit anderen Eltern und Kindern Urlaub machen. Die Kinder werden dann zusammen Spaß an den verschiedensten Aktivitäten haben und auch die Erwachsenen kämen nicht zu kurz. Zur Zeit lebt der Junge ja fast wie mit zwei alten Menschen zusammen, da seine Eltern ein zurückgezogenes und isoliertes Dasein führen. Damit hat er Schwierigkeiten. Mit einem Urlaub, so wie ich ihn vorgeschlagen habe, könnte man diese starre Struktur aufbrechen und das Leben würde für sie und ihr Kind wieder lebendig. Und genau das fehlt ihnen, wie ich mir gut vorstellen kann.
In bezug auf eine schon früh einsetzende Erziehung zum ›Eltern–werden‹, was ja ebenfalls in dem Brief angesprochen wird, fände ich gut, wenn man schon den Jungen und Mädchen beibringt, wie man sich um kleine Kinder kümmert. Ich bedauere sehr, daß vierzehn- oder fünfzehnjährige Jugendliche nicht die Möglichkeit haben, in einem Kindergarten ihres Stadtteils zu hospitieren, um sich einmal mit Kindern zu beschäftigen und mit ihnen zu spielen. Ich könnte mir vorstellen, daß sie ihren Spaß daran hätten. Anschließend könnte jemand, z.B. die Schulpsychologin oder auch eine Lehrerin, mit ihnen über ihre Erfahrungen sprechen und man könnte gemeinsam diskutieren, was in der Beziehung dieser Jugendli-

chen zu den Kindern stattgefunden hat. Mädchen (und Jungen) könnten auch darauf vorbereitet werden, kleine Kinder zu pflegen, indem sie anderen Müttern dabei helfen. Oder sie könnten vielleicht auch ein Praktikum in einer Kinderkrippe absolvieren.

Der folgende Brief ist von einer dreiundfünfzigjährigen Mutter, die sehr spät noch ein Kind bekommen hat. Jetzt ist der Sohn sechs Jahre alt. Ihr Mann ist dreiundsechzig Jahre alt und in fünf Jahren wird sie selbst pensioniert. Sie schildert ihr Problem wie folgt: »Mein Mann und ich wollen vom Land in die Nähe einer Großstadt ziehen, damit unser Sohn später das Gymnasium besuchen kann. Ich habe aber ein wenig Angst davor, daß er dann in der Vorpubertät darunter leidet, eine Frage gestellt zu bekommen, die sicherlich auf ihn zukommen wird: ›Sag mal, ist sie eigentlich deine Mutter oder Großmutter?‹. Ich fühle mich zwar noch relativ jung, aber wie fünfundzwanzig oder fünfunddreißig Jahre sehe ich nun wirklich nicht mehr aus.« Ihr Mann nimmt dieses Problem hingegen nicht so ernst, weil er davon ausgeht, daß schließlich jeder Jugendliche seine Probleme habe, egal, um was es letztlich geht. Sein Sohn müsse halt damit fertig werden, alte Eltern zu haben. Ferner schreibt sie: »Mir scheint es aber für ihn schon jetzt ein Problem zu sein. So sagt er häufig, keine älteren Leute ausstehen zu können; wenn z. B. im Fernsehen eine ältere, aber durchaus attraktive Sängerin auftritt, meint er: ›Die ist aber alt!‹. Genauso, wenn er einen älteren Schauspieler im Film sieht.« Es geht also um das Problem von Eltern, die erst sehr spät ein Kind bekommen haben, und das gegen alte Leute voreingenommen zu sein scheint. Im übrigen fügt sie noch hinzu: »Denken Sie nicht, daß ich meine eigene Angst, alt zu werden, nun auf dieses Kind projiziere. Ich selbst werde gut damit fertig, älter zu sein und es belastet mich auch nicht weiter. Aber was soll ich meinem Sohn sagen? Soll ich mit ihm reden und ihm ehrlich sagen, wie alt ich bin (sie haben es ihm anscheinend bisher noch nicht gesagt), oder soll ich damit warten oder ihm mein Alter ganz verschweigen, wie mein Mann mir rät?«

Man sollte auf jeden Fall die Wahrheit sagen. Wenn das Kind z.B. wieder einmal sagt, daß es alte Leute nicht mag, könnte man ihm antworten: »Da hast du aber kein Glück, denn schließlich hast du selbst alte Eltern.« Wahrscheinlich wird er sie daraufhin fragen, wie alt sie eigentlich sind und dann hätte diese Mutter die Gelegenheit, ihm ihr Alter zu sagen. Der Junge hat auf jeden Fall ein Recht, das Alter seiner Eltern zu wissen. Und diese Frau soll sich wirklich nicht alt vorkommen. Schließlich ist man nicht immer so alt, wie es aus der Geburtsurkunde hervorgeht... Diese Frau hat ihr Kind in einem Alter bekommen, in dem andere Frauen keine Kinder mehr bekommen können. Das zeigt doch, daß ihr Körper jung geblieben ist. Und sie fragt sich ständig: »Bin ich jung? Bin ich alt?« Später kann es vorkommen, daß vierzehn- oder fünfzehnjährige Jugendliche eine junge Mutter mehr stören können als eine alte. Denn eine ältere Mutter ist keine Rivalin von den kleinen Freundinnen mehr, die man kennenlernen möchte. Aber dieses Kind soll von nun an auf jeden Fall die Wahrheit wissen. Das ist sehr wichtig. Und es würde mich gar nicht wundern, wenn er ihnen sagen würde: »Aber ihr könnt doch noch gar nicht so alt sein, wenn ihr meine Eltern seid.« Viele sechsjährige Kinder stellen sich im übrigen vor ihre fünfundzwanzig- oder achtundzwanzigjährige Mutter hin und erklären: »Du bist doch schon uralt, nicht wahr?« Und wenn die Mutter ihm antwortet: »Nein, ich bin nicht uralt«, sagen sie: »Ach so, ich hatte gedacht, du wärest es.« Und damit ist die Sache erledigt. Für Kinder ist das Alter keine Frage der Anzahl von Jahren, die man gelebt hat.

Der Junge scheint die Problematik aber schon begriffen zu haben. Sonst würde er nicht solche Kommentare über ältere Menschen abgeben.

Ich glaube nicht. Vielleicht hat er seine Eltern schon einmal darüber sprechen hören. Gerade deswegen wird es höchste Zeit, daß man ihm die Wahrheit sagt. Sie sollten wissen, daß sie für ihn im Grunde weder alt noch jung sind: Sie sind einfach seine Eltern: sie seine Mutter, er sein Vater. Und was in einigen Jahren sein wird, darüber sollte sich die Mutter noch keine großen Gedanken machen. Vielleicht wird er schneller als andere Jugendliche seines Alters wissen, daß er bald für sich selbst verantwortlich ist.

Mir fällt in diesem Zusammenhang eine Begebenheit ein, die Marcel Pagnol *in einem seiner Bücher, die er seiner Kindheit widmete, erzählt. Als er fünf oder sechs Jahre alt war, wurde ihm der Besuch einer älteren Tante angekündigt, über die alle sagten: »Um Gottes willen, sie hat gerade ein Kind bekommen. Und das in ihrem Alter! Es wird ein Kind von uralten Leuten sein.«* Marcel Pagnol *schildert dann, wie er kurz nach Ankunft dieser Tante sich auf Zehenspitzen an die Wiege des Kindes heranschleicht, um hineinzusehen. Er schildert seine Überraschung, dort ein rosiges Baby liegen zu sehen – ganz ohne Haare auf dem Kopf. Er hat nämlich ein Baby mit einem langen Bart erwartet ...*

Stimmt. Die Frau könnte ihrem Sohn auch sagen: »Du hast Glück gehabt, ohne Bart auf die Welt gekommen zu sein, schließlich bist du ja ein Kind von alten Leuten.« Darüber wird er sicherlich lachen müssen. Oder sie könnte ihm auch sagen: »Weißt du, Kinder von älteren Eltern haben eigentlich Glück, denn wir haben ganz lange überlegt, ehe wir dich bekommen haben; und weil wir älter als andere Eltern sind, sind wir sehr gut auf dich vorbereitet gewesen. Du warst schlau, dir ältere Eltern gewählt zu haben.«

21

Mit dem Teufel hat es wohl nichts zu tun …

(Sexualerziehung, indirekte Fragen)

»Vor einigen Tagen«, so schreibt uns eine Mutter, »hat mich folgendes Ereignis in ernste Gewissenskonflikte gestürzt. Mein Sohn kam mit einer zerknitterten Zeitschrift unter dem Arm nach Hause und stürzte sich sofort in sein Zimmer. Dort versteckte er die Zeitschrift unter seinem Bett. Mit ganz unbeteiligter Stimme habe ich ihn gefragt, worum es denn eigentlich ginge. Er antwortete mir: ›Die Zeitschrift gehört mir. Ich möchte nicht, daß du sie dir anschaust. Es sind nämlich Teufel in der Zeitschrift abgebildet, die einem Angst einjagen.‹ Da ich nicht so recht wußte, wie ich mich verhalten sollte, sagte ich ihm: ›Hör mal, deine Teufel interessieren mich aber auch. Ich fände es nett von dir, wenn du sie mir einmal zeigen würdest.‹ ›Einverstanden‹ meinte er, ›aber ich kriege die Zeitschrift wieder zurück, o. k.?‹, was ich ihm auch versprach. Es handelte sich um ein Pornoheft mit den entsprechenden Photos darin. Was soll man in solch einem Fall tun? Ich habe die Zeitschrift erst einmal wieder unter sein Bett gelegt, eigentlich nur, um Zeit zu gewinnen. Dann habe ich ihm noch gesagt, daß sich sein Vater und ich das Heft am Abend ansehen würden, um es danach wegzuwerfen, schließlich hätte er es auf der Straße gefunden und es sei doch bestimmt voller Bakterien. Er ging dann noch einmal aus dem Hause, was ich dazu nutzte, einige Blätter aus dem Heft herauszureißen, deren Abbildungen ich ihm nun wirklich nicht zumuten wollte. Als er dann später zurückkam, stürzte er sich sofort wieder auf seine Zeitschrift. Er setzte sich – ohne mit der Wimper zu zucken – ganz ruhig ins Wohnzimmer und fing an, in dem Heft herumzublättern. Als er damit fertig war, habe ich es in den Abfalleimer geworfen, ohne ein Wort darüber zu verlieren.« Der Sohn dieser Frau ist übrigens acht Jahre alt. Nun macht sie sich über ihr Verhalten Sorgen: »Ich weiß nicht so

recht, wie ich mich richtig verhalten hätte. Das Heft, sobald er das Haus verlassen hatte, wegwerfen? Aber er hatte mich doch sein Geheimnis wissen lassen und ich hatte ihm versprochen, ihm das Heft zurückzugeben. Oder hätte ich in Kauf nehmen müssen, daß mein Sohn durch das eingehende Studium der pornographischen Abbildungen vielleicht völlig durcheinandergerät?« Sie schließt mit der Bemerkung, daß ihr Mann mit ihrem Verhalten nicht ganz einverstanden gewesen war.

Hat sie sonst nichts darüber gesagt, wie der Vater reagiert hat?

Nein.

Es gilt, bei diesem Vorfall mehreres zu beachten und hervorzuheben. Zum einen hatte sich das Kind das Heft ja bereits angesehen, bevor es damit nach Hause kam. Schließlich sprach es ja bereits von den Teufeln, die darin abgebildet seien. Vielleicht hat die Mutter in diesem Moment eine gute Gelegenheit verpaßt, nämlich zu sagen: »Aber nein, in diesem Heft sind doch keine Teufel abgebildet. Es ist ein Pornoheft. Hast du schon einmal davon gehört? Mit deinem Vater kannst du heute abend einmal darüber sprechen, denn du interessierst dich doch bestimmt für Dinge, die mit deinem Körper und deinem Geschlecht zu tun haben. Dein Vater wird dir dann alles erklären. Ich persönlich finde diese Hefte nicht schön. Vielleicht findest du sie sehr aufregend, aber schön sind sie nicht. Rede doch mit deinem Vater über diese Abbildungen, sie haben etwas mit dem zu tun, was man Sexualität nennt.« Es kommt darauf an, daß man die richtigen Worte findet. Die Mutter hat im Grunde keine Antwort gegeben, nicht wahr? Die Fragen des Kindes blieben dementsprechend unbeantwortet, denn als es das Heft später noch einmal unter seinem Bett hervorholte, wußte es ja, daß sie den Inhalt des Heftes mittlerweile kannte und mit dem Vater darüber sprechen wollte – schließlich hatte sie ihm das ja gesagt. So hat die Mutter das Heft wohl weggeworfen, ohne daß der Vater die Gelegenheit hatte, mit seinem Sohn über die darin enthaltenen Abbildungen zu reden. Dabei wäre es doch eine so ausgezeichnete Gelegenheit gewesen, daß Vater und Sohn über diese

Themen sprechen, also über Sexualität, Pornos, Sexfilme usw. Schließlich sehen ja nun alle Kinder die entsprechenden Kinoplakate und interessieren sich natürlich auch dafür. Häufig lesen sie noch, daß diese Filme ›Nur für Erwachsene‹ oder ›Unter 18 Jahren verboten‹ sind. Die Kinder oder Jugendlichen fragen sich auch, warum dies eigentlich so ist. Die Eltern müßten mit ihnen darüber sprechen. Dieses Kind hat im Grunde zweimal eine indirekte Frage gestellt: Einmal an seine Mutter und zum anderen an seinen Vater, von dem es erwartete, daß er mit ihm redet. Und alles wurde unter den Teppich gekehrt. Schade.

Probleme der Sexualerziehung entstehen doch vor allem, wenn jüngere Kinder sich direkt danach erkundigen, wie sie auf die Welt kommen usw.

Vielleicht. Aber auch schon im Alter von drei Jahren tauchen die ersten indirekten Fragen auf. Wenn ein Kind in diesem Alter etwa sein Geschlecht vorzeigt, stellt es eine indirekte Frage, nämlich: »Was ist dies für ein Körperteil, das anscheinend nicht nur zum Pinkeln gut ist?«

Ist es dann Ihrer Meinung nach die Aufgabe der Eltern, mit dem Kind darüber ein Gespräch anzufangen?

Aber sicherlich. Sie sollten sprechen und erklären, worum es an dieser Stelle des Körpers eigentlich geht. Denn sie ist ja nicht nur für die Ausscheidung bestimmt, sondern auch für so besondere Empfindungen wie Begehren oder Lust. Wenn Kinder ihr Geschlecht vorzeigen, signalisieren sie auf diese Weise häufig, daß sie über Onanie sprechen wollen. So kann sein, daß einem Jungen – wenn auch vielleicht im Scherz – gesagt wurde, ihm würde sein Penis abgeschnitten, wenn er dort hinfasse. Wenn diese Worte einmal im Spiel fallen, bedeuten sie für das Kind weniger viel. Aber ernsthaft darf man den Kindern so etwas niemals sagen. Die Eltern sollten dem Kind viel mehr Sicherheit im Umgang mit ihrer Sexualität vermitteln, dazu beitragen, daß sie darüber Bescheid wissen und auch immer einen Ansprechpartner für solche Probleme haben. Sie sollten mit ihnen über die gesellschaftlichen Normen diesbezüglich reden und helfen, eine Ästhetik und Moral in ihrer Sexualität zu entwickeln. Sie sollten mit dem Kind über das Inzestverbot sprechen, dem alle unterliegen und auch dazu beitragen, daß sie gegenüber solchen Erwachsenen auf der Hut sind, die versuchen, sie sexuell zu mißbrauchen. Wenn ich in diesem Zusammenhang von den Eltern spreche, so meine ich die Mutter in bezug auf die Mädchen und den Vater in bezug auf die Jungen.

Also wäre es in erster Linie die Aufgabe des Vaters gewesen, mit seinem Sohn über das Pornoheft zu sprechen?

Ja. Die Mutter hätte ihren Sohn am besten zum Vater geschickt. Dieser Junge wollte eine Erklärung für das, was er gesehen hatte und es war von ihr ungeschickt, ein ausführliches Gespräch darüber abzublocken. Und noch einmal: Mit dem Teufel haben diese Dinge nun wirklich nichts zu tun. Nackte Männer und Frauen sind doch nicht die Hölle! Aber die Abbildungen verwirrten das Kind. Und gerade deswegen hätte sein Vater mit ihm darüber reden sollen.

Kann der Vater dieses Gespräch nicht nachholen, indem er sich jetzt direkt an seinen Sohn wendet?

Natürlich. Und im Alter von acht Jahren wird es auch höchste Zeit! Sind die Kinder kleiner, sollte man mit ihnen darüber nicht auf zu direkte Art und Weise sprechen. In diesem Fall könnte einer der Eltern, der sich in einer Situation befindet, wie ich sie gerade angesprochen habe, einen beiläufigen Kommentar dazu abgeben. Man kann dem Kind, wenn es sich z. B. nackt vor anderen Leuten zeigt, aber auch direkt sagen: »Wenn du mit unseren Gästen zusammensein willst, dann ziehe dich bitte an.« Oder wenn es gleich eine präzise Frage anschließt: »Gut, ich erkläre es dir später. Im Moment bin ich aber zu beschäftigt.« Auf der anderen Seite fragen die Kinder sehr oft, wenn die Mutter gerade mit etwas beschäftigt ist: »Mami, ich möchte wissen, wie die Kinder auf die Welt kommen.« Dann sollte man ganz einfach sagen: »Wie das geht, darüber wissen doch alle Bescheid, die hier sind. Ich oder dein

Vater erklären es dir nachher.« Man sollte auf keinen Fall ein Drama daraus machen, wenn das Kind vor anderen Leuten solche Fragen stellt oder ihm ins Ohr flüstern: »Ich sage es dir später«, so als ob das Kind etwas Böses bzw. Unanständiges gefragt hätte. Im Gegenteil. Denn in einem solchen Augenblick will das Kind gesellschaftlich vollwertig sein und von allen akzeptiert werden. Man muß einfach Geistesgegenwart zeigen. Ich hoffe, daß dieses Buch überhaupt dazu beiträgt, den kindlichen Problemen gegenüber mit mehr Geistesgegenwart und Verständnis zu begegnen.
Um noch einmal auf den Jungen zu sprechen zu kommen! Die nächste Gelegenheit kommt ganz bestimmt, etwa vor einem Kinoplakat oder einem Pornoladen; und dann müßte der Vater die Sache unbedingt in die Hand nehmen und seinem Kind helfen, das mit dem bisherigen Verhalten seiner Mutter bzw. seines Vaters ja nicht einverstanden ist. Es war nicht gut, daß der Vater in dieser Angelegenheit von der Mutter übergangen wurde.

Sie sagen, daß man auf direkte oder ›indirekte‹ Fragen offen antworten soll. In vielen Familien traut man es sich aber nicht, sei es aus religiösen oder moralischen Gründen. Manche Eltern haben hierfür auch einfach nicht die notwendige Erziehung gehabt, die sie nun befähigt, über solche Probleme zu sprechen.

Diese Erziehung stellt ja nun gerade das Gegenteil von dem dar, was Erziehung eigentlich bedeutet, bzw. worauf sie hinauslaufen sollte... Aber hinzu kommt auch die Gefahr in unserer Gesellschaft, der Kinder ausgesetzt sind, wenn sie nicht rechtzeitig ›aufgeklärt‹ wurden. Sie sind dann wehrlos diesbezüglichen Informationen in der Öffentlichkeit ausgesetzt und nicht gerade den besten!

Und doch haben viele Erwachsene Schwierigkeiten, in puncto Sexualität die passenden Worte zu finden. Eine andere Dame schreibt uns: »Ich habe zwei Kinder, die sieben und neun Jahre alt sind. Eigentlich vertrauen sie mir eher ihre Probleme an als ihrem Vater. Ich versuche auch immer, auf ihre Fragen einzuge-

hen und ehrlich zu sein, weil ich sie nicht anlügen will. Aber was die Probleme, die die Sexualität betreffen, angeht, weiß ich wirklich nicht, wie ich mit ihnen darüber sprechen kann. Sie wissen zwar genau, wie die Babies auf die Welt kommen, daß sie aus dem Bauch der Mutter kommen usw., aber von der Ursache dafür haben sie keine Ahnung. Und ich weiß, wie gesagt, nicht, wie ich es ihnen erklären soll.«

Wenn die Mutter keine Antwort weiß, kann sie ja ruhig sagen: »Weißt du, ich fühle mich in bezug auf deine Fragen ein wenig verlegen, vielleicht, weil ich eine Frau bin (die Kinder der Mutter waren Jungen). Ich war ja in eurem Alter ein junges Mädchen und kann auf die Fragen von euch Jungen nicht so gut antworten. Aber frage doch deinen Vater, der weiß sicherlich die richtige Antwort.« Die Mutter könnte auch mit ihrem Mann dieses Thema besprechen, um ihm die Antworten leichter zu machen. Vielleicht wäre es in diesem Fall sogar gar nicht so schlecht, wenn der Vater beim Mittagessen oder zu einer anderen Gelegenheit, wenn die ganze Familie zusammen ist, darauf zu sprechen käme, daß eine Frau ohne Mann eben keine Mutter werden kann. Dabei könnte er ihnen erklären, daß sich im menschlichen Körper männliche und weibliche Lebenskerne befinden so wie bei allen Säugetieren, da der Mensch auch eines ist. Er sollte aber hinzufügen, daß es sich bei den Menschen um sprechende Lebewesen handelt und sie sich deshalb von den Tieren unterscheiden. Diese würden nur instinktiv handeln, wenn sie Kinder zeugen, doch beim Menschen wird der Zeugungsakt aus Liebe und Verantwortung für die Kinder vollzogen. Auch über das Thema der Fruchtbarkeit könnte in diesem Rahmen, wenn alle versammelt sind, gesprochen werden.

Wenn die Mutter nun wirklich keine Möglichkeit sieht, über sexuelle Themen mit ihren Kindern zu sprechen, sollte sie auf jeden Fall ehrlich sein: »Du hast recht, mir eine solche Frage zu stellen. Aber ich persönlich kann dir nicht antworten, weil ich es dir nicht zu erklären weiß. Es kommt mir schwierig vor, die richtigen Worte zu finden. Aber andere Leute können es bestimmt besser.« Zum Beispiel könnte eine Freundin der Mutter auf die Fragen eines Mädchens antworten, vielleicht,

weil sie es bei ihren eigenen Kindern schon ganz gut geschafft hat. Die Mutter sollte aber, sofern dies möglich ist, dabei sein. Und umgekehrt könnte ein guter Freund auf die Fragen des Jungen antworten. Einen Priester oder eine Nonne, die zum Zölibat berufen sind, sollte man aber nicht gerade wählen. Ich kenne Fälle von jungen Leuten oder jetzt Erwachsenen, die schockiert waren, daß ihre Eltern sie diesbezüglich gerade zu einem Priester geschickt haben. Ich meine schon, daß die Sexualerziehung in erster Linie die Aufgabe der Eltern ist. Können sie es nicht, so können sie sich vielleicht auch an einen Lehrer wenden, der in der Schule Sexualkundeunterricht erteilt. Und dann gibt es natürlich auch noch Bücher zu diesem Thema, von denen einige sehr gut sind. Die Frau, von der hier die Rede ist, könnte vielleicht in eine Buchhandlung gehen und sich ein Buch zum Thema Aufklärung empfehlen lassen und darin einmal herumblättern. Sie könnte das Buch mit nach Hause nehmen und ihren Kindern ins Zimmer legen: »Hier habe ich euch ein Buch mitgebracht, in dem alle diese Probleme gut erklärt werden.«
Es ist auf jeden Fall gefährlich, wenn die Kinder in bezug auf Zeugung, Geburt oder Geschlecht keine klaren und ehrlichen Antworten bekommen. Sonst schnappen sie irgend etwas total Verrücktes auf, denn schließlich gehen unter den Kindern die tollsten Geschichten darüber herum. Sie werden sich diese Geschichten auch ausmalen, wenn sie aufgeklärt wurden und vielleicht daran glauben – für ihr Alter ist das ganz normal – aber eine Stimme (bzw. ein Buch) im Kopf, die ihnen einmal die Wahrheit gesagt hat, ist schon besser.

Trifft nicht zu, daß die Kinder heutzutage zu diesen Fragen ein viel freieres Verhältnis haben ...

Ganz sicherlich. Das hat zum einen etwas mit den veränderten Medien zu tun, Kino, Rundfunk, Fernsehen usw., vor allem aber damit, daß sie heutzutage viel vernünftiger erzogen werden als viele von uns. Sie bekommen nicht mehr so viele Schuldgefühle in bezug auf ihre Neugier eingebläut. Immer aber sollte man auf die direkten oder ›indirekten‹ Fragen der Kinder eine Antwort geben. Daß man ihnen antwortet, vermittelt ihnen, daß man auf ihre Probleme eingeht. Zu sagen: »Ich weiß es nicht, weil es mich verlegen macht, dir etwas darauf zu sagen«, ist immer noch besser als ganz zu schweigen. Auf keinen Fall aber sollte man die Sexualität mit etwas Schmutzigem assoziieren oder den Kindern verbieten, überhaupt darüber zu sprechen.

22

Nicht gelogen, sondern nur aus Spaß erfunden

(Sexualphantasien und Erwachsenenwelt)

Der folgende Brief handelt von einer merkwürdigen Geschichte, die zwei Kinder ihren Eltern erzählt haben. Vielleicht wird diese Geschichte und das, was Sie dazu zu sagen haben, einige Leser verwirren. Ich glaube aber, daß das Problem von allgemeinem Interesse ist, wenn Kinder versuchen, ihre Eltern über eine Geschichte zu erpressen, an die sie in ihrer Einbildung selber ganz fest glauben.

Es handelt sich wohl um Kinder, die gerne Zwietracht säen.

Das kann man wohl sagen! Der Brief stammt von einer Mutter mit zwei Töchtern, die siebeneinhalb und fünfeinhalb Jahre alt sind. Tagsüber halten sie sich oft bei einer Tagesmutter auf. Abends essen sie dann meistens allein mit ihrem Vater, weil die Mutter noch studiert und zu dieser Zeit verschiedene Vorlesungen besucht. Sie schreibt nun folgendes: »Neulich haben die Mädchen nach dem Abendessen ihrem Vater angekündigt, daß sie ihm etwas sehr Wichtiges mitzuteilen hätten. Zuerst wollten sie es ihm gar nicht verraten: ›Wenn wir es dir sagen, wirst du uns ja doch nur auslachen.‹ Ihr Vater hat ihnen aber versichert, daß er es nicht tun würde und dann hat die Älteste angefangen, ihm zu berichten: ›Also folgendes: Der Mann von der Tagesmutter hat mir neulich seinen Pimmel in den Mund gesteckt.‹ Daraufhin hat sie dann keinen Ton mehr gesagt. Weitere Details wollte sie auch nicht herausrücken. Ihre jüngere Schwester fügte aber noch hinzu: ›Weißt du, daraufhin habe ich ihm eine Ohrfeige verpaßt‹, was die älteste zu dem Kommentar veranlaßte: ›Aber mit Absicht hat sie ihn nicht geohrfeigt.‹« Eine derartige Geschichte dürfte wohl in jeder Familie einige Probleme aufwerfen... Die Mutter schreibt uns weiter: »Am nächsten Morgen wollte ich mit den beiden darüber sprechen, denn mein Mann hatte mir von diesem Gespräch erzählt; beide Kinder verhielten sich mir gegenüber aber völlig ablehnend und rückten nicht mehr mit der Sprache heraus. Statt dessen sagten sie: ›Wir haben vollkommen vergessen, was da eigentlich losgewesen ist.‹ Und: ›Erzähl' es bloß nicht der Tagesmutter.‹«

Dieser Mann, von dem die Kinder erzählt haben, ist wohl auch der Vater einer Spielkameradin der beiden Mädchen?

Ja. Alles spielt sich in einem kleinen Dorf ab, indem praktisch jeder jeden kennt.

Ich denke, daß die Geschichte wohl dem Vater der beiden Mädchen galt. Es fielen ja auch einige bezeichnende Sätze wie: »Du wirst dich über uns ja nur lustig machen« oder zur Mutter: »Ach, wir haben schon wieder alles vergessen« oder »Sie hat ihn nicht mit Absicht geohrfeigt« ... Ich glaube, daß die Vorgänge, von denen die Mädchen erzählt haben, eher etwas mit ihrer Phantasiewelt zu tun haben. Kinder erzählen ja recht gerne solche anstößigen Geschichten, gerade abends, beim Abendessen oder bevor sie ins Bett gehen. Sie lassen ihrer Phantasie freien Lauf, stellen sich dabei ein wenig in den Vordergrund und machen sich interessant – vor allem bei dem Vater. Ich glaube, daß diese Frau richtig gehandelt hat, indem sie nicht länger auf einer Schilderung der Vorgänge insistierte. Somit macht sie den Kindern auch keine Angst, in Zukunft darüber zu berichten, wenn etwas wirklich Ernsthaftes in dieser Richtung passiert. Wenn Kinder solche Geschichten erzählen, sollte man sie weder auslachen noch beschimpfen. Vielleicht hätte man diesen beiden Mädchen noch sagen können: »Also gut. Aber wenn sie ihn geohrfeigt hat, dann hat sie es hoffentlich mit Absicht getan, weil ein Mann mit einem jungen Mädchen so etwas nicht machen darf.«

Ihre Antwort auf die Frage der Mutter, mit den Kindern noch einmal über den Vorgang zu sprechen, lautet also, es nicht zu tun.

So ist es.

Die Mutter fragt nun weiter, wie man Kinder allgemein vor solchen Vorkommnissen warnen kann. Denn die Kinder bilden sich zwar eine Menge ein, doch schließlich passiert so etwas ja auch wirklich.

Sie könnte bei anderer Gelegenheit noch einmal auf dieses Thema zu sprechen kommen: »Einmal habt ihr eurem Vater die folgende Geschichte erzählt... Es interessiert mich jetzt nicht, ob ihr damals die Wahrheit gesagt habt oder nicht (man sollte von den Kindern nicht verlangen, zuzugeben, daß sie damals die Unwahrheit sprachen). Wenn man klein ist, denkt man sich ja vieles aus. Aber wenn ihr nun ein anderes Mal so etwas erlebt, und wenn es diesmal tatsächlich stimmt, dann darf es nicht noch einmal geschehen. Der Mann weiß das übrigens selbst ganz genau. Ihr könnt ihm sagen: ›Sie dürfen das nicht tun. Ein Mann darf keine sexuellen Spiele mit Kindern spielen.‹« So kann man die Kinder für die Zukunft warnen. Aber noch einmal: Die nur so ›zum Spaß‹ erfundenen Geschichten von Kindern kann und sollte man nicht versuchen, zu unterbinden. Man kann sie ja schließlich nicht daran hindern, sich irgend etwas auszudenken ...

Die Mutter fragt sich natürlich auch, ob es sich wirklich nur um eine Erfindung ihrer Töchter gehandelt hat. Sie fragt, ob man nicht vielleicht zu dem Mann selbst gehen könnte und ihn auf den Vorfall ansprechen?

Ich weiß nicht, wie sie es anstellen soll, um herauszubekommen, ob diese Geschichte nun wahr oder erfunden ist. Natürlich kann sie oder ihr Mann mit diesem Mann sprechen, um ganz sicher zu gehen. Aber sie leben in einem kleinen Dorf: Jeder kennt jeden, die Menschen sind sich sehr nahe, arbeiten zusammen und teilen viele Aktivitäten in der Freizeit. Handelt es sich um eine Erfindung der Kinder, könnte er in Zukunft aggressiv auf sie reagieren. Und auf der anderen Seite könnte es auch diesem Mann in ernste Schwierigkeiten bringen, wenn es sich dann doch irgendwie herumspricht.
Ich finde, der Vater hat ganz gut darauf reagiert, indem er sich über seine Tochter nicht lustig gemacht hat und ihnen anderer-

seits auch einige präzise Fragen stellte – auf die die Töchter im übrigen nicht geantwortet haben. Als er sie zum Beispiel fragte, ob denn die Tagesmutter dabeigewesen ist, wußten sie nichts darauf zu sagen. Also ich glaube, daß es sich bei dieser Geschichte um eine Erfindung der beiden gehandelt hat.

Was stellen solche Phantasiegeschichten eigentlich dar? Sind es einfach nur Erfindungen, die sich Kinder einfallen lassen?

Diese Geschichten entsprechen häufig bestimmten Sexualvorstellungen, die die Kinder in einer Phase ihrer Entwicklung haben, in der sie den Erwachsenen gern verführen möchten. Solche Vorstellungen erzeugen regelrechte Bilder von Geschehnissen der Art, wie sie die Mädchen berichtet haben.

Ist eine solche Phase in der Entwicklung eines Kindes denn notwendig? Häufig sagen die Eltern ja in diesem Fall: ›Du lügst uns an. Du sollst aber immer nur die Wahrheit sagen!‹ Das heißt sie setzen die Phantasievorstellungen ihrer Kinder mit einer Lüge gleich.

Es handelt sich auf keinen Fall um eine Lüge. Es entspricht eher einem Spiel, häufig geschieht es, weil die Kinder auch Spaß daran haben, den Erwachsenen solche Geschichten zu erzählen. Die Kinder haben Lust dazu, sich derartige Geschichten vorzustellen, ohne daß sie dabei etwas riskieren würden... Es ist ja fast wie ein kleiner Roman, in dem sie selbst die Hauptrolle spielen... Die meisten ausgedachten Geschichten dieser Art sind eigentlich gar nicht für die Eltern bestimmt. Die Mädchen hatten ja auch anfangs Hemmungen, mit ihrem Vater darüber zu sprechen. Aber an jenem Abend fühlten sie sich wahrscheinlich wie die kleinen Frauen des Vaters, da ihre Mutter außer Haus war. Da haben sie sich wohl gedacht: »Wir werden Vater etwas ganz Interessantes erzählen. Vielleicht will er so etwas ja auch mal mit uns machen. Es wäre toll.« Zum Inhalt der Geschichte selbst: Kinder assoziieren das Geschlecht im Mund mit dem Saugen an der Brust der Mutter. Es sind Vorgänge, die das Kind als sehr ähnlich betrachtet, Kinder verwechseln ja auch häufig in ihren Vorstellungen die Brüste der Frau mit dem Penis des Mannes. Dies geschieht übrigens auch in den Träumen von Erwachsenen. Das Unbewußte kennt die eigentlichen Unterschiede nicht. Übrigens erschien für diese Kinder der Vorgang, von dem sie berichteten, noch nicht einmal sehr erotisch. Das läßt sich daraus schließen, wie sie dem Vater darüber erzählt haben. Man sollte also kein Drama aus dieser Geschichte machen. Wenn man so will, handelt es sich um einen Sciencefiction-Roman von Kindern ...

Wir haben bisher hauptsächlich von der Phantasiewelt der Kinder gesprochen. Nun kommen aber derartige Dinge auch in der Wirklichkeit vor, und viele Eltern machen sich deswegen große Sorgen. Es gibt ja Kinder, die nahezu mit jedem mitgehen würden. In diesem Zusammenhang taucht immer wieder die Frage auf, wie man verhindern kann, daß beispielsweise kleine Mädchen in die Hände von perversen Erwachsenen fallen. Viele Familien leben ja heutzutage in tagsüber fast ausgestorbenen Schlafstädten oder in Gegenden, wo die Straßen tagsüber bzw. abends recht unsicher sind. Was kann man den Kindern diesbezüglich für Ratschläge erteilen? Soll man ihnen detailliert schildern, was alles passieren könnte?

Natürlich gibt es Männer, die aus einem Mangel an echten Beziehungen zu Frauen oder auch aus anderen Gründen sich an kleine Mädchen heranmachen. Es ist ja auch viel einfacher, mit ihnen in ein Gespräch zu kommen. Und es gibt andere, harmlose Menschen, die Gefallen daran haben, sich mit Kinder zu unterhalten. Von daher ist es schwierig, eine generelle Warnung auszusprechen. Aber man kann den Kindern auf jeden Fall sagen, daß sie sich nicht mit Erwachsenen, die sie noch nicht kennen, anfreunden sollen. Und dann noch die üblichen Ratschläge: »Nimm keine Bonbons von wildfremden Menschen an« usw. Das beste ist jedoch, daß man den Mädchen und den Jungen, denn diese sind schließlich genauso gefährdet, empfiehlt, immer zu zweit oder zu dritt auf der Straße zu spielen oder gemeinsam mit anderen wegzugehen. Sie sollten nicht allein auf die Straße gehen. Und wenn sie

jemand anspricht, brauchen sie nicht gleich unhöflich zu den Betreffenden zu sein, sondern können sagen: »Ich habe jetzt keine Zeit, denn ich muß nach Hause gehen. Dort werde ich erwartet.«
Das ist ganz entscheidend: Ein Kind nämlich, das sich zu Hause nicht erwartet fühlt, spricht eher mit jemandem, dem es begegnet und der nett zu ihm ist. Insofern sollten die Eltern darauf achten, daß ihr Kind immer dort, wo es hingeht, von jemandem erwartet wird. Es ist für die Kinder ein schlimmes Gefühl, allein in dem Wissen nach Hause zu gehen, daß sie dort noch zwei oder drei Stunden warten müssen, bis die Eltern ebenfalls zurückkommen. Besser ist es, in dem Haus jemand zu kennen (oder in der Nachbarschaft), zu dem die Kinder hingehen können. So beugt man den angesprochenen Gefahren viel besser vor als durch das Aussprechen von allgemeinen Warnungen vor ›fremden Menschen‹. Denn eines Tages, wenn sich das Kind gerade langweilt und weiß, daß es sich zu Hause weiter langweilen wird, wird es dann doch mit jemandem auf der Straße reden. Nach und nach nimmt diese Gefahr immer mehr Gestalt an und dann nutzen auch die eindringlichsten Warnungen nichts mehr.
Außerdem muß man die Kinder natürlich auch vor Exhibitionisten warnen und ihnen sagen: »Wenn du so jemanden siehst, dann mußt du am besten schnell davonlaufen. Sie wissen selbst, daß sie etwas Verbotenes tun, aber sie sind nicht gefährlich.« Das stimmt – Exhibitionisten sind entgegen der landläufigen Meinung von Eltern nicht gefährlich. Man muß die Kinder darüber in Kenntnis setzen, daß es unglückliche Menschen sind. Das Kind braucht bloß nicht hinzuschauen und soll weggehen, damit hat sich die Angelegenheit.
Wirklich gefährlich sind Perverse, die gegenüber dem betreffenden Kind eine regelrechte Strategie verfolgen, die meistens so aussieht: »Guten Tag, ich kenne ja deine Mutter und auch deinen Vater ...« Und dann sprechen sie das Kind über acht oder vierzehn Tage regelmäßig an. Nach drei Wochen – solange dauert es, das Vertrauen eines jüngeren Kindes zu gewinnen, sagen sie dann: »Du gehst gerade nach Hause? Du bist aber doch ganz allein. Komm doch mit, es ist so kalt draußen. Ich spendiere dir eine Tasse Kakao.« Auf diese

Weise kommen sie mit dem Kind in ein Gespräch. Sie bereiten den Kontakt zu dem Kind also systematisch vor und auf Vorfälle dieser Art sollten die Eltern, wenn sie davon Kenntnis bekommen, besonders achtgeben. Wenn die Eltern eines Kindes dessen Vertrauen genießen, wenn das Kind das Gefühl hat, mit ihnen über alles sprechen zu können und sie ihm dann auch ernsthaft zuhören, es dazu bewegen, sich ihnen gegenüber auszudrücken, so können sie ihm auch über solche Begegnungen alles erklären. Sie können ihm sagen, wie es sich davor schützen kann, und zwar auf eine Weise, ohne solche Vorkommnisse besonders zu dramatisieren; es ist nicht gut, dem Kind ein generelles Gefühl der Angst und Unsicherheit zu vermitteln, wenn es ohne die Eltern ist.

23

Das Verbot und die Verachtung

(Inzest, Homosexualität, Onanie)

Meines Erachtens entwickeln sich inzestuöse Sozialbeziehungen vor allem in kinderreichen Familien. Trifft dies zu?

Das Problem inzestuöser Beziehungen tritt weniger in kinderreichen Familien, als in Familien mit zwei Kindern, einem Jungen und einem Mädchen, auf. Bis zum Alter von fünf oder sechs Jahren veranstalten Geschwister ja eine ganze Reihe von sexuellen Spielen untereinander, was völlig normal ist. Wenn die Eltern solche Spiele mitbekommen, sollten sie sich in jedem Fall davor hüten, die Kinder auszuschimpfen oder gar zu bestrafen. Vielmehr sollten sie sich mit den Kindern über Sexualität unterhalten und dabei die korrekten Begriffe verwenden. Sie sollten ihnen erklären, daß die Mädchen ein anderes Geschlecht haben als die Jungen, jedoch nicht solche Bezeichnungen wie ›Pipi‹ im Gegensatz zu ›Pimmelchen‹ gebrauchen. Sie sollten mit den Kindern offen und in einem vernünftigen Ton sprechen und nicht ihre Stimme senken, als ob das, was sie ihnen sagen, ein Geheimnis wäre. Es macht nichts, wenn das Kind dann selbst von ›seinem Pimmelchen‹ oder ›Schwänzchen‹ spricht. Aber wenn es eregiert ist, dann lautet das korrekte Wort ›Glied‹ oder ›Penis‹. Und beim Mädchen soll man von ›Scheide‹ oder ›Vagina‹ sprechen. Man muß den Jungen erzählen, daß sie Muskeln, Stimmbruch, einen Bart und einen Schnurrbart, wie ihn vielleicht der Vater trägt, bekommen und den Mädchen gefallen werden. Und den Mädchen sollte man sagen, daß sie unter den Armen und am Geschlecht Haare bekommen werden, daß sich ihre Brüste entwickeln und sich ihr ganzer Körper verändern wird. Man sollte ihnen auch ankündigen, daß sie mit zwölf, dreizehn oder vierzehn Jahren ihre erste Regel haben werden. Alle diese

Aussichten werden sie mit Stolz erfüllen, denn sie werden den Jungen gefallen und das ist ganz natürlich so. Verschweigt man Kindern im Alter von sechs oder sieben Jahren all diese Dinge, werden die sexuellen Spiele untereinander länger anhalten und sich inzestuöse Komponenten daruntermischen. Das heißt, daß man nicht nur solche Themen ansprechen sollte, die ihre Sexualität direkt betreffen, sondern auch das Inzestverbot zwischen Bruder und Schwester, Vater und Tochter bzw. Mutter und Sohn. Mir fällt auf, daß heutzutage zahlreiche junge Geschwister echte sexuelle Beziehungen untereinander haben, womit ich nicht nur meine, daß sie gemeinsam onanieren, sondern auch miteinander schlafen. Häufig werden diese Beziehungen von den Eltern auch noch unwissentlich unterstützt. Da heißt es dann z.B.: »Wir wollen heute abend ins Kino gehen, du weißt, daß du deine kleine Schwester unbedingt zu dir ins Bett nehmen mußt, damit sie einschlafen kann. Sie könnte sonst Angst bekommen, wenn wir nicht zu Hause sind.« Hierbei spielt natürlich das schlechte Gewissen der Eltern eine große Rolle, indem sie meinen, die zurückbleibenden Kinder müßten sich gegenseitig trösten. Die daraus entstehenden Handlungsmöglichkeiten stellen dann für die Kinder nicht nur eine Versuchungssituation dar, sondern können auch sehr schnell in die Realität umgesetzt werden. Und dann kommt es zu ernsthaften Störungen nicht nur im schulischen Bereich, sondern auch in den sich entwickelnden sozialen Beziehungen, die häufig mit großen Anpassungsschwierigkeiten einhergehen. Es wird viel von der Notwendigkeit der Sexualerziehung in der Schule gesprochen, zweifellos zu Recht. Aber das Problem des Inzestverbots taucht niemals oder nur sehr selten auf, obwohl es für die sich entwickelnde Sexualität der Kinder und Jugendlichen von eminenter Bedeutung ist. Selbst wenn das Kind noch nicht alt genug ist, dieses Verbot zu verstehen, sollte man es ihm mitteilen: »Geschwister können niemals heiraten. Ich kann es dir zwar nicht erklären, aber es ist nun einmal so.«

Ich habe hier den Brief einer völlig deprimierten Mutter vor mir liegen, die bemerkt hat, daß ihre vierzehnjährige Tochter und der fünfzehnjährige Sohn sexuelle Beziehung miteinander unterhalten. Der Brief ist wirklich deprimierend. Wir wissen, daß inzestuöse Gefühle durchaus existieren können. Aber man darf sie nicht mit den sonstigen sexuellen Beziehungen vergleichen. Bei derartigen Beziehungen unter Geschwistern sollte die Mutter auf keinen Fall einfach tatenlos zusehen.

Die Mutter, von der hier die Rede ist, hat geschrieben, daß sie so tun würde, als hätte sie nichts bemerkt ...

Ja, aber ich verstehe ihr Verhalten nicht. Ihre Kinder werden in der Zukunft sicherlich große Schwierigkeiten bekommen. Um jetzt einzugreifen, ist es ja fast schon zu spät. Trotzdem sollte man ihre sexuelle Beziehung nicht einfach ignorieren, sondern mit ihnen im Gegenteil ganz deutlich darüber sprechen: »Wahrscheinlich habe ich euch nicht rechtzeitig gesagt, daß es für euch gefährlich ist, miteinander zu schlafen. Ihr seid für solche Spiele untereinander zu alt. Ich würde euch vorschlagen, es bleiben zu lassen.« Im Grunde aber sollten diese offenen Fragen schon viel früher angesprochen werden, im Rahmen von alltäglichen Unterhaltungen oder bei Tisch. Jeder hat dann die Möglichkeit, seine Meinung frei darüber äußern zu dürfen.

Und man braucht keine Angst davor zu haben, diese Problematik direkt anzusprechen?

Nein. Ich wiederhole es noch einmal: Das Inzestverbot ist ein ganz wesentliches Thema jeder Sexualaufklärung. Läßt man es aus falsch verstandener Scham beiseite, dann haben sexuelle Aufklärung und Erziehung kaum noch Sinn.

Wie ist das mit getrenntgeschlechtlichen Zwillingen? Hier haben wir es zwar mit einem erst vierjährigen Jungen und Mädchen zu tun, aber trotzdem berührt der Fall unser Thema. Die beiden werden von ihren Eltern oft getrennt betreut; so nimmt der Vater den Jungen beim Spazierengehen häufig allein mit und umgekehrt die Mutter das Mädchen. Der Junge sagte nun einmal: »Wenn ich groß bin, will ich meine Schwester heiraten.« Und als die Eltern ihm erklärten, daß es nicht ginge, wurde er sehr traurig. Kann es denn keine negativen Folgen haben, wenn man einem Kind diesen Wunsch von Anfang versagt?

Nein. Natürlich ergeben sich bei Zwillingen noch andere Probleme. Wenn dieser Junge sagt, er will seine Schwester heiraten, so hört sich das vielleicht übertrieben an, aber eine solche Äußerung paßt zu seinem Alter. Die Eltern könnten antworten: »Du kannst es dir im Spiel so vorstellen. Aber in Wirklichkeit geht es nicht.« Die Mutter braucht auch nicht weiter darauf einzugehen und sagen, daß die kleine Tochter eigentlich eher den Vater als den kleinen Bruder mit ihren Annäherungsversuchen im Auge hat. Denn wenn sie ihren Bruder sagen hört, er wolle sie heiraten, wird sie sich wahrscheinlich denken: »Du kannst mich ruhig heiraten wollen, aber ich weiß, daß ich später nur Vater heiraten werde.« Sie sind doch erst vier Jahre alt, d. h. in einem Alter, in dem man sich vorstellt, jeden zu heiraten, der einem gefällt. Und da kommen die Kinder natürlich zuerst auf die Eltern und engsten Familienangehörigen. Es handelt sich um Phantasievorstellungen, die einem starken Bedürfnis nach Zärtlichkeit entsprechen und die sich zukünftige Bilder von Ehe und Partnerschaft ausmalen. Das Wort ›lieben‹ kann viele Bedeutungen haben ...

Aber der Junge ist doch wirklich traurig!

Natürlich, aber wie jedes Kind in diesem Alter, dem man sagt, daß es seine Schwester, seinen Bruder, seine Mutter, seinen Vater oder seine Tante nicht heiraten kann. Man muß es dem Kind nur erklären: »Das sagst du jetzt, aber du bist noch sehr klein. Wenn du erst einmal älter bist, werden dir sehr viele Mädchen gefallen. Und außerdem wird es viel besser sein, wenn du ein anderes Mädchen und deine Schwester einen anderen Jungen heiratet, denn ihr werdet auf diese Weise viel mehr Kinder haben können, die ihr später lieben könnt. Nämlich ihre Kinder und deine eigenen ... Sie wird sie mit einem anderen Mann und du sie mit einer anderen Frau haben. Alle Kinder werden untereinander Kusinen oder Cousins sein und auf diese Weise werdet ihr viel Spaß an der großen Familie haben!« Ich denke, daß es ganz gut ist, den Kindern solche Zukunftsperspektiven auszumalen; es käme ja zu überhaupt keinen neuen sozialen Beziehungen, wenn Bruder und Schwester heiraten würden.

Könnte die Fixierung des Jungen also gefährlich für seine weitere Entwicklung sein?

Aber nein! Bei vierjährigen Kindern geht es doch noch um ganz diffuse Vorstellungen. Wenn der Junge seine Schwester heiraten will, erspart er sich damit doch nur den Satz, daß er die Mutter heiraten will... Dieses Durchgangsstadium, man nennt es auch den Ödipuskomplex, macht jedes Kind durch. Das hat nichts damit zu tun, daß er auf die betreffende Person ein Leben lang fixiert bleibt.
Hinzu kommt bei Zwillingen, daß sie sich ihre Zukunft getrennt voneinander gar nicht vorstellen können, da sie es gewohnt sind, immer zusammen zu sein. Aber das wird schon in der Schule, im alltäglichen Leben, wenn sie verschiedene Freunde haben, anders werden. Die Eltern können den Kindern dabei natürlich behilflich sein, indem sie dazu beitragen, daß sie Freunde finden, vielleicht sogar Zwillinge in einem ähnlichen Alter. Dann werden diese Kinder merken, daß alle ganz ähnliche Probleme miteinander haben.
Im übrigen fällt es Eltern von Zwillingen immer schwer, sich ganz in deren Gedankenwelt hineinzubegeben. Sie können einfach nicht alles verstehen, was in diesen Kindern vor sich geht, da sie selbst die Erfahrung, einen Zwillingsbruder oder eine Zwillingsschwester gehabt zu haben, niemals gemacht haben.

Wir kommen nun zu einem Brief, der ein ernsthaftes Problem aufwirft, über das aber in der Öffentlichkeit viel Unfug verbreitet wird. Eine Mutter schreibt uns: »Ich habe einen siebeneinhalbjährigen Sohn, der sehr lieb und hübsch ist. Er wirkt sehr zart, spielt gerne mit den Mädchen und findet auch viel Gefallen an Handarbeit und Stricken. Sieht er eine Ballettaufführung im Fernsehen, tanzt er gleich mit. Sein Vater bekommt wahre

Tobsuchtsanfälle angesichts dieses Verhaltens, schreit ihn an, er sei schwul und beschimpft ihn fürchterlich.« Die Mutter sagt, daß sie mit dieser heftigen Reaktion ihres Mannes nicht einverstanden ist. Bis vor kurzem hat sie übrigens geglaubt, daß Homosexualität vor allem ein Laster wäre, aber jetzt schreibt sie: »Ich habe irgendwo gelesen, daß es physiologisch bedingt ist und auf irgendeinem genetischen Fehler beruht. Kündigt sich mit dem Aussehen meines Jungen also diese Art von ›Krankheit‹ an? Was kann man dagegen tun?«

Erst einmal ist zu sagen, daß sie sich täuscht, denn Homosexualität ist weder eine Krankheit noch ist sie angeboren. Es handelt sich vielmehr um eine bestimmte Persönlichkeitsstruktur. Und im übrigen kann sich bei Kindern aufgrund einer feindseligen Haltung des Vaters gegenüber den femininen Zügen seines Sohnes bzw. aufgrund der Ablehnung maskuliner Züge der Tochter durch die Mutter, schon sehr früh eine solche Persönlichkeitsstruktur verfestigen. Es ist auch die Frage, ob sich dieser Junge wirklich ›weiblich‹ verhält, wie der Vater anzunehmen scheint oder ob er nicht männlich ist, aber gleichzeitig graziös, blond, verführerisch und hübsch. Das Verhalten eines Jungen, der zum Tanzen und der damit verbundenen Ästhetik ein ganz besonderes Verhältnis hat und sich gern im Spiegel betrachtet, weil er wirklich schön ist, hätte dann eher etwas mit seinem Narzißmus zu tun. Aber woher diese Aggressivität des Vaters gegenüber seinem Sohn? Warum kann er ihn nicht einfach so lieben, wie er ist oder ihm meinetwegen dabei helfen, anders zu werden? Mit seiner Ablehnung wird er ihm überhaupt nicht helfen können. Er sollte ihm eher beibringen, wie er seine äußerliche Schönheit ein wenig mit anderen Aktivitäten zu kompensieren lernt und ihm sagen: »Es zählt ja nun nicht nur deine äußerliche Erscheinung. Natürlich siehst du sehr gut aus und ich habe dich auch sehr lieb. Aber vielleicht hättest du auch einmal Lust, mit mir das und das zu machen ...« Ich habe den Eindruck, daß der Vater sich von diesem Kind schon selbst angezogen fühlt und seine Gefühle dabei abwehrt. Der Junge scheint ein ausgeprägtes Gefühl für alles Ästhetische zu besitzen und wird später vielleicht wirklich einmal Tänzer. Vielleicht liegt es auch an seiner ausgeprägten Sensibilität, daß er so gerne mit Mädchen spielt. Im übrigen schreibt die Mutter, daß er bei diesen Spielen immer der ›Mann‹ oder der ›Vater‹ sein will. Ob dieser Junge später einmal homosexuell sein wird, läßt sich also überhaupt noch nicht sagen. Häufig wird auch ein Verhalten, das in diese Richtung zu tendieren scheint, mit einer Persönlichkeitsstruktur, die zur Homosexualität disponiert, verwechselt. Es ist nämlich keinesfalls so, daß derjenige, der homosexuell sein will, es auch wirklich ist. Es gibt viele Menschen, die in ihrer Kindheit – vor allem in der Adoleszenz – vorübergehende Wünsche in diese Richtung empfunden haben, aber dennoch nicht homosexuell wurden. Bei der echten Homosexualität handelt es sich um eine psychische und teilweise unbewußte Struktur. Es ist kein freiwilliger Akt, so zu werden. Sind ein Mann oder eine Frau wirklich homosexuell, dann deswegen, weil sie nicht anders sein können. Es gibt ja auch Fälle, in denen jemand versucht, sich davon – etwa durch eine Psychoanalyse – zu ›kurieren‹, weil er darunter leidet. Aber warum sollte er eigentlich darunter leiden? Einem Kind, das sich in diese Richtung zu entwickeln scheint, wird in jedem Fall durch Verachtung für seine Person am allerwenigsten geholfen, mit sich fertig zu werden. Vielleicht kann der eine oder andere dem Kind sagen, daß es später einmal darüber unglücklich sein könnte, keine Kinder bekommen zu können, weil sich sein Verlangen nicht auf das andere Geschlecht richtet. Und trotzdem sollte man immer seine guten Eigenschaften hervorheben, wenn man schon meint, diese Probleme ansprechen zu müssen.

Was den Jungen betrifft, sollte man ihn dazu anhalten, sich mit dem Tanzen ernsthaft zu beschäftigen anstatt ihn nur vor dem Bildschirm spielen zu lassen. Man soll die natürlichen Begabungen bei den Sieben- oder Achtjährigen sozialisieren, mögen sie nun eher maskulin oder feminin ausgeprägt sein. Es geht dabei um die Sublimierung solcher Fähigkeiten, d.h. um ihren künstlerischen und kulturellen Ausdruck, bezogen auf das gesellschaftliche Leben. Die ernsthafte Beschäftigung mit dem Tanz würde diesem Jungen nicht nur ein größeres Selbstwertgefühl vermitteln, sondern würden bei ihm auch männliche Züge stärker hervortreten lassen. Er könnte ja Tänzer werden, wenn er mag. Der Beruf des Tänzers hat übrigens mit der Homosexualität nichts zu tun. Unter Tänzern gibt es nicht mehr und nicht weniger Homosexuelle als anderswo. Es sind Künstler. Sie geben in der Öffentlichkeit nur häufig das Bild von Homosexuellen ab, weil sie viel unter sich bleiben. Das gilt aber auch für andere Künstler. Und auch die Akademiker, etwa die Mathematiker, bleiben gern ›unter sich‹. Tanzen ist eine Kunst, die das Leben eines Individuums förmlich fesseln kann. Der Vater dieses Jungen muß verstehen, daß er seinem Sohn helfen muß, anstatt ihn abzulehnen. Auf diese Weise unterstützt er nur seinen Narzißmus, indem er ihn dazu bringt, sich ständig zurückzuziehen; so fördert er vielleicht Tendenzen in seiner Persönlichkeitsentwicklung, die auf das Gegenteil dessen hinauslaufen, was er eigentlich will und von denen man sagen muß, daß sie sich zur Zeit wohl noch nicht so klar abzeichnen.

Sie meinen also, daß vor allem der Vater mehr Initiative zeigen müßte ...
Aber wie soll die Mutter das bewirken, da der Vater auf das Verhalten seines Sohnes anscheinend nur mit Wutanfällen zu reagieren weiß. Sie schreibt ja auch noch, daß ihr Mann, wenn er auf der Straße einen – seiner Meinung nach – ›graziösen‹ oder ›weichen‹ Mann sieht, am liebsten ins Gesicht schlagen würde.

Es ist sonderbar, daß er gerade zu diesen Männern einen körperlichen Kontakt zu suchen scheint... Ich denke, die Mutter sollte mit ihrem Mann sprechen – schließlich sagt sie selbst, daß ihre Ehe im ganzen sehr gut wäre und sie sich lieben und verstehen würden. Sie sollte ihm erklären, daß Homosexualität keine Krankheit ist, sondern eine Persönlichkeitsstruktur, die sich bei Kindern dann entwickelt, wenn ihnen die Sicherheit und das Vertrauen von seiten der Väter (oder Mütter) fehlt. Dieser Mann wird auf diese Weise vielleicht feststellen, daß er bei seinem Sohn mit seinem Erziehungsstil auf dem falschen Weg ist. Vielleicht sollte er mit einem Psychotherapeuten auch einmal über seine eigenen Schwierigkeiten sprechen, die er offenbar im Umgang mit den ›unmännlichen‹ Verhaltensweisen nicht nur seines Sohnes hat. Auch die

Mutter könnte sich beraten lassen, wie sie ihren Mann besser verstehen lernen kann. Das Kind wird jedoch einmal Schwierigkeiten bekommen, wenn sich nichts am Erziehungsstil seiner Eltern ändert. Denn seine Erziehung zielt im Moment nicht darauf ab, die Qualitäten, die es besitzt, zu entwickeln und seine Begabungen zu fördern, so daß sie ihm und anderen Vergnügen bereiten würden. Genau das aber würde sein Selbstwertgefühl heben, ihn glücklich machen, weil es seinem Leben einen Sinn gäbe und ihm eine Perspektive aufzeigen würde.

Wir kommen zu einer anderen Fragestellung. Den Brief hat eine Lehrerin geschrieben, deren Mann Künstler ist. Sie haben zwei Kinder, einen zehneinhalbjährigen Jungen und eine sechsjährige Tochter. Das Mädchen scheint ihnen keine besonderen Sorgen zu bereiten, aber der Junge: Seit zwei Monaten kann er nicht einschlafen oder wacht nachts auf und findet dann keinen Schlaf mehr. Seine Schlafstörungen machen ihm selbst Angst. Der Arzt hat dem Jungen ein sehr wirksames Schlafmittel verschrieben, nach dem das Kind nun jeden Abend verlangt. Ansonsten schreibt sie noch, daß es dem Jungen in der Schule sehr gut gefalle, er dort gute Noten schreibt mit der Ausnahme, daß er keinen Sport betreiben würde. Und um das Bild ihrer derzeitigen Situation zu vervollständigen, berichtet sie noch von einem kürzlichen Nervenzusammenbruch ihres Mannes, der inzwischen aber auskuriert sei: »Ich habe persönlich selbst sehr stark darunter gelitten, aber man merkte es mir nicht an.« Trotzdem hat sie eine Psychotherapie begonnen, um zu versuchen, damit besser fertig zu werden. Sie fragt nun, ob sich ihr Sohn eigentlich schon für körperliche oder sexuelle Probleme interessieren könnte, obwohl er von seinem Äußeren noch wie ein Knabe wirkt. Zusätzlich bereitet ihr auch seine Medikamentenabhängigkeit große Sorgen.

Ich will versuchen, die in diesem Brief enthaltenen Fragen der Reihe nach zu beantworten. Ich finde es schade, daß der Arzt vor zwei Monaten, als die Schlafstörungen bei dem Jungen anfingen, sofort ein Schlafmittel verschrieben hat, ohne sich zu erkundigen, womit sie im einzelnen zu tun haben könnten. Hierfür kommen insbesondere Alpträume in Frage, vor denen der Junge floh. Denn ein unter Schlafstörungen leidendes Kind in diesem Alter leidet meistens unter seinen Alpträumen, besonders dann, wenn sie bei ihm früher nicht aufgetreten sind. Es könnte sich also um ›verspätete‹ Alpträume handeln, die normalerweise im Alter von sieben oder acht Jahren auftreten. Hinzu kommen der Nervenzusammenbruch des Vaters und die psychischen Probleme der Mutter – die Eltern sanken einfach in der Achtung dieses Kindes. In dieser allgemeinen Verunsicherung können von daher Alpträume – etwa daß seine Eltern sterben – aufgetreten sein. Ich bedauere immer, daß Kinderärzte Medikamente verabreichen, wenn Kinder nicht einschlafen können. Man kann den Kindern ja auch stark gezuckerten Lindenblütentee oder einfach einen Apfel ans Bett stellen, falls sie nachts aufwachen. Oder dem Kind einen Block mit einem Bleistift ans Bett legen und ihm sagen: »Schreib doch einmal alles auf, was du gerade denkst, wenn du in der Nacht aufwachst.« Sehr oft verschwinden die Alpträume auf diese Weise von ganz allein. Im vorliegenden Fall scheint der Junge, wie die Mutter schreibt, nach seinem Schlafmittel jedoch schon regelrecht süchtig zu sein. Es handelt sich auch keinesfalls um ein harmloses Medikament, sondern um eines, das eher für Erwachsene gedacht ist.

Wahrscheinlich ist er aber sehr froh, daß er mit Hilfe dieses Medikaments schlafen kann, weil er vor seiner Schlaflosigkeit Angst hat.

Wahrscheinlich reagiert er auf die Depression seines Vaters ebenfalls depressiv ...

Die Mutter spricht im übrigen auch mögliche Sexualprobleme an ...

... die der Junge sicherlich hat. Denn obwohl er noch nicht in der Pubertät ist, interessiert er sich schon sehr für seinen Körper und onaniert, auch wenn letzteres ganz normal ist. Vielleicht denkt er aber, es sei schlimm. Vielleicht hat er einmal einen Satz ›Wenn du es noch einmal machst, wird er abgeschnitten‹ oder etwas ähnliches, was nicht einmal ihm gegolten haben muß, aufgeschnappt – es gibt immer noch Erwachsene (oder Kinder) die heutzutage solche Geschichten verbreiten. Der Vater sollte mit ihm über dieses Thema sprechen. Hinzu kommt, daß er der einzige Junge in der Familie ist, also keinen älteren Bruder hat, bei dem er sich erkundigen könnte; auch stellt die Onanie häufig ein Mittel dar, um gegen depressive Zustände anzukämpfen. Zu onanieren ist für vier- bis sechsjährige Kinder eine wichtige Erfahrung. Mit sieben Jahren hören sie meistens auf und im Alter von zwölf, dreizehn Jahren setzt es wieder ein. Aber aufgrund der Ereignisse in dieser Familie scheint der Junge eine archaischere Form der Onanie ›wiederentdeckt‹ zu haben, die mit der Onanie in der Pubertätszeit nichts zu tun hat, die er aber jetzt zu seiner ›Wiederbelebung‹ braucht: Es handelt sich um eine Form der Onanie, die vor allem von Phantasiegebilden begleitet wird. Insofern wäre es vielleicht ganz gut, einen Psychotherapeuten mit ihm aufzusuchen.

Ich denke an den Satz, den Sie vorhin im Zusammenhang mit dem Onanieproblem erwähnt haben: »Tust du es noch einmal, wird er dir abgeschnitten!« In diesem Zusammenhang möchte ich auf einen Bericht zu sprechen kommen, in welchem ein Vater schreibt, was seinem Jungen passiert ist. Dieser war schon im Alter von zwei Jahren mit seiner ein Jahr älteren Schwester im Kindergarten. Nach einigen Wochen fing er an, nachts einzunässen. Sie haben alles Mögliche dagegen unternommen, ein Glas Wasser neben sein Bett gestellt, wie Sie es empfohlen haben, sie sind zu einem Psychologen gegangen usw. Sechs Jahre haben sie nach der Ursache dafür geforscht. Eines Abends diskutierte die Mutter nun mit einem Freund über Fragen schulischer Erziehung, als sie sich an einen Satz erinnerte, den ihre Tochter genau zu Anfang jenes Jahres, als die Kinder in den Kindergarten kamen, gesagt hatte. Und zwar hatte sie ihn bei einer Nonne, die die Kinder manchmal beaufsichtigte, aufgeschnappt, die einmal zu den Kindern gesagt hatte: »Wenn ich ein Kind sehe, das mit seinem Schwänzchen spielt, schneide ich es ihm ab. Man tut so etwas nicht, denn es ist unanständig.« – »Wir hatten damals die Kleine getröstet«, schreibt die Mutter, »und ihr gesagt, daß sie sowieso kein Schwänzchen hätte und allein von daher nichts zu befürchten bräuchte. Dabei hatten wir allerdings vergessen, daß der Junge diesen Satz ja auch mitbekommen hatte. Und wahrscheinlich hat er sich nachts, wenn er aufwachte und pinkeln mußte, an diesen Satz erinnert und deshalb auch ins Bett gemacht«. Am nächsten Morgen nach dem Gespräch der Mutter mit ihrem Freund haben die Eltern mit dem Jungen gesprochen und haben ihm gegenüber die Dinge von damals klargestellt. Und nach diesem Gespräch sei das Bettnässen nicht mehr aufgetreten: »Sechs Jahre hatten wir Kummer, sechs Jahre hat er sich zurückgezogen und nach außen hin abgeschirmt. Auf ihn muß dieser Satz katastrophale Auswirkungen gehabt haben. Eigentlich bin ich ja davon ausgegangen, daß heutzutage niemand mehr so etwas sagt, doch anscheinend hatte ich mich geirrt.«

Es gibt heute noch viele Eltern, die ihren Kinder so etwas sagen. Oder daß man davon schwer krank oder schwachsinnig wird. Häufig geschieht dies in Verbindung mit dem Satz, daß sie ihr Kind, wenn es onaniert, nicht mehr liebhaben würden. Man will die Kinder mit solchen Sätzen förmlich an den Rand der Verzweiflung bringen. Ich glaube, daß dieser Brief auf das, was ich schon wiederholt gesagt habe, eine klare Antwort gibt. Die Eltern sollten ihre Kinder gewähren lassen, wenn sie ihren Penis oder ihr Geschlecht (bei den Mädchen) berühren. Sie sollen den Kindern auf keinen Fall irgendwelche Schuldgefühle beibringen. Vielleicht können sie sagen, daß man es aus Rücksichtnahme vor anderen Leuten nicht macht, doch selbst wenn, ist es nicht so wichtig, da es schließlich niemanden etwas angeht und bestrafen soll man die Kinder deswegen auf keinen Fall.

24

Mittwochsbriefe[1]

(Alltagsprobleme Jugendlicher)

Ein fünfzehneinhalbjähriges Mädchen schreibt uns, daß sie unter Einschlafstörungen leidet. Sie meint in diesem Zusammenhang, daß sie schon früher als Baby mit wenig Schlaf ausgekommen sei, wie sie von ihren Eltern erfahren hätte.

Es kommt vor, daß manche Menschen mit weniger Schlaf auskommen als andere – und dies ihr Leben lang.

Das Mädchen meint, daß ihre Schwierigkeiten, abends einzuschlafen, im Schulalter begonnen haben, sie damals aber noch nicht weiter gestört hätten: »Ich schlief um zehn oder halb elf ein und stand morgens um sieben Uhr auf. Seit einem Jahr kommt es jedoch häufiger vor, daß ich erst gegen halb zwölf oder zwölf Uhr einschlafe und mich morgens dann noch sehr müde fühle. Diese Müdigkeitszustände werden immer schlimmer und beginnen, mir ernste Sorgen zu bereiten.« Sie bittet darum, ihr einige Hinweise zu geben, wie sie mit diesem Problem fertig werden kann. Ferner fügt sie hinzu, daß sie sich häufig aus geringem Anlaß sehr verkrampft fühlt. Ihre Mutter hat sie ferner gebeten hinzuzufügen, daß sie selbst ein sehr ängstlicher Mensch sei und befürchte, für die Anspannung ihrer Tochter verantwortlich zu sein.

Die zusätzliche Bemerkung der Mutter halte ich für wichtig, denn oft kommt es vor, daß sich die Angst einer Person, mit der man lebt, auf den anderen überträgt. Dies gilt besonders für

---

1 *Mittwochs*briefe, weil die Schüler in Frankreich mittwochs schulfrei haben und von daher dieser Tag besonders gut geeignet ist, einen Brief zu schreiben.

das Verhältnis von Eltern und Kindern. Wenn die Mutter also selbst unter Angstzuständen leidet, wäre es vielleicht das beste, daß sie einen Psychotherapeuten aufsucht, der ihr helfen kann. In bezug auf das Mädchen habe ich den Eindruck, daß ihre Schlafdauer für sie ausreicht. Das einzig Ärgerliche ist wohl nur, daß sie sich morgens müde fühlt und länger schlafen würde, wenn sie nur könnte. Mehr weiß ich dazu erst einmal nicht zu sagen.

Ich möchte noch auf ihre Bemerkung eingehen, daß sie sich häufig bei nichtigen Anlässen verkrampft fühlt. Die meisten reagieren auf solche Zustände damit, daß sie den Atem anhalten bzw. unregelmäßiger atmen, wodurch die Verkrampfungen noch verschlimmert werden. Das Mädchen sollte angesichts solcher Zustände also mehrere Male hintereinander tief ein- und ausatmen und dabei versuchen, sich zu entspannen. Ich glaube, daß ihre Krampfzustände auf diese Art und Weise verschwinden werden.

Kommen wir noch einmal generell auf das Problem der Schlafqualität zu sprechen. Fühlen sich nicht Menschen, selbst wenn sie die gleiche Anzahl an Stunden schlafen, am nächsten Morgen unterschiedlich ausgeruht?

Ja. Man fühlt sich müde, wenn man den Eindruck gehabt hat, nicht tief genug geschlafen zu haben und somit zu keiner völligen Entspannung oder zu keiner absoluten Ruhe gekommen zu sein. Erst wenn man dieses Stadium erreicht hat, das meistens mit der Erinnerung, geträumt zu haben, einhergeht, fühlt man sich morgens frisch und munter.

Gibt es irgendwelche ›Tricks‹, um die Qualität seines Schlafes zu verbessern?

Sicherlich. Lärmempfindliche Menschen müssen sich eher von Außenreizen zurückziehen als andere. Vielleicht geht das Fenster des Mädchens, von dem wir gesprochen haben, auf eine laute Straße zu. Oder ihr Zimmer ist nicht dunkel genug. Denn es gibt Menschen, die durch ihre Augenlider hindurch die Helligkeit um sich spüren können. Oder sie kann vor dem Einschlafen nicht ›abschalten‹ oder atmet nicht regelmäßig und tief genug. Viele Faktoren können eine Rolle spielen. Aber sie sollte sich auf keinen Fall verrückt machen und sich vor dem Einschlafen immer wieder sagen: »Ich kann nicht einschlafen, ich kann nicht einschlafen ...« Und sie sollte auf jeden Fall versuchen, ohne Schlafmittel auszukommen.

Eine Abiturientin, die achtzehneinhalb Jahre alt ist, schreibt uns folgendes: »Ich habe ein geradezu ›klassisches‹ Problem, wie es wohl bei vielen Jugendlichen vorkommt: Ich kaue nämlich an meinen Fingernägeln, und zwar seit meinem fünften oder sechsten Lebensjahr.« Sie weiß nicht genau, warum sie es tut, vermutet aber, daß es sich dabei um eine gegen sie selbst gerichtete Form der Aggression handelt. Aber warum? Ferner teilt sie uns mit, daß sie das letzte Kind einer zehnköpfigen Familie sei, die neben den Eltern aus sechs Mädchen und vier Jungen besteht. Zu ihren Eltern habe sie eine sehr gute Beziehung und gegen deren Erziehungsstil nichts einzuwenden. Es gäbe in der Familie weder übertriebene Strenge noch übertriebenes ›laissez-faire‹, und sie meint, daß ihr diese Atmosphäre gut bekommen sei. Sie fährt fort: »Seit vier Jahren kaue ich verstärkt an meinen Fingernägeln. Vielleicht hat es mit dem Tod meines Bruders zu tun, der damals im Alter von einundzwanzig Jahren starb. Jetzt habe ich das Gefühl, daß es immer schlimmer wird. Es gelang mir zwar manchmal, ohne diesen Tick auszukommen, aber immer nur vorübergehend – wohl deshalb, weil ich die Ursache dafür nicht weiß.« Sie fragt danach, ob ihre Angewohnheit auf ihre frühe Kindheit zurückzuführen ist, was man dagegen unternehmen könnte und ob eine Psychoanalyse weiterhelfen würde. Der Brief endet mit den Worten: »Es ist wirklich nicht meine größte Sorge, aber es beschäftigt mich doch so, daß ich genau darüber Bescheid wissen will.«

Da sie ihre Angewohnheit anscheinend nicht weiter stört, geht es wohl eher darum, daß sich dieses Mädchen insgesamt besser kennenlernen will. So geht es allen Jugendlichen und sie soll sich darüber keine Sorgen machen. Vor allem aber ist wichtig,

sich auch für Gleichaltrige zu interessieren: vielleicht kennt sie ja Jungen und Mädchen, womöglich in ihrer Klasse, die ebenfalls an den Fingernägeln kauen. Und mit ihnen über dieses Problem zu sprechen, über die Möglichkeiten, darüber hinwegzukommen, wäre nicht schlecht; ab einem bestimmten Alter muß man nämlich diese Angewohnheit ablegen, sonst wird man mit ihr ›leben‹ müssen. Es gibt bedeutende Leute, die ihr Leben lang an den Fingernägeln gekaut haben, ohne daß es sie gestört hätte. Sie akzeptieren sich halt so, wie sie sind. Dieses Mädchen stört ihr ›Tick‹ wohl deshalb, weil sie immer daran denken muß, daß sie an den Nägeln kaut. Oder weil sich ihre Geschwister über sie lustig machen (Geschwister müssen ja etwas finden, um sich über den anderen lustig zu machen, und nun haben sie endlich etwas).
Als ihre ›Sucht‹, an den Nägeln zu kauen, begann, ist in ihrem Leben ganz sicherlich etwas sehr Wichtiges passiert, was sie daran gehindert hat, sich mehr nach außen zu öffnen, körperlich aktiv zu sein usw. Den Grund dafür weiß ich nicht und kann ihn durch einfaches Nachdenken auch nicht herausfinden. Unter ›körperlichen Aktivitäten‹ verstehe ich in diesem Zusammenhang, sich auch motorisch auf seine Umgebung hin zu orientieren, seine Bedürfnisse nachhaltig einzufordern und offen zum Ausdruck zu bringen. Vielleicht traute sich dieses Mädchen genau das nicht zu. Sie war ja auch das letzte Kind, die ›Kleine‹. Vielleicht hat sie immer ›die Zähne zusammenbeißen‹ müssen ...

Sie möchte von Ihnen aber die Ursache für ihre Gewohnheit erfahren.

Ich kann ihr aber keine Auskunft darüber geben. (Sie muß es allein herausfinden.)

Sie schreibt: Kann eine Psychoanalyse dabei helfen, sich selbst besser kennenzulernen?

Ja ..., aber darin besteht nicht ihr einziger Sinn. Eine Psychoanalyse beginnt man nicht aus Neugierde, weil man sich selbst etwas besser kennenlernen will. Eine Psychoanalyse – übrigens

eine sehr lange Arbeit – macht man, weil man sich ängstlich fühlt und leidet und weil man dieses Leiden nicht zum Ausdruck bringen kann, sich nicht ›Luft verschaffen‹ durch eigene Aktivitäten und die Beziehungen zu anderen Menschen; also weil man sich letztlich in sich selbst zurückzieht und dort wie eingesperrt fühlt. Aber das scheint mir bei diesem Mädchen überhaupt nicht der Fall zu sein. Ihre Sorge um das eigene Selbst scheint eher theoretischer Natur zu sein ...
Vielleicht hat sie sich durch die Trauer über den Tod ihres Bruders tatsächlich zurückgezogen. Aber keine Psychoanalytikerin könnte ihr sagen, warum sie an den Fingernägeln kaut. Eine Psychoanalyse ist viel umfassender, sie verlangt eine innere Arbeit, die sich mit keinem isolierten Problem beschäftigt, sondern die das ganze Leben noch einmal aufarbeitet. Aus Anlaß einer eher kleinen und oberflächlichen Sorge, die sich durch verstärkte Aktivitäten nach außen lösen ließe, ist sie nicht angezeigt. Nach und nach wird diese Gewohnheit verschwinden oder auch bleiben, ohne für das Mädchen ein allzu ernstes Problem darzustellen, weil es in seinem Leben mit ganz anderen Dingen beschäftigt sein wird.

Hören Sie jetzt zwei Fragen von Jugendlichen, deren Eltern sich vor längerer Zeit getrennt haben. Zunächst die Fragen der ältesten Tochter (es sind drei Töchter, achtzehn, vierzehn und zwölf Jahre alt). Die Kinder sind nach der Trennung – sie liegt sechs Jahre zurück – mit dem Vater und ihren Großeltern in einem großen Haus geblieben. Nun macht sich die Älteste Sorgen um ihre kleine Schwester, da sie Probleme mit der Schule hat. Ansonsten sei sie für ihr Alter schon recht weit, sie habe – im Gegensatz zu den älteren Mädchen – auch eine freiere Erziehung bekommen, wohingegen die Älteste eine strengere Erziehung eigentlich für besser hält. Wenn man so will, handelt es sich in bezug auf die zwölfjährige schon fast um einen ›Generationskonflikt‹.

Ich finde, daß sich dieses Mädchen zu sehr um die jüngere Schwester kümmert. Sie schreibt an irgendeiner Stelle: »Sie will von mir auch keine Befehle erteilt bekommen.« Die große

Schwester will also, daß ihre jüngere Schwester in der Schule Erfolg hat usw. Meiner Meinung nach kann aber die Zwölfjährige schon für sich allein sorgen. Und je weniger die große Schwester versuchen wird, die Mutter zu ersetzen, desto besser werden sich ihre Geschwister entwickeln können. Wenn die Jüngste sie um einen Rat bittet, kann sie natürlich antworten, aber sie sollte ihr keine Moralpredigten halten. Ein achtzehnjähriges Mädchen, das eine ganz andere Kindheit hatte als ihre jüngeren Geschwister, sollte diesen gegenüber keine ›Erziehungsfunktion‹ ausüben. Es sollte sie vielmehr an ihre richtige Mutter verweisen, die sie schließlich noch sehen. Übrigens hat die Zwölfjährige, sobald sie mit der Mutter zusammen ist, keine großen Probleme mehr, Probleme entstehen anscheinend vor allem, wenn sie beim Vater ist und mit ihrer ältesten Schwester konfrontiert wird. Es muß doch nicht sein – so in dem Brief –, daß sie bei Abwesenheit des Vaters im Zimmer der älteren Schwester schläft, nur weil sie der Vater vor dem Einschlafen angeblich immer streichelt und sie nur dann allein einschlafen kann. Das geht die Älteste überhaupt nichts an. Besser wäre es, wenn sie sagte: »Hör mal, ich möchte abends meine Ruhe haben. Du bist doch alt genug, allein zu schlafen und kein Baby mehr. Du weißt ja selbst, daß du deinen Vater leicht um den Finger wickeln kannst, aber mich nicht.« Sie braucht nicht gegenüber der jüngeren Schwester die Mutterrolle zu spielen. Das wird ihrer späteren Beziehung zueinander nur schaden. Warum erwähnt sie überhaupt, daß der Vater die Zwölfjährige ›streichelt‹. Wenn es die Worte der Zwölfjährigen selbst sind, dann will sie wohl auch von der älteren Schwester gestreichelt werden. Diese sollte ihr aber eher dabei helfen, Freunde zu finden und Kontakt zu anderen Familien zu haben. Und natürlich ist es für die Jüngste schwer, ohne eine junge Frau allein mit den Großeltern und dem Vater zu Hause zu leben.

Der zweite Brief ist etwas länger. Geschrieben hat ihn ein sechzehnjähriges Mädchen, das einen zwanzigjährigen Bruder hat. Ihre Eltern haben sich getrennt, als sie fünf Jahre alt war. Bis zum Alter von zehn Jahren lebte sie im Ausland. Danach kam sie in ein Internat. So hatte sie die Möglichkeit, an jedem Wochenende zu den Großeltern väterlicherseits zurückzukehren. Die Familie der Mutter blieb im Ausland und der Vater lebt auch irgendwo anders, ziemlich weit weg. Seit drei Jahren leben sie und ihr Bruder nun ganz bei den Großeltern, die sie einerseits ziemlich streng und altmodisch findet, andererseits auf ihre Art auch sehr sensibel und lieb. Auf jeden Fall hat sie bei ihnen ein richtiges, ausgeglichenes Zuhause gefunden, wo sie sich aufgehoben fühlt.

Aber jetzt haben sich für sie zwei ernsthafte Probleme ergeben: das erste betrifft ihre Mutter, die alkohol- und nikotinabhängig ist und die von dem Mann, mit dem sie bis jetzt im Ausland zusammengelebt hatte, verlassen wurde. Sie hat vor, endgültig aus dem Ausland zurückzukehren und will auch ihre Kinder wieder zu sich nehmen. Das Mädchen kann den Wunsch der Mutter zwar verstehen und glaubt auch, daß sie und ihr Bruder ihrer Mutter womöglich helfen könnten. Trotzdem stimmt sie die Rückkehr ihrer Mutter nicht gerade fröhlich, denn sie fürchtet, von neuem hin- und hergerissen zu sein und nicht zu wissen, wie sie sich verhalten soll: »Ich bin es einfach leid, das Opfer der Familie meiner Mutter und meines Vaters zu sein, die wieder anfangen werden, sich gegenseitig zu bekämpfen.«

Ihre Situation ist in der Tat sehr schwierig. Was ihren zwanzigjährigen Bruder betrifft, so kann man hierzu nur sagen, daß er kein Kind mehr ist, das von seiner Mutter wieder aufgenommen wird. Schließlich ist er bereits volljährig!

Ehe Sie fortfahren – genau hier liegt das zweite Problem, von dem das Mädchen schreibt, denn dieser Bruder ist, als er noch jünger war, sehr schwer krank gewesen. Er war acht Jahre alt, als er für längere Zeit ins Krankenhaus mußte und unter der Abwesenheit der Mutter sehr stark litt. Das Ergebnis ist, daß er heute sehr zurückgezogen lebt, sich in seiner Haut überhaupt nicht wohlfühlt, schüchtern und ausgesprochen überempfindlich auf alles in seiner Umwelt reagiert. Er hat große Angst vor Liebesverlust, so daß er sich von anderen ständig bevormunden läßt und anderen gegenüber auch immer zuviel Verständnis zeigt. Die Leute nutzen ihn ein wenig aus. Dazu schreibt das

Mädchen: »Ich versuche ständig, ihn wachzurütteln, aber das macht die Dinge nur noch schwieriger. Was kann man tun, daß er sich sicherer vor anderen fühlt und mehr Selbstvertrauen bekommt?« Damit, ich zitiere, »das familiäre Ghetto« ihn weniger in seinen Aktivitäten lähmt? Objektiv mag er zwanzig Jahre alt sein, doch scheint er weit weniger Schwung als seine Schwester zu besitzen.

Natürlich können wir für die beiden nicht stellvertretend handeln. Das beste ist, das Mädchen tut etwas für sich selbst, indem sie sich – vom gesellschaftlichen Standpunkt aus – nach vorne entwickelt, ziemlich schnell einen Beruf erlernt, um in ihrem Leben allein zurechtzukommen und allein wohnen zu können – allein oder mit dem Bruder zusammen. Hauptsache ist, daß beide ihre Unabhängigkeit von der Familie bewahren. Sie könnten nach der Rückkehr der Mutter auch arrangieren, daß sie dicht zusammenwohnen, jeweils getrennt und ohne voneinander abhängig zu sein. Der Bruder, das Mädchen und die Mutter könnten z. B.in der gleichen Stadt eine Arbeit suchen. So wären sie von Anfang an unabhängiger voneinander, und jeder hätte seine Freiheit. Auf jeden Fall sollten zwischen ihnen klare Verhältnisse bestehen. Schließlich hat es auch die Mutter schwer: sie ist jetzt, nachdem sie von ihrem Mann verlassen wurde, wieder allein auf sich gestellt und versucht, sich an ihren Kindern festzuklammern. Auch die Großeltern werden darunter leiden, sich von dem Mädchen wieder trennen zu müssen. Allerdings könnte man sie häufiger besuchen. Und sie werden es wohl verstehen, wenn ihnen das Mädchen erklärt: »Sie ist meine leibliche Mutter. Ich muß ihr jetzt helfen und ich habe sie lieb, das ist doch ganz normal.« Sie sollte dabei nur nicht ihren eigenen Weg aus den Augen verlieren, sondern ihn weiter verfolgen und sich weiter entwikkeln. Würde sie es nicht tun, wäre es weder für sie noch für ihre Mutter gut. Sie sollte immer daran denken, daß seine Eltern ›zu ehren‹ nicht bedeutet, in deren Abhängigkeit zu geraten und die eigene Entwicklung aufzugeben.
Was ihren Bruder angeht, so könnte sie ihm raten, eine Psychotherapie anzufangen, wenn er unter seiner Zurückgezogenheit wirklich sehr stark leidet. Leidet er darunter nicht,

sollte sie ihn nicht weiter bedrängen. Es würde nämlich bedeuten, daß dieses Leben seiner Art ganz einfach entspricht. Übrigens erwähnt sie von ihrer Beziehung zum Vater überhaupt nichts, sagt nicht, ob sie ihm schreibt, daß er sich mehr um seinen Sohn kümmern soll ...

Sie erwähnt ihn praktisch überhaupt nicht ...

Warum? Warum könnte ihr Bruder ihn nicht einmal besuchen, selbst wenn er dazu ins Ausland fahren müßte? Das Mädchen kann ihn dabei unterstützen, könnte den Kontakt zum Vater wiederherstellen und ihn bitten, seinen Sohn einmal zu sich einzuladen. Wahrscheinlich leidet dieser junge Mann doch vor allem darunter, daß er zu seinem Vater keinen Kontakt mehr hat. Er hat einfach Sehnsucht nach seinem Vater. Und der Vater könnte die Dinge auch am ehesten verändern.
Insgesamt ist es schwierig, noch mehr zu diesem Brief zu sagen. Seine Fragen setzen sich aus unterschiedlichen Komponenten zusammen: dabei geht es einmal um das affektive Konfliktgeschehen in der Beziehung zwischen den Familien der Mutter und des Vaters; ferner spielt die ökonomische Situation der Betroffenen eine wesentliche Rolle, da sie die Frage der gegenseitigen Abhängigkeiten berührt; und schließlich treten noch jene unbewußten Vorgänge hinzu, die sich bei Individuen verschiedenen Alters abspielen. So fällt einem eine klare Antwort schwer, denn schließlich sollte jeder die Gründe für sein Verhalten darlegen können und Hilfe bekommen; jeder sollte finden, was für ihn das beste ist, ohne den anderen dabei zu schaden.

Ein sechzehnjähriger Junge schreibt Ihnen über seine ›Beziehungsprobleme‹. Es wäre vielleicht besser, wenn Sie seinen Brief selbst zusammenfassen würden.

Dieser Junge hat mit vierzehn Jahren ein Mädchen kennengelernt, mit dem er lange gegangen ist. Immer wieder versicherte er ihr, daß er sie wirklich lieben würde und das Mädchen hörte ihm zu, ohne etwas dabei zu sagen. Eines Tages jedoch teilte sie ihm mit, daß sie bis jetzt nur mit ihm gespielt hätte und in Wahrheit für ihn gar nichts empfinden würde. Den Jungen haben diese Worte sehr verletzt. Er schreibt: »Dem Mädchen hat es wohl Spaß gemacht, sich über mich lustig zu machen. Mir hat es sehr weh getan. Ich war ja erst vierzehn Jahre, als ich anfing, mit ihr auszugehen. Immerhin ging diese Beziehung über zwei Jahre, bevor sie sie jetzt abgebrochen hat. Seitdem komme ich über diese Enttäuschung nicht hinweg, so daß ich gegenüber Mädchen sehr gehemmt bin. Vielleicht war ich es schon immer, aber nach diesem Erlebnis ist es noch viel stärker geworden.«

Daß dieser Junge jetzt leidet, ist sehr gut verständlich. Ich finde es auch nicht gut, wenn Mädchen auf diese Weise mit dem Herzen eines Jungen spielen. Aber ich bin mir auch sicher, daß dieses Mädchen dem Jungen keine zwei Jahre lang eine Komödie vorgemacht hat. Zunächst hat es sich von seiner Liebe sehr geschmeichelt gefühlt, denn schließlich ist sie mit ihm viel ausgegangen und hat ihm wohl auch gern zugehört. Das Mädchen muß schließlich einen Grund gehabt haben, immer wieder zu ihm zurückzukehren. Sie war glücklich. Und dann hat sie wahrscheinlich Angst vor sich selbst und vor der Liebe bekommen. Egal, was die Gründe für die Trennung gewesen sein mögen, der Junge kann sich auf jeden Fall sagen, daß es nicht stimmt, daß sie sich die gesamten zwei Jahre über ihn lustig gemacht hat. Das Mädchen wollte diese Trennung durch ihre Worte einfach provozieren, weil es mit sich selbst nicht mehr zu Rande kam, mit ihrem Unbehagen, geliebt zu haben und jetzt nicht mehr zu lieben. Sie ist in einem Alter, in dem man zwar schon lieben kann, aber in dem man auch sehr schnell seine Meinung ändert. Nehmen wir an, daß es ihr bei ihrem letzten Treffen doch Spaß gemacht hat, ihm wehzutun. Es ist nun einmal so, daß Mädchen betont aggressiv auf jemanden reagieren können, den sie selbst nicht lieben, der ihnen aber seine Liebe ständig versichert. Jungen im übrigen auch.

Für diesen Jungen ist jetzt entscheidend, sich in seinem Leben als Jugendlicher zu stärken. Er sollte sich gemeinsam mit anderen an verschiedenen Freizeitaktivitäten beteiligen, Sport, Jugendzentrum usw. Er könnte auch versuchen, im

künstlerischen Bereich eine Bestätigung zu finden, Gitarre spielen, Schlagzeug spielen, wenn es möglich ist. In diesen Aktivitäten inmitten einer Gruppe von Gleichaltrigen und Freunden wird er sich schnell wiederfinden. Natürlich führt dies nicht unbedingt dazu, sofort wieder zu lieben oder geliebt zu werden. Aber allmählich wird er sein Selbstvertrauen zurückgewinnen. Und wenn er es wirklich nicht schafft, dann könnte er vielleicht einen Psychologen oder Psychotherapeuten aufsuchen. Schließlich ist er erst sechzehn Jahre alt. Und es ist ganz gut, schon in diesem Alter gegen Liebeskummer geimpft zu sein ...
Im Moment sollte er nur wissen, daß sich dieses Mädchen keine zwei Jahre über ihn lustig gemacht hat. Sie wollte sich nur von seiner Liebe befreien, vor der sie plötzlich Angst bekam. Auch für sie war es nicht einfach, dieses Problem zu lösen und wahrscheinlich wußte sie gar nicht so recht, wie sie es anstellen sollte. Natürlich hat ihm das Mädchen wehgetan. Aber eine Zeitlang war sie von der Ehrlichkeit des Jungen auch sehr gerührt. Sie war einfach nicht die richtige Partnerin für den Jungen. Er soll sich einen Ruck geben und wieder Mut fassen. Schließlich sind noch andere Mädchen für ihn da ...

Immer mehr Jugendliche schreiben Ihnen über ihre Beziehungsprobleme. Eigentlich war das nicht gerade der Sinn unserer Sendung.

Lassen Sie mich dazu noch einmal ganz allgemein sagen: Irgendwann muß man schließlich das erste Mal Liebeskummer haben. Auf diese Weise ist man später dagegen besser gewappnet. Liebe kann wie eine Krankheit sein – jeder kennt den Zustand, ohne den man allerdings im Leben nicht auskommt. Je früher man sie hat, desto besser wird man sie später überwinden können, wenn sie einen überfällt. Das ernsthafte Suchen um die Nähe eines anderen fällt allerdings nicht unter diese Form. Sicherlich existieren auch Phasen im Leben, in denen man aus Liebe zu jemandem wie besessen ist, aber das Wichtigste ist doch, an sich selbst zu arbeiten, die Fähigkeit zu erlangen, sich selbst zu realisieren und sich mehr für die anderen als für sein eigenes Leiden zu interessieren. In einer Liebesbeziehung ist ja nicht nur die Tatsache entscheidend, daß man sich liebt, sondern auch, daß man sich darüber hinaus etwas zu sagen hat, gemeinsam etwas tun will usw. Das verstehe ich unter ›wahrer Liebe‹ und weniger, daß man sich ständig seine Liebe versichert und nur davon redet, daß einem der andere zu jeder Gelegenheit fehlt. Verabredungen sollte man so gestalten, daß sie für beide ein bereicherndes Erlebnis bedeuten. Es sollte nicht dabei bleiben, sich nur tief in die Augen zu sehen ...

Natürlich muß man sich auch gegenseitig anschauen, das gehört zur Liebe dazu, aber es reicht nicht aus bzw. lebt man die Liebe dann nur einseitig aus und vergißt dabei die gemeinsamen Entdeckungen, die man machen kann, das Neue, was jeder Tag mit sich bringt und die Zukunft.

Ich interessiere mich eigentlich eher für solche Jugendliche, die ihre Schwierigkeiten ganz konkret benennen. Mit der Liebe werden sie schon auf ihre Weise fertig. Wenn sie daran krank werden, kann ich ihnen auch nicht weiterhelfen. Dann käme wohl eher eine Psychotherapie in Betracht ...

25

Neue Mittwochsbriefe

Ich schlage Ihnen vor, daß Sie noch einmal ganz konkret auf einige Mittwochsbriefe eingehen. Beginnen wir mit dem Brief eines kleinen Mädchens. Sie schreibt: »Ich bin Halbwaise und habe keinen Vater mehr. Mein Bruder behauptet immer, daß ich zu mager sei. Er erfindet sogar Lieder dazu. Dabei stimmt es nicht. Ich bin nur etwas zu dünn. Es macht mich sehr traurig, daß er mir das immer sagt.« Das Mädchen ist siebendreiviertel Jahre alt und wurde ein Jahr früher eingeschult, weil es schon mit fünf Jahren lesen konnte. Es ist jetzt in der zweiten Klasse mit Kindern zusammen, die sowohl älter als auch stärker sind als sie. Die jetzige Lehrerin ist erst neunzehn Jahre alt und sozusagen ›Berufsanfängerin‹. »Ich trauere meiner vorigen Lehrerin nach«, schreibt das Mädchen, »weil sie mir immer Bücher ausgeliehen hat. Jetzt habe ich auch keine Freundinnen mehr, was mich sehr traurig macht. Ich hatte eine kleine Freundin, die ich sehr gern gemocht habe, aber leider ist sie jetzt in die Klasse mit den jüngeren und weniger guten Kindern gekommen, so daß ich sie fast nicht mehr sehe – außer beim Sport, denn dieses Fach haben alle Kinder zusammen bei der gleichen Lehrerin. Neulich wurde sie allerdings durch einen Sportlehrer vertreten, denn wir spielen ja auch Fußball, Basketball usw.« Dieser Lehrer hat mit dem Mädchen geschimpft, daß es nicht schnell genug wäre. Und dann hat er ihr noch gesagt: »Kannst du stricken? Es wäre wohl besser, du würdest dir Stricknadeln und Wolle besorgen und hier stricken!« Nun die Frage des Mädchens: »Was soll ich tun, wenn dieser Lehrer noch einmal in unseren Sportunterricht kommt?«

Ich danke dir für diesen Brief, liebes Fräulein. Mach dir keine zu großen Sorgen. Du bist sehr intelligent und weißt es selbst.

Aber die Intelligenz hat ja nicht nur etwas mit deinem Kopf und dem Lernen zu tun. Man muß auch die Intelligenz des Körpers trainieren. Sicherlich hat dich dieser Lehrer beleidigt, als er dir sagte, du solltest lieber stricken als Fußball spielen. Aber wahrscheinlich hat er das nur so dahingesagt und schon wieder vergessen. Du denkst zwar noch daran, aber er weiß es schon nicht mehr, daß er so zu dir gesprochen hat. Wenn er noch einmal in euren Sportunterricht kommt, gib dir einfach so viel Mühe wie du kannst und wie es dir dein Körper erlaubt. Dann wird er bestimmt mit dir zufrieden sein. Und vergiß nicht, daß die körperliche Geschicklichkeit und die Geschicklichkeit der Hände mindestens ebenso wichtig sind wie die schulischen Leistungen, also das Schreiben, Rechnen usw. Du hast übrigens eine wunderschöne Schrift ...
Und was die Bücher angeht, von denen du schreibst, kannst du sie dir vielleicht in der Stadtbücherei ausleihen. Dafür mußt du dir dann nur einen Ausweis besorgen.
Du schreibst auch, daß sich dein Bruder über dich lustig macht. Aber das tun doch alle Brüder! Er ist ja nur neidisch, daß du so dünn bist und so gut dabei aussiehst. Höre ihm einfach nicht zu oder wenn, dann lache darüber. Und fühle dich nicht als das Opfer seiner Sticheleien. Schließlich hast du genügend Trümpfe in der Hand.

Hier haben wir den Brief von einem kleinen David, der auf knallrotem Papier geschrieben ist.

Er ist acht Jahre alt und macht Judo. Er möchte von mir wissen, was man tun muß, um ganz stark zu sein. Er hat nämlich einen Freund, der ihn ab und zu einmal verprügelt. Und anscheinend ist dieser Freund etwas kräftiger als er.

Wahrscheinlich.

Also David, hör mal zu. Wenn man Judo macht, müßte man ihm doch leicht ein Bein stellen können. Und dein Freund kennt die Tricks nicht, weil er wahrscheinlich keinen Unterricht im Judo hat. Wenn er allerdings auch Judo macht, wird die Sache schon schwieriger. Aber vielleicht konntest du schneller als er eine bessere Qualifikation bekommen. Und dann zu dem roten Papier, auf dem du mir geschrieben hast. Du bist wohl ganz schön wütend auf deinen Freund und gleichzeitig auch ein wenig schüchtern ihm gegenüber. Ich gebe dir folgenden Rat: Wenn es zu einer Auseinandersetzung mit ihm kommt, mußt du ganz leuchtende Augen bekommen, so einen stechenden Blick, der ihm Angst einjagt. Sie müssen ganz wütend aussehen. Das wird ihm schon imponieren. Und dann könntest du dich bei deinem Vater, Bruder oder Onkel erkundigen, wie man die besten Faustschläge verteilt, wenn man dem Anschein nach noch nicht so stark ist. Da gibt es eine ganz bestimmte Art, mit der Faust zu schlagen!

Vor allem beim Judo, glaube ich ...

Nein, beim Judo wird ja gerade nicht mit der Faust geschlagen. Hier geht es nicht um Judo, sondern letztlich darum, wie man sich gegen jemanden, der einen schlägt, wehren kann. Man muß eine Technik erlernen. Manche Jungen beherrschen sie. Sie schlagen eigentlich nicht fest, nur gezielt, und das tut dann sehr weh.
Deine Faustschläge kommen wohl nicht richtig an ... oder wenn, kommen sie wie ein großer Luftballon beim anderen angesegelt. Und dann erwischt es dich, zack, zack. Du mußt es eben lernen und dir von jemandem beibringen lassen. Und dafür hast du vielleicht auch starke Freunde. Zwei Möglichkeiten gibt es also: Zum einen das Beinstellen, zum anderen sich mit der Faust zu wehren.

Sie haben ja tolle Tips auf Lager, Françoise Dolto! Aber der kleine David wird mit Ihrer Antwort wohl hochzufrieden sein.

Und sein Freund wird ihn nachher um so lieber haben.

Glauben Sie? Nach Ihren Vorschlägen ...

Ja, ich bin sicher. Der andere erwartet ja, daß er auf die Schläge, die er austeilt, vom anderen eine Antwort bekommt.

Und wenn ein Mädchen von einem Jungen einmal geschubst wird, heißt es doch, daß sie den Jungen eigentlich interessiert. Sie sollte ihm darauf antworten. Schlimm wird es meistens dann, wenn der andere seine Antwort immer schuldig bleibt...

Ein zwölfjähriger Junge schreibt: »Ich habe eine achtjährige Schwester. Meine Eltern sind beide achtunddreißig Jahre alt. Ich möchte Sie nun fragen, ob man Kindern erlauben soll, Schimpfworte zu gebrauchen. Ein Lehrer in unserer Schule verteilt immer eine Strafarbeit, wenn man solche Worte sagt und er es mitbekommt. Was sollen Eltern eigentlich machen, wenn sie hören, daß eines ihrer Kinder Schimpfworte gebraucht? Sollen sie es bestrafen oder es einfach lassen?« (Ich gehe auf den ganzen Brief ein, weil ich ihn so niedlich finde.) Er fragt weiter, ob man Kindern erlauben soll, mit Pistolen, Flinten und Knallgewehren zu spielen und ob das Spielen mit Waffen irgendeinen Einfluß auf das spätere Leben hat. Wörtlich schreibt er, daß Sie mit ihm einen »treuen Zuhörer« haben, der mit seinen Fragen »nur Gutes im Sinn habe...«. Er will sich bei Ihnen nur informieren, um seinen Eltern oder seiner Lehrerin sagen zu können: »Madame Dolto hat aber folgendes gesagt...«.

Sein Brief ist recht erstaunlich. Vor allem, daß er nicht von seinem eigenen Standpunkt aus schreibt. Was die Frage nach dem Gebrauch von Schimpfwörtern angeht, so möchte ich ihm sagen, daß er doch wissen muß, woran er diesbezüglich bei seinem Lehrer ist. Alle wissen, daß er Schimpfworte nicht ausstehen kann und die Schüler bestraft, die sie gebrauchen. Manchmal frage ich mich, ob die Kinder nicht ganz gern bestraft werden, wenn sie diese Worte trotzdem benutzen. Manche Schüler langweilen sich am schulfreien Mittwoch, den ganzen Tag zu Hause zu sein und machen dann ganz gerne eine Strafarbeit, nur um sagen zu können: »Diese Lehrerin ist echt doof, denn sie erlaubt nicht, daß man in ihrer Gegenwart einmal flucht usw....« Eigentlich ist man wohl in der Schule, um eine anständige Sprache zu erlernen. Man geht dort ja nicht hin, damit man später besser fluchen kann. Ich habe schon einmal den Eltern, die mit dieser Unsitte ihrer Kinder konfron-

tiert sind – das fängt bereits mit vier Jahren an – geraten, ihre Kinder dann zu bitten, diese Worte in einem anderen Raum zu sagen. Dir, junger Mann, gebe ich auch diesen Rat, wenn du den Mund einmal davon voll hast. Natürlich kommt es auch vor, daß einem ein solches Wort einfach herausrutscht, z. B. wenn einem etwas heruntergefallen ist, wenn man auf irgend etwas ausrutscht oder wenn man etwas kaputtmacht. Dann kann man nicht viel machen, es ist nachträglich ja nicht zu ändern. Man kann sich dafür entschuldigen. Also wenn man vor anderen Leuten etwa ›Scheiße‹ sagt, kann man sich vielleicht dafür entschuldigen. Aber hast du es eigentlich nötig, ständig Schimpfworte zu gebrauchen? Wenn es der Fall ist, solltest du einmal darüber nachdenken und außerdem immer ein Blatt Papier bei dir haben. Wenn dann ein solches Wort aus deinem Mund heraus will, schreibst du es einfach hin, aber wenn es geht, ohne Schreibfehler. Es gibt nämlich eine ganze Menge Schimpfworte. Du würdest eine ganz schöne Sammlung zusammenbekommen. Man sollte sie auch alle kennen, braucht sie aber nicht ständig auszusprechen, außer unter Freunden, wenn keine Erwachsene dabei sind. Denn ich kenne kaum Erwachsene, die einem Kind sagen würden: »Ach bitte, sag mir doch noch ein paar Schimpfworte, ich finde sie so schön.«
Was deine Frage in bezug auf Pistolen, Gewehre usw. angeht: Ich denke, daß Kinder eine Zeitlang immer wieder einmal Krieg spielen müssen, schließlich machen es ihnen die Erwachsenen ja täglich vor. Die gehen auch noch so weit, daß sie die Waffen sonntags auf Militärparaden zur Schau stellen und dazu auch noch Beifall klatschen! Ein Gewehr aus Holz oder eine Spielzeugpistole sind im Gegensatz zu diesen Waffen aber nicht gefährlich und ermöglichen es dem Kind, sich stark zu fühlen. Ich selbst kann diese Frage weder entschieden in die eine noch in die andere Richtung beantworten. Aber die Eltern haben jeweils ihre Meinung dazu. Und die Eltern sind halt so wie sie sind. Wenn man seine eigenen gewählt hat, muß man mit ihnen zurechtkommen, da hilft alles nichts. Man lebt mit ihnen zusammen. Wenn du eines Tages Vater wirst, wirst du deinen Kindern gegenüber das tun, was du für richtig hältst. Aber glaubst du, daß die Kinder, die nicht mit Pistolen spielen,

deshalb menschlicher oder gebildeter als die anderen sind? Ich bin mir nicht so sicher. Nur die jüngeren Kinder spielen im Grunde gern mit Pistolen und Gewehren. Später treten an deren Stelle richtige Kampfspiele, die bestimmten Regeln unterliegen, an die man sich halten muß, und die Selbstbeherrschung verlangen ... Judo, Karate oder auch Fußball. In deinem Alter wirst du dich bereits für solche Spiele interessieren, die nach festen Regeln ablaufen und die zum Teil eine regelrechte Kunst darstellen.

Ein zwölfjähriges Mädchen ist von seiner Tante und seinem Onkel adoptiert worden. Sie weiß, daß ihre Mutter, die sie verlassen hat, die Schwester der Adoptivmutter ist. Aber sie kennt den Namen ihres Vaters nicht und würde ihn gern erfahren, um ihn einmal kennenlernen zu können. Die Tante hat an sich nichts dagegen, fürchtet aber, daß es der richtigen Mutter wehtun würde. Nun möchte das Mädchen Ihren Rat.

Deine Mutter erwartet von dir, daß du sie lieb hast und ihr dankbar bist, daß sie dir die Möglichkeit gab, schon ab dem vierzehnten Lebenstag bei ihrer Schwester zu leben und ihre Adoptivtochter zu werden, weil sie dich allein nicht erziehen konnte. Ich glaube, daß es zumindestens im Moment nicht nötig ist, ihr zusätzlich wehzutun. Vielleicht wirst du später erfahren, wer dein Vater ist. Aber ich weiß nicht. Schließlich hat er sich nie um dich gekümmert. Bei deiner Mutter ist es etwas anderes, denn sie sagt, daß sie dich aus finanziellen Gründen zu ihrer Schwester geben mußte. Das war recht mutig von ihr, denn viele Mütter geben ihre Kinder in solchen Fällen in irgendein Heim, d. h. zu fremden Leuten. Und für sie selbst wird es auch eine sehr schwere Entscheidung gewesen sein, dich nicht bei sich zu haben. Und dafür kannst du ihr wirklich dankbar sein, daß du bei ihrer Schwester und deren Mann eine wirkliche Familie gefunden hast, die sich um dich gekümmert hat.

Ferner möchte sie von Ihnen wissen, ob Gedächtnisschwierigkeiten erblich bedingt sein können, denn sie hat erfahren, daß ihre Mutter unter psychischen Schwierigkeiten gelitten hat.

Nein. Und wer einen solchen Brief schreibt wie du, hat sicherlich keine psychischen Schwierigkeiten, auch wenn du manchmal unter Gedächtnisstörungen leidest. Man kann im übrigen sein Gedächtnis trainieren, etwa mit einer Liste von Worten, die man auswendig lernt. Man kann dann kontrollieren, ob man welche übersprungen hat. Und dann nach zwei oder drei Tagen kann man überprüfen, ob man noch alle kennt. Ich glaube, daß du gut dabei abschneiden wirst. Verliere nur nicht den Mut!

Jetzt der Brief eines siebzehnjährigen Jungen, der schwer krank gewesen ist. Bis zu seinem neunten Lebensjahr war er sehr fröhlich, doch dann wurde sein Leben zu einem wahren Alptraum. Er wurde körperlich schwer krank und trotz aller ärztlichen Bemühungen hat man die Ursache für seine Krankheit nie herausgefunden. Schließlich hat man ihn operiert. Einige seiner Symptome sind geblieben, auch hat er sich körperlich langsamer als seine Altersgenossen entwickelt und wirkt auch heute noch sehr schmächtig. Darunter leidet er, vor allem auch deswegen, weil sich seine Schulkameraden über ihn lustig machen (man nennt ihn z. B. ›Fräulein‹). In der Schule ist er zwei Klassen zurück, wenn man bedenkt, wie sehr er gelitten hat, eigentlich eine gute Leistung. Aber das Leben ist ihm gerade dort unerträglich geworden. Er schreibt: »Nur zu Hause, in der Familie fühle ich mich wohl, aber draußen halte ich es nicht aus.« Er fragt: »Bin ich einfach schlecht angepaßt oder durch meine Krankheit, die mich sehr mitgenommen hat, derart traumatisiert worden, daß ich mit der Gesellschaft nicht mehr zu Rande komme. Wie kann ich mein Selbstvertrauen zurückerlangen?«

Sie haben die Lösung ihres Problems doch schon selbst gefunden, wenn Sie angefangen haben, Erzählungen, Märchen und Gedichte zu schreiben. Machen Sie nur weiter so. Und wenn es

Ihnen wirklich unmöglich erscheint, weiterhin mit Ihren Schulkameraden auszukommen, könnten Sie die Schule vielleicht per Fernstudium absolvieren. Wenn Sie diesen Weg wählen, sollten Sie aber unbedingt darauf achten, weiterhin Kontakt zu Jungen und Mädchen Ihres Alters zu haben, in einem Verein, im Jugendzentrum usw. Vom Alter her sind Sie ja selbständig genug. Was Ihre Zurückstellung in der Schule angeht, sollten Sie sich keine Sorgen machen. Machen Sie sich klar, daß jemand, der so viel gelitten hat wie Sie und in seiner literarischen Betätigung bereits eine Möglichkeit zur Sublimierung (wie wir als Psychoanalytiker sagen) gefunden hat, niemals verloren ist. Sie müssen sicherlich viel von dem, was Sie versäumt haben, nachholen, aber Sie werden sich immer weiter nach vorn entwickeln. Was kümmert Sie die Meinung derjenigen, die nicht gern haben, daß man anders ist als sie selbst? Ich kann Ihnen versichern, daß Sie keinesfalls unnormal sind. Aufgrund der langen traumatischen Erfahrung mit Ihrer Krankheit können Sie einfach nicht das gleiche Leben führen wie die anderen Jugendlichen in Ihrem Alter. Wenn Sie in der Nähe einer Stadt wohnen, in der es eine psychologische Beratungsstelle gibt, können Sie auch einmal dorthin gehen. Sicherlich finden Sie dort jemanden, mit dem Sie gut sprechen können. Sie sollten aber nicht an sich verzweifeln, dafür gibt es wirklich keinen Grund.

26

Romeo und Julia waren 15 Jahre alt

(Jugendliche)

Eine Mutter schreibt uns, daß ihre fünfzehnjährige Tochter eine Beziehung zu einem achtzehnjährigen Mann hat. Jetzt machen sie und ihr Mann sich darüber große Sorgen. Im übrigen gehören zu dieser Familie noch ein sechzehnjähriger Sohn und zwei Töchter, die zehn bzw. zwei Jahre alt sind.
Die Mutter schreibt, daß ihr die Sexualaufklärung der fünfzehnjährigen Tochter keine großen Schwierigkeiten bereitet habe. Wie sie es genau angestellt hat, erfahren wir allerdings nicht. Aber die Tatsache, daß sie sich über die Beziehung ihrer Tochter zu dem jungen Mann jetzt so große Sorgen macht, zeigt deutlich, daß sie mit einer Entwicklungsetappe ihrer Kinder konfrontiert wird, mit der sie – wie viele andere Eltern auch – nicht zurechtkommt.

Obwohl sie doch von der ›normalsten‹ Sache der Welt in Panik geraten ist; das zeigt im übrigen auch die gesunde Reaktion der Tochter auf die Vorhaltungen ihrer Mutter – zumindest bis jetzt.

Beschäftigen wir uns aber zuerst mit der Reaktion der Mutter, nachdem sie festgestellt hatte, daß ihre Tochter von dem jungen Mann, der zur Zeit seinen Militärdienst leistet, Briefe erhielt: »Ich bin regelrecht in Panik geraten. Ehe ich meinem Mann alles mitteilte, mußte ich erst mehrere Tage nachdenken, wie ich mich am besten verhalten sollte. Sie ist doch noch so jung, und diese Beziehung kann ihr so viele Unannehmlichkeiten einbringen. Schließlich sind ihre Noten in der Schule auch nicht gerade berühmt. Das habe ich ihr übrigens gesagt, als sie mir vorhielt, man könne in anderen Familien über diese Probleme viel offener und mit viel weniger Ängsten sprechen als bei uns. Sie findet mich altmodisch. Und ich weiß nicht, was ich jetzt tun soll.« Dann redet sie noch von der ›verkommenen Epoche‹, in der wir leben und fragt, ob eine Liebesbeziehung im Alter ihrer Tochter normal sei.

Aber sicherlich! ›Romeo und Julia‹ waren schließlich auch fünfzehn Jahre alt. Die Geschichte hat zwar kein gutes Ende genommen, aber doch wohl aus anderen Gründen! Diese Frau hat im übrigen auch noch einen sechzehnjährigen Sohn, von dem sie uns nichts mitteilt. Ich hoffe, daß er auch seine ›Julia‹ hat. Liebesbeziehungen in diesem Alter sind ganz normal. Ich sehe, daß die Mutter auch noch schreibt: »Ich kann sie schließlich nicht zu Hause festbinden, damit sie mir nicht sonntags ausgeht.« Man fragt sich, ob es für sie nicht doch besser wäre, ihre Tochter ›festzubinden‹, so verwirrt scheint sie mir zu sein.

Sie schreibt auch noch: »Wenn ich nur sicher sein könnte, daß diese Beziehung keine schlimmen Folgen hat.«

Was versteht sie eigentlich unter ›schlimmen Folgen‹? Es ist durchaus möglich, daß dieses Mädchen in den Jungen ernsthaft verliebt ist und in dieser Beziehung für sich eine ernsthafte Zukunftsperspektive sieht. Warum auch nicht? Niemand weiß von vornherein, in welchem Alter sich das Schicksal einer Zweierbeziehung entscheidet. Es gibt Jugendliche, die sich seit ihrem fünfzehnten Lebensjahr kennen und lieben. Meistens heiraten sie aber erst, wenn der Junge einen Beruf erlernt hat, auch wenn das Mädchen dann häufig noch jünger ist als der Mann. Meine eigene Großmutter hat mit fünfzehn Jahren, meine Urgroßmutter mit fünfzehneinhalb Jahren geheiratet. Ich finde es ganz normal, mit fünfzehn Jahren verliebt zu sein – und dies vielleicht für sein ganzes Leben. Ich denke, daß sich diese Mutter irrt, wenn sie darin etwas ›Schlimmes‹ sieht. Ist denn Liebe etwa schlimm?

Ich glaube, wenn sie von den ›schlimmen Folgen‹ schreibt, hat sie nur Angst davor, daß ihre Tochter mit diesem Mann schläft. Sie fürchtet doch im Grunde die körperliche Liebe, denn sie fügt hinzu: »Ich habe auch von meiner Tochter erfahren, daß mehrere Sechzehnjährige aus ihrer Klasse bereits die Pille nehmen.« Also hat sie jetzt einfach Angst davor, daß ihre Tochter schwanger werden könnte ...

Sicherlich. Aber sie kommt mit dieser Generation, die vielleicht viel vernünftiger mit solchen Problemen umzugehen weiß als wir damals, nicht zurecht. Die jungen Leute lernen sich heutzutage schon sehr früh kennen und riskieren bei den ersten sexuellen Kontakten – dank den verschiedenen Verhütungsmethoden – kaum noch, ein Kind zu bekommen, das sie sich nicht gewünscht haben und das sie noch nicht richtig erziehen könnten, weil sie sich für eine Vater- oder Mutterrolle noch zu jung fühlen.
Und letztlich ist es auch nicht ›schlimm‹, ein Kind zu bekommen: warum sollte ein junges Mädchen kein Kind bekommen, wenn der Junge in Ordnung ist und die Familie des Jungen einverstanden ist? Es spielen zu viele Faktoren mit hinein, so daß ich auf dieses Problem keine endgültige Antwort zu geben weiß. Nur im Falle dieses jungen Mädchens ist es doch noch gar nicht soweit: die beiden jungen Leute lieben sich und sie schreiben sich gegenseitig Briefe. Das Mädchen war bisher mit Freundinnen und Freunden zusammen und es gibt keinen Grund, warum sie es nicht auch zukünftig sein sollte – nur weil jetzt die Liebe mit von der Partie ist ...

Und wenn ihre Tochter schwanger wird? Davor hat sie doch Angst. Und anscheinend auch davor, daß sie die Pille nimmt.

Ich halte sie eher für unfähig, die Tochter auf ihre Verantwortung als Frau vorzubereiten. Dieses Mädchen hat ihr doch selbst gesagt, sie sei ›vernünftig‹, was so viel heißt wie: »Ich will nicht zu früh ein Risiko eingehen.« Sie liebt einen netten Jungen, der seinerseits in sie ernsthaft verliebt ist. Warum sollen sie sich nicht sehen, warum wird er nicht eingeladen? Statt dessen werden ihre Treffen systematisch verhindert. Im übrigen finde ich es sehr gut, einen Jungen, in den ein Mädchen verliebt ist, einmal zu sich einzuladen, weil sich die beiden jungen Leute auf diese Weise über die Art der Erziehung, die

sie jeweils genossen haben, besser im klaren werden. Dies kann sich auf ihre Beziehung und Intimität nur positiv auswirken. Der Junge fühlt sich von der Familie des Mädchens akzeptiert und vielleicht wird das Mädchen auch einmal von der Familie des Jungen eingeladen. Ob ihre Liebe nun eine Perspektive hat, kann man anhand solcher Treffen nicht feststellen. Dies läßt sich im voraus sowieso nicht sagen.
Und noch etwas: das Mädchen ist fünfzehn Jahre alt und hat in der Schule schlechte Noten. Warum? Vielleicht hat sie es eilig zu leben, ernsthaft zu leben, d.h. alle Verantwortungen im Leben selbst zu tragen. Vielleicht sollte sie mit einer anderen Ausbildung beginnen, mit der sie in zwei oder drei Jahren einen Beruf ausüben kann, wenn sie vorhat, mit dem Jungen zusammenzubleiben. Ich weiß zu wenig über sie. Aber man muß mit ihr über alle diese Probleme sprechen und sie ernstnehmen. Irgend etwas ›Schlimmes‹ an dieser Geschichte kann ich wirklich nicht sehen. Wenn die Mutter nun sehr beunruhigt ist, kann sie vielleicht auch eine Beratungsstelle aufsuchen und hier – zunächst allein – mit jemandem reden, von dem oder der sie Hilfe bekommt. In ihrem Brief ist mir übrigens noch ein Detail aufgefallen. Sie schreibt, daß ihre Tochter ihr Tagebuch und die Briefe offen auf den Tisch oder in der Schublade herumliegen läßt. Das bedeutet doch, daß sie der Mutter nichts zu verbergen hat. Wenn die Mutter über das, was sie dort liest, allerdings so außer sich gerät, wäre es vielleicht besser, wenn die Tochter ihr Tagebuch und ihre Briefe vor der Mutter verstecken würde.

Der Vater sagt auch noch, daß sich die Mutter zum ›Helfershelfer‹ der Tochter machen würde.

Ich möchte gerne einmal wissen, was er damit meint. Ist seine Frau ›Helfershelfer‹ der Tochter, nur weil sie von der Beziehung zwischen ihr und dem Jungen weiß? Es ist ja wohl auch Aufgabe des Vaters, über solche Dinge einmal mit seiner Tochter zu sprechen. Liebe ist schließlich eine ernstzunehmende Angelegenheit im Leben. Dieser Mann war ja vielleicht auch einmal verliebt, als er achtzehn Jahre alt war. Beide Eltern gehen wohl davon aus, daß ihre Tochter noch ein Kind ist. Und dann erfahren sie, daß sie bereits ein junges Mädchen zu Hause haben und geraten außer sich. Noch einmal: Was das Mädchen tut, ist überhaupt nicht schlimm und im übrigen finde ich ihre Geschichte mit dem Jungen auch sehr schön.

Im folgenden Brief geht es um eine Familie mit vier Kindern: der Junge ist zwanzig, die Tochter siebzehneinhalb und die beiden anderen Jungen sind zwölf und zehn Jahre alt. Über ihre siebzehneinhalbjährige Tochter schreibt die Mutter folgendes: »Da ich selbst in meiner Kindheit keine Eltern mehr hatte, wollte ich zu meinen Kindern ein besonders enges Verhältnis. Und so war es mir auch gelungen, meine Tochter davon zu überzeugen, daß sie erst ab achtzehn Jahren Geschlechtsverkehr haben darf und erst ab diesem Alter die Pille bekommt. Vorher sollte sie zu einem Frauenarzt gehen, damit dieser sie in dieser Angelegenheit beraten kann.« Nun hat sie gerade erfahren, daß ihre Tochter die Pille insgeheim schon länger nimmt. Und jetzt hat sie Angst, daß die Pille ihre Tochter »krank« macht. Was soll sie tun, da man in dieser Familie über diese Problematik anscheinend noch nie gesprochen hat? Die Mutter fühlt sich auf jeden Fall hintergangen und lehnt es auch ab, ihrer Tochter nach deren »Beichte« zu helfen. Dem Vater wurde im übrigen nichts gesagt.

Die Mutter schreibt von ›Beichte‹, als hätte der Vorgang mit etwas Schuldhaftem zu tun. Es kommt mir so vor, als würde sie sich jetzt selbst ›schuldig‹ fühlen, nicht die phantastische Mutter gewesen zu sein, wie sie es sich vorgestellt hatte, wohl deshalb, weil sie in ihrer Kindheit selbst keine Mutter hatte. Aber sie kann getrost sein: sie ist eine sehr gute Mutter gewesen. Und jetzt sind weder ›Geständnisse‹ noch ›Beichten‹ notwendig. Der beste Beweis für ihre gute Erziehung ist doch, daß sich dieses Mädchen bereits selbständig und erwachsen fühlt, zugegebenermaßen früher, als es sich die Mutter vorgestellt hat... Die Mutter war der Meinung, daß man die Pille mit achtzehn Jahren nehmen kann – warum dann nicht ein halbes Jahr früher? Und warum auch nicht mit sechzehn oder fünfzehn Jahren? Wenn ein junges Mädchen in der Lage ist, die Verantwortung für sich selbst zu tragen, ohne dabei

Schuldgefühle zu empfinden, geht daraus doch hervor, daß es eine sehr gute Mutter gehabt hat. Wenn sie ein Verlangen nach einer sexuellen Beziehung hat, so war es doch sehr klug von ihr, keine Schwangerschaft zu riskieren und ein Kind in die Welt zu setzen, bevor sie sich eines wünscht. Sie ist sich über ihre Beziehungen zu Jungen eben noch nicht ganz im klaren und körperlich und seelisch noch nicht so ausgeglichen, daß sie ihren Eltern sagen könnte: »Ich möchte gern ein Baby bekommen.« Und da seine Tochter bereits fast erwachsen ist, sollte sich der Vater auch nicht in ihre Probleme einmischen. Für mich ist dieses Mädchen durch ihr Verhalten bereits erwachsen, viele Kinder sind dies heute bereits schon mit sechzehn Jahren. Das ist keine Frage des Alters, sondern der, wenn man so will, moralischen und geistigen Reife.
Die Mutter könnte ihr jetzt sagen, daß sie richtig gehandelt hat. Das Vertrauen des Mädchens in sie würde dadurch gestärkt.

Was meinen Sie generell zu dem Problem, wenn Mädchen etwa ab sechzehn Jahren die Pille nehmen möchten?

Diese Mutter hat zu ihrer Tochter gesagt: »Laß dir Zeit. Du bist mit vierzehn oder fünfzehn Jahren noch nicht reif genug ...«, und sie hat durchaus Recht gehabt, so mit ihrer Tochter zu sprechen. Ich habe nichts dagegen. Denn wenn sie darauf gehört hätte, wäre sie tatsächlich noch nicht reif genug gewesen. Wenn sie dann trotzdem gegen den Willen ihrer Mutter gehandelt hat, dann ist sie vielleicht leichtsinnig oder eben reif genug. Eine Mutter sollte, sobald ihre Tochter die erste Periode bekommt, mit ihr zu einem Frauenarzt oder einer Frauenärztin gehen. Sie könnte dann sagen: »Ich vertraue Ihnen meine Tochter an. Sollte sie einmal allein zu Ihnen kommen, so haben Sie mein Vertrauen.« Und der Tochter könnte sie sagen: »Wenn du zu einem Frauenarzt gehen willst, brauchst du es mir nicht zu sagen. Du bist jetzt ein junges Mädchen und es ist deine Sache. Ich habe es nur lieber, wenn du zu jemandem gehst, der mein Vertrauen hat. Deswegen habe ich ihn (oder sie) auch für dich ausgesucht. Und wenn man einen Familienarzt hat, kann man ihm auch im Beisein der

Tochter (etwa wenn sie vierzehn Jahre alt ist) sagen: »Von nun an ist meine Tochter alt genug, um allein zu Ihnen zu kommen. Wenn sie irgendwelche Frauenprobleme hat, können Sie sich mit ihr darüber unterhalten. Sie haben mein ganzes Vertrauen.« Es geht also nicht darum, irgendwelche Geheimnisse zwischen Mutter und Tochter aufzubauen, sondern dafür zu sorgen, daß ein Kind in bezug auf sein Sexualleben unabhängig und selbständig wird, ohne daß die Mutter andauernd Angst davor zu haben braucht, daß ihr die Tochter etwas verheimlicht. Sie soll eigentlich nur die ›Vorkehrungen‹ treffen und irgendwann wird die Tochter diese Selbständigkeit dann auch ergreifen.

Natürlich hindert dies keine Mutter daran, mit ihrer Tochter über derartige Probleme auch selbst zu reden. Aber es ist besser, daß man, sobald ein Mädchen die erste Regel bekommt, zu einem Frauenarzt geht, der im übrigen an die Schweigepflicht gebunden ist.

Zusammenfassend läßt sich also sagen, daß man mit den Kindern über ihre Sexualprobleme sprechen und nicht davor zurückschrecken soll, ihnen die ganze Wahrheit zu sagen.

Ja. Das Wichtigste ist, den Kindern die Sicherheit zu geben, die sie brauchen, um in den verschiedensten Lebensbereichen unabhängig zu werden. Und eine Mutter sollte sich auf ihre Mutterrolle nicht zu stark fixieren, denn irgendwann geht dann dieser ›Traum‹ für sie zu Ende. In Wirklichkeit ist sie immer die Mutter, die ihr Kind braucht und nicht die, die sie selbst zu sein glaubt oder sich einbildet, sein zu müssen.

Anhang
Beispiel einer Kinderpsychotherapie

Was ist eine Psychotherapie? Bei dieser mir von vielen Eltern gestellten Frage will ich mich im folgenden anhand eines konkreten Falls um eine verständliche Antwort bemühen. Es geht dabei um eine ›einfache‹ Psychotherapie oder, wie man sie auch nennt, ›unterstützende‹ Therapie.

Das Ziel einer solchen Therapie ist die Wiederherstellung des psychischen Gleichgewichts eines Patienten, das infolge eines *aktuellen* Ereignisses gestört wurde. Der Patient fühlt sich in seinem Handeln ohnmächtig, aber doch für seine Handlungsunfähigkeit *verantwortlich,* weil er letztlich weiß, daß er mit einem bestimmten, für ihn eher zufälligem, Ereignis nicht fertig wird. Seine Gefühle, die der konkreten Erfahrung nicht immer unbedingt entsprechen müssen, sind von Angst, Ärger oder Demütigung bestimmt und in den meisten Fällen blieb eine konkrete Hilfe von außen aus, die ihm vielleicht diese Gefühle genommen, sie zumindestens relativiert hätten. Dann wäre er mit der Niederlage, wie er sie für sich in bezug auf die Anforderungen der Wirklichkeit empfunden hat, wahrscheinlich besser fertig geworden. Eine konkrete Unterstützung hätte ihn veranlassen können, die Vorgänge in der Wirklichkeit in diesem Fall erst einmal hinzunehmen, ohne sich dafür nur allein verantwortlich zu fühlen. Seine Sensibilität für sie wurde aber um so mehr tangiert, als er durch das Gefühl, gescheitert zu sein, psychisch so zerbrechlich geworden ist.
Die Tatsache, daß der Patient *sein* Problem nicht lösen kann, führt bei ihm zu sich ständig wiederholenden Verhaltensweisen, und zwar sowohl als Reaktion auf sein angegriffenes Selbst als auch auf die Verhaltensweisen anderer ihm gegenüber. Seine emotionale, psychische und soziale Situation verschlim-

mert sich auf diese Weise ständig, bis er keinen Ausweg mehr aus ihr zu finden weiß. Manchmal wird er körperlich krank und manchmal entwickelt er funktionelle Störungen wie Schlaflosigkeit oder Kopfschmerzen. Vor allem beginnt er vor dem zu fliehen, was ihn früher entspannt hat. Es kommt ihm so vor, als wäre sein Leben verpfuscht. Seine spürbare Unfähigkeit bringt ihn zur Verzweiflung. Ihn bedrücken Minderwertigkeitsgefühle und Schuldgefühle. Er beginnt zu regredieren, weil er mit seinen Konflikten und dem, was er eigentlich will, nicht zu Rande kommt. Und genau dies wirkt sich wiederum negativ auf seine gesamte Persönlichkeitsstruktur aus. Da er sich für seine psychische Verfassung selbst die Schuld gibt, sich also schuldig fühlt, kann es vorkommen, daß er tatsächlich eine strafbare Handlung begeht, um seine Schuldgefühle in der Realität bestätigt zu sehen. Er kann daraus sogar eine gewisse Lust beziehen. Vielleicht entwickelt er infolge seiner Verzweiflung auch die Wahnvorstellung, daß er bald stirbt, vielleicht durch einen Unfall, und es kann dann vorkommen, daß er einen solchen Unfall auch tatsächlich herbeiführt. Er richtet die Aggression, die er, ohne es zu wissen, auf ein ihm nicht bekanntes Objekt richtet, gegen sich selbst. Gewinnen im Rahmen solcher Schuldgefühle die bewußten depressiven Tendenzen seiner Persönlichkeit die Oberhand, leidet er an unbestimmten Ängsten und fängt an zu trinken oder Drogen zu nehmen, um seine ganze Hilflosigkeit vergessen zu machen. Oder er begeht Selbstmord.

PAUL (achteinhalb Jahre) ist ein intelligentes Kind. Aber seit Beginn des Schuljahres entwickelt er gegenüber der Schule eine krankhafte Angst. Jetzt ist es bereits Mitte April und er geht seit einigen Wochen überhaupt nicht mehr in die Schule. Seinen Eltern hat er davon nichts gesagt.

Alles fing damit an, daß er sein Hausaufgabenheft verlor. Dann fälschte er seine Noten und bekam deswegen Strafarbeiten auf. Er war immer mehr gegen die Schule eingestellt. Und schließlich trat für seine Eltern die Katastrophe ein: Paul sollte auf eine Sonderschule oder in ein Heim für verhaltensgestörte Kinder geschickt werden. Für die Rektorin der Grundschule

war er zu weit gegangen und sie wollte sein Verhalten nicht länger bei sich dulden.
Noch am Ende des letzten Schuljahres hatte er zu den besten Schülern gezählt, das war im Kindergarten und in der Vorschulklasse genauso gewesen. Er besucht die gleiche Schule, in der auch seine Vorschulklasse untergebracht war. Seine Lehrerin besaß an der Schule einen guten Ruf als Pädagogin. Obwohl sich die Schüler vor ihr fürchteten, wurde sie von ihnen sehr geschätzt. Für Paul war das vorige Schuljahr also sehr erfolgreich gewesen. Er war mit einer Jugendgruppe in den Ferien unterwegs gewesen und hatte anschließend zusammen mit seinen Eltern und seinem fünf Jahre jüngeren Bruder noch einige Wochen bei den Großeltern mütterlicherseits auf dem Lande verbracht. Alles war bis dahin in Ordnung und er kam Anfang September gesund aus den Ferien zurück. Die Kinder fuhren mit dem Vater etwas früher als geplant nach Hause, weil der Großvater krank wurde. Man dachte, daß er sich schon recht bald erholen würde und die Großmutter, sobald ihr Mann wieder gesund sein würde, ihrerseits die Familie ihrer Tochter besuchen würde. Denn die Mutter von Paul war zu dieser Zeit bereits hochschwanger. Das Kind kam einige Tage nach der Rückkehr der beiden anderen Kinder, die dann wegen der Geburt bei einer Tagesmutter, die sie schon immer betreut hatte, untergebracht wurden.
Das Baby kam zwei Monate vor dem errechneten Geburtstermin. Die Mutter hatte damit gerechnet, daß ihre anderen beiden Kinder bis zum Beginn des Schuljahres noch bei ihrer Mutter bleiben könnten, um sich selbst besser von der Geburt erholen zu können. Sie war sehr erschöpft, vielleicht weil sie fast bis zum Ende ihrer Schwangerschaft gearbeitet hatte. Und dann wollte die Mutter später zu der Großmutter ihrer Kinder fahren, um sie ein wenig zu unterstützen. Aber der Zustand des Großvaters hatte sich in der Zwischenzeit verschlechtert. Seine Frau mußte bei ihm bleiben. Er hatte Krebs und starb im Januar. Zu Neujahr war die ganze Familie bei den Großeltern das letzte Mal zu Besuch gewesen.

Pauls Mutter hätte ihren Vater vielleicht zu dieser Zeit nicht mehr sehen sollen. Er sei nicht mehr zu erkennen gewesen.

Wenn sie davon erzählt, fängt sie an zu weinen. Er war auch schon zu müde, um die Kinder bei sich haben zu können, hat aber seine kleine Enkelin noch erlebt: »Ich wollte, daß er sie wenigstens einmal gesehen hat«, sagt die Mutter und weint. »Die Kinder liebten ihren Großvater sehr, wir hatten ihn alle gern, denn er war ein guter Mann. Mein Mann, selbst Einzelkind wie ich, hatte seine Eltern schon mit acht Jahren verloren und wurde von der Großmutter mütterlicherseits erzogen, die nach der Geburt unseres zweiten Kindes gestorben ist. Wir alle hatten sie sehr lieb. Sie ist bei uns gestorben.« Und wieder weint sie: »Jetzt haben wir nur noch meine Mutter.«
Der Vater von Paul, also ihr Mann, ist Lastwagenfahrer. Wochentags ist er nicht zu Hause, lediglich an den Wochenenden. Mann und Frau verstehen sich gut. Alle Kinder waren Wunschkinder. Das Paar hatte sich drei Kinder gewünscht, weil sie beide darunter gelitten hatten, Einzelkinder gewesen zu sein. Wenn der Vater zu Hause ist, kümmert er sich rührend um seine Kinder und hilft auch seiner Frau.
Sie ist Büroangestellte. Ihre Arbeit gefällt ihr und sie hat nette Kollegen. Sie arbeitet in der gleichen Firma in der sie ihren Beruf erlernt hat, auch ihre Mutter arbeitete schon dort. Sie hat übrigens die Stelle ihrer Mutter übernommen, als diese in Rente ging, vor allem weil ihr Mann, der zehn Jahre älter war als sie, mit fünfundsechzig Jahren aufgehört hatte zu arbeiten. Er war in einer Firma beschäftigt, die Blumensamen produziert. Die Mutter hat eine glückliche Kindheit verbracht. Die Ferien waren sie immer auf dem Land im Hause ihrer Großmutter. Schon damals lernte sie ihren jetzigen Mann kennen. Und als sie heirateten, stellten ihnen die Eltern der Mutter ihre Wohnung in Paris zur Verfügung und zogen endgültig in das Haus ihrer Großmutter in der Normandie.
Die Mutter kommt im Rahmen unserer Unterhaltung wieder auf die Ereignisse im September letzten Jahres zurück.
»Die Kleine ist also kurz vor Beginn des neuen Schuljahres geboren. Ich konnte den Kleinen nicht mehr selbst in den Kindergarten bringen. Er wurde von der Tagesmutter dorthin gebracht. Bei Paul war es etwas anderes, denn er war ja gewöhnt, allein in die Schule zu gehen. Am Wochenende war dann mein Mann zu Hause, so daß auch die Kinder wieder den

ganzen Tag bei uns blieben. Ich war noch sehr müde, aber es ging trotzdem schon wieder bergauf, wir waren ja so froh, ein Mädchen bekommen zu haben. Paul brachte fortan seinen kleinen Bruder jeden Tag in den Kindergarten, von wo ihn die Tagesmutter abholte. Nach der Schule ging er dann auch zu ihr, aß dort zu Mittag und blieb bis zum Abend. So lief es immer, wenn ich tagsüber bei der Arbeit war.«

Paul war mit der Schule immer irgendwie klargekommen. Man machte nicht viel Aufhebens darum. Seiner Mutter half er viel. Ab und zu erzählte er dann von der Lehrerin, daß sie ihm so viele Strafarbeiten aufgab, er mußte abends viele Seiten abschreiben. Seine Mutter hielt ihm manchmal eine Moralpredigt. Aber sie konnte sich nicht sehr um ihn kümmern, weil sie so viel zu tun hatte und außerdem noch sehr erschöpft war. Hinzu kam damals noch die Sorge um ihren Vater ...

»Und dann fing ich wieder zu arbeiten an, es mußte ja sein. Ich habe das Baby in die Krippe gebracht und dann abends wieder abgeholt. Die Tagesmutter meines zweiten Kindes war inzwischen zu alt geworden, um sich um die Kleine kümmern zu können. Aber auch mein zweiter Sohn ist später noch in die Krippe gegangen. Paul nicht. Paul wurde von meiner Mutter beaufsichtigt, als er noch klein war. Später kam er zu einer Frau, die meine Mutter bei einem Spaziergang kennengelernt hat. Sie hatte akzeptiert, Paul zu nehmen, nur ganz kleine Kinder wollte sie nicht mehr haben. Sie kümmerte sich auch noch um einen anderen Jungen, Paul war also nicht allein bei ihr. Die beiden mochten sich gern. Als dann mein zweiter Sohn laufen konnte, hat sie ihn auch noch genommen. Sie kümmerte sich sehr gut um ihn. Sie ging oft mit ihm spazieren. Es war schon besser als in der Krippe. Sie wohnte auch in unserer Nähe. Wenn die Kinder erkältet sind, nimmt sie sie trotzdem. In der Krippe machen sie es nicht. Sie schicken die Kinder, die krank sind, einfach nach Hause. Dann muß man sie in die Klinik bringen. Aber meine Mutter kam in solchen Fällen oft zu uns nach Hause, um die Kinder zu versorgen. Solche Kinderkrankheiten wie Masern, Windpocken oder Röteln sind ja nicht schlimm und die Kinder stecken sich schnell bei jemandem an, wenn sie in der Schule oder noch im Kindergarten sind. Es ist nun mal so. Sonst sind wir alle kerngesund.

Aber jetzt macht mir Paul große Sorgen.« ... »Nach dem Tod meines Vaters wurde meine Mutter krank. Sie hat in ihrem Leben zuviel gearbeitet und hatte es mit dem Herzen. Sie hat dann bei uns gewohnt. Und dies war nicht einfach, da wir eine kleine Wohnung und drei Kinder haben. Ihr Hausarzt hat sie zu einem Facharzt geschickt, der sie jetzt behandelt. Sie bräuchte viel Ruhe, hieß es.«
Die Großmutter war zu dieser Zeit sehr deprimiert. Sie konnte den Lärm und die ständige Unruhe durch die Kinder nicht mehr aushalten. Nachdem sie früher mit ihnen so gut ausgekommen war, fing sie jetzt an, pausenlos mit ihnen zu schimpfen.
Die Mutter von Paul mußte – sie hoffte vorübergehend – mit ihrer Arbeit aufhören, um sich um die eigene Mutter kümmern zu können. Und was wurde aus Paul selbst? »Seine Noten fielen im ersten Viertel des neuen Schuljahres in allen Fächern schlecht aus. Ich sah schon kommen, daß er ein Jahr verlieren würde. Ich bin nach dem Tod meines Vaters zu seiner Lehrerin hingegangen. Sie war ganz gegen ihn aufgebracht: Er würde nichts tun, die Klasse ständig stören, nicht zuhören, er wäre faul, laut und unerträglich. Im allgemeinen würde sie nicht viele Hausaufgaben aufgeben, trotzdem hätte er sie nie gemacht: entweder hatte er sie völlig vergessen oder machte er sie sehr schlampig. Er hätte auch eine kleine und unleserliche Schrift. Offensichtlich ist sie von ihm enttäuscht. Er wäre nicht das Kind, von dem ihr so viel Gutes berichtet worden sei. In der Klasse verhält er sich entweder unmöglich oder er schläft. Mit ihm auszukommen sei deswegen nicht mehr möglich.«
Die Mutter hatte durchaus bemerkt, daß sich Paul verändert hatte – er sah immer blaß aus und hatte keinen Appetit mehr. Aber daß er laut wäre, hat sie nicht glauben wollen:
»Zu Hause hörte man ihn kaum. Er gibt sich viel Mühe, mir zu helfen. Er ist nett und hilfsbereit. Sicherlich ist er ein nervöses Kind. Der Arzt hat es mir auch bestätigt. Er schläft unruhig und hat öfter Alpträume. Seitdem die Großmutter bei uns wohnt, schlafen alle drei Kinder in einem Zimmer. Wenn die Kleine nachts gekommen ist, ist Paul aufgestanden. Damit ich schlafen konnte, hat er ihr das Fläschchen gegeben und ihre Windeln gewechselt, so wie es mein Mann normalerweise tut,

wenn er da ist. Wenn sie schrie, mußte man sie herumtragen, daß sie ruhig wurde – wegen der Nachbarn. Am Anfang schlief die Kleine jedesmal nach dem Fläschchen sofort wieder ein. Aber seit sie in der Krippe war, hatte sie ihren alten Rhythmus verloren und schlief nicht mehr durch. Jetzt ist es schon besser, es hat sich wieder eingependelt. Das Problem ist jetzt mein zweiter Sohn ... Seitdem wir Weihnachten das letzte Mal bei meinen Eltern waren und sein Großvater ihn nicht wiedererkannt hat, leidet er nachts unter Alpträumen. Er weckt Paul auf, der ihn dann beruhigt. Es könnte sein, daß Paul mittlerweile schon selbst an diese Alpträume glaubt.« ... »Als meine Mutter bei uns war, fing bei Paul der Horror vor der Schule an und er ging dann wohl auch nicht mehr hin. Damals wußten wir es noch nicht. Er ging morgens aus dem Haus und kam abends wie immer mit seinem jüngeren Bruder von der Tagesmutter zurück. Er aß ja auch nicht mehr in der Schule sondern bei ihr. Wenn ich ihn fragte ›Wie geht es in der Schule?‹ antwortete er zögernd und ungern: ›Es geht nicht so gut. Sie kann mich nicht ausstehen. Ich weiß nicht, was ich ihr getan habe. Ich habe die Schule satt.‹ Ich versuchte dann immer, ihn zur Vernunft zu bringen. Von der Schule haben wir ja nichts erfahren, ich meine, man glaubte dort anfangs nur, er sei wirklich krank und würde deswegen nicht kommen. Dann hat ihn eines Tages ein Mitschüler auf der Straße gesehen und es der Lehrerin berichtet. Daraufhin bekamen wir einen Brief von der Rektorin. Ich bin zu ihr hingegangen. Ich habe nicht fassen können, was passiert war. Die Rektorin hat gesagt, daß mit Paul irgend etwas nicht stimmen würde, denn ohne Grund würde sich ein Kind nicht so verändern.

Vorher war ich mit Paul schon bei einer Psychologin gewesen, um ihn testen zu lassen, ob seine schlechten Leistungen in der Schule von daher kommen, daß er nicht intelligent genug ist. Aber die Psychologin meinte, er sei intelligent, nur würde er sehr leicht ermüden; außerdem sei er zu sensibel. Wir hatten damals um Neujahr den Großvater gesehen und er war traurig, so wie wir alle. Die Psychologin sagte, zur Zeit würde er die Schule ablehnen und wir sollten mit ihm zu einem Arzt gehen. Der Arzt sagte, daß Paul verhaltensgestört sei und auf eine Sonderschule für Verhaltensgestörte gehen müsse. Er solle

dort, wie in einem Internat, auch leben. Wir sollten ihn nicht mehr bei uns haben. Ich weiß nicht, was mit ihm los ist. Er verhält sich in der Schule völlig anders als bei uns zu Hause. Man könnte glauben, daß es sich nicht um das gleiche Kind handelt. Ich habe ihm gesagt, daß wir uns um ihn Sorgen machen würden und ihn gefragt, warum er sich so verhält. Er sagte, es wäre nicht seine Schuld. Einmal habe ich ihn daraufhin angebrüllt: ›Es ist aber auch nicht meine Schuld oder die Schuld deines Vaters. Wir haben das nicht verdient.‹ Aber er war völlig verstockt und sagte, es wäre wohl das beste, wenn er sterben würde. Manchmal habe ich Angst, daß er eine Dummheit begeht. Ich weiß nicht mehr, was ich tun soll.
Nachdem ich bei der Klassenlehrerin gewesen war und nach den psychologischen Tests war mein Mann sehr ärgerlich; er hat ihn geschlagen, was er sonst noch nie getan hatte. Ich dachte, vielleicht könnte ihn eine Tracht Prügel dazu bewegen, sein Verhalten zu ändern. Mein Mann hat ihn einmal, als er krankgeschrieben war, selbst in die Schule gebracht. Die Rektorin hat uns die Anwesenheitslisten gezeigt. Ich glaube, er war zum ersten Mal kurz nach dem Besuch bei meinen Eltern der Schule ferngeblieben. Ich habe mir gedacht, daß es schade ist, daß sich ein so intelligentes Kind derart dumm verhält. Vielleicht waren wir mit ihm nicht streng genug.
Ich habe dann dafür gesorgt, daß er während der Osterferien morgens länger ausschlafen kann. Ich hatte ja aufgehört zu arbeiten, um bei meiner Mutter zu bleiben. Ihr ging es damals nicht gut. Ich konnte sie nicht im Stich lassen. Der zweite Junge war den ganzen Tag bei seiner Tagesmutter, da meine Mutter ihn nicht um sich ertragen konnte. Sogar die Kleine habe ich in die Krippe gebracht, damit sich meine Mutter ausruhen kann. Der Arzt hatte gesagt: ›Viel Ruhe und kein Ärger.‹ Dann dachte meine Mutter ständig an meinen Vater, an sein Grab usw. Ich glaube, es war für die Kinder nicht so gut, ständig damit konfrontiert zu sein. Sie wissen, wie schwierig das Leben in einer zu kleinen Wohnung ist; die Kinder verbreiten überall ihre Unordnung, sie brauchen Bewegung, vor allem der Kleine, denn Paul hat man praktisch nicht gehört. Er schlief morgens bis spät und blieb dann bei seiner Großmutter. Ich kochte das Mittagessen, danach ging er zu der Tagesmutter.

Sie geht mit den Kindern immer im Park spazieren, wenn das Wetter schön ist. Ich bin zu Hause nervös, ich ärgere mich wegen irgendwelcher Kleinigkeiten und brülle die Kinder an. Danach mache ich mir immer Vorwürfe, was aber nichts hilft. Ich weiß wirklich nicht mehr, was ich tun soll! Selbst wenn der Vater nach Hause kommt, ist die Atmosphäre angespannt. Früher war es immer wie ein kleines Fest: ›Pappi kommt.‹ Jetzt muß man mit Paul schimpfen, damit er überhaupt ißt. Er hat keinen Appetit mehr. Auch daran sieht man, daß es ihm nicht gut geht.« (Auch ihr geht es nicht gut: sie sieht schlecht aus, sie wirkt erschöpft und ist sehr mager.)

Nach diesem langen Monolog der Mutter wollen wir jetzt die Meinung des Vaters hören.
»Was denken Sie über Ihren Sohn, der Ihnen so viel Kummer bereitet?«
»Ich verstehe die ganze Sache nicht. Er war doch immer so ein netter Junge gewesen. Jetzt ist aus ihm ein Dickkopf geworden. Ich fürchte, daß für ihn die Schule gestorben ist. Er interessiert sich nicht mehr dafür. Früher ist er ja hingegangen. Er war auch immer ganz stolz auf seine guten Zeugnisse. Er zeigte sie mir, wenn er nach Hause kam. Und ich war immer froh darüber. Jetzt kann ich nichts mehr machen. Alle Versprechungen oder Beschimpfungen nutzen gar nichts. Ich habe ihn sogar einmal geschlagen. Manche behaupten, das würde bei Kindern helfen. Aber es ist eigentlich nicht meine Art. Ich finde es nicht gut, Kinder zu schlagen. Ich glaube, es war das einzige Mal in meinem Leben, daß ich ein Kind schlug ... Jetzt hat er Angst vor mir. Und alles nur wegen dieser Lehrerin, die ihn nicht ausstehen konnte. Nach Ostern wurde es ja immer schlimmer. Er ging einfach nicht mehr zur Schule, wie wir nachträglich erfahren haben. Es war nichts zu machen. Von der Schule will er nichts mehr wissen. Er würde lieber sterben als wieder dort hinzugehen ...
Einmal habe ich ihn persönlich hingebracht. Er ist auch hineingegangen. Aber ich weiß nicht, was er dann getan hat. Denn er war auch an diesem Tag als fehlend eingetragen. Er hat sich wahrscheinlich auf dem Klo versteckt und ist dann abgehauen. Wer weiß, wo er sich immer herumtreibt. Vor mir

hat er Angst, vor seiner Lehrerin – nur auf der Straße hat er keine ...«

Der Vater, der sich schuldig fühlt und ängstlich ist, schweigt eine Weile. Dann fährt er fort:

»Ich habe versucht, mit ihm im Beisein seiner Schulkameraden zu reden, damit er sich schämt. Ich habe ihm gesagt: ›Du mußt wie ein Mann handeln, sie wird dich schon nicht auffressen. Tue dein Bestes. Du bist intelligent und wirst es schon packen.‹ Er meinte, das würde alles nichts nutzen. Wenn er in der Schule zuhört, würde er überhaupt nichts mehr verstehen. Früher habe er alles verstanden. Er sagte, daß sich seine Mitschüler über ihn lustig machen würden. Sie würden ihn in der Pause auslachen... Von seinen Klassenkameraden habe ich erfahren, daß die Lehrerin immer Strafarbeiten verteilt, bei denen die Kinder bis zu vier Seiten immer wieder denselben Satz, z.B. ›Ich darf im Unterricht nicht schlafen‹, schreiben müssen. Er hätte seine Strafarbeiten aber nie gemacht. Er behauptete, sein Heft vergessen oder verloren zu haben. Die anderen haben sie immer gemacht. Ihm hat sie immer zwei- oder dreimal so viel aufgegeben. Einmal hat sie ihm gesagt: ›Wenn du mir deine Strafarbeiten nach den Ferien nicht mitbringst – es war gerade Ostern –, dann brauchst du überhaupt nicht mehr zu kommen.‹ Genau das hat er dann gemacht... Ein Dickkopf ist er, sage ich Ihnen. Ich denke aber, daß sie hätte nachgeben sollen. Sie hat ihm zuviel aufgegeben. Sie hätte weniger Seiten geben sollen. Ob er sie aber gemacht hätte? Das ist ja die Frage.«

»Was werden Sie jetzt tun?«

»Ich weiß es wirklich nicht. Ich habe meinen Jungen schon sehr lieb. Er macht's nicht mehr lange. Ich persönlich glaube, daß er nicht verhaltensgestört ist, wie behauptet wurde. Vielmehr denke ich, daß er sich geärgert hat und sich bockig verhält. Jetzt hat er einfach Angst.

Am Anfang ging er gern in die Schule. Er war ja auch ein guter Schüler. Dann kam die Geburt meiner Tochter. Meine Frau war erschöpft und dann gab es ja noch die Geschichte mit dem Großvater. Er konnte sich vielleicht deshalb nicht auf den Unterrichtsstoff konzentrieren. Er erzählte, es wäre so schwer, die Lehrerin würde ihn nicht mögen, sie wäre sehr streng und

er würde nicht mitkommen. Ich habe versucht, ihm Mut zu machen: ›Du wirst es schon packen!‹ Zu Hause hat er für uns ja alles getan, vor allem meiner Frau hat er viel geholfen. Ich habe ihm gesagt: ›Ich verlasse mich auf dich.‹ Vielleicht habe ich ihn auch überfordert. Er ist schließlich erst acht Jahre alt bzw. wird bald neun.
Dann kam sein Zeugnis: ›Schlecht, faul, arbeitet nicht, furchtbare Schrift‹. Wir haben uns dann gedacht, meine Frau und ich, ob es an seinem Gehirn liegt und ihn zum Psychologen geschickt, damit man mit ihm bestimmte Tests macht. Wir waren ja dann beruhigt. Die Psychologin hat gesagt, er wäre intelligent, aber daß er die Schule völlig ablehnt. Er würde schnell ermüden, deswegen sollten wir ihn von einem Arzt untersuchen lassen. Außerdem wurde uns eine Psychotherapie empfohlen. Das könnte helfen. Wir waren aber mißtrauisch. Vielleicht haben wir uns damals geirrt ...
Danach ist meine Frau zu der Lehrerin gegangen. Erst durch sie haben wir erfahren, daß er in der Schule unruhig, laut und unaufmerksam sei und andauernd den Unterricht stören würde – also das Gegenteil von dem, was er zu Hause ist. Meine Frau sagte zu mir: ›Sie hat etwas gegen ihn.‹ Ich dachte, ein Junge, der ist schließlich kein Engel. Er muß sich eben austoben. Aufgrund der Testergebnisse war ich eigentlich beruhigt. Aber die Geschichte mit den Strafarbeiten habe ich ja nicht gewußt. Zwischen ihm und der Lehrerin herrschte ein ständiger Machtkampf. Keiner wollte nachgeben. Das hat das Klima zwischen den beiden verdorben. Man erzählt, daß sie auf diese Weise andere Schüler schon in den Griff bekommen hätte. Sie hatte bei ihm wohl nicht erwartet, daß er so ein schlechter Schüler sei. Und er selbst hat uns ja über die Schule gar nichts mehr erzählt. Wenn man ihn fragte, wie es in der Schule ginge, antwortete er immer: ›Es geht. Sie kann mich nicht ausstehen.‹ Ich habe dann häufig gelacht und gesagt: ›Solche Frauen gibt es nun einmal. Du hast eben kein Glück mit ihr gehabt.‹ Aber er selbst lachte nie darüber. Meine Frau hat Ihnen ja erzählt, daß wir zu dieser Zeit sehr gestreßt waren: Sie hatte wieder zu arbeiten begonnen und meiner Schwiegermutter ging es auch nicht gut. Sie, die sonst so herzlich war, beschimpfte die Kinder andauernd, als ob sie keine Gefühle hätten ... Wenn wir nicht

gewußt hätten, daß ihr Mann gestorben war ... Zu Hause war es jedenfalls nicht gerade lustig. Ich habe zu meiner Frau gesagt: ›So kann es nicht weitergehen. Du mußt aufhören zu arbeiten. Später kannst du ja wieder hingehen. Die Leute kennen dich in deinem Betrieb doch schon lange. Sie werden es verstehen.‹ Das hat sie dann auch getan.«
Er schweigt und denkt nach.
»Der Großmutter geht es gesundheitlich jetzt besser. Der Arzt ist ganz zufrieden. Es waren die großen Anstrengungen und die Trauer. Jetzt ist es mit ihrem Herzen auch wieder ganz in Ordnung. Sie hat es schon überwunden. Sie hat beschlossen, zu sich nach Hause zurückzukehren. Es ist bei uns wirklich zu eng. Außerdem muß sie ja irgendwann wieder zu sich nach Hause gehen. Sie ist auch zu den Kindern wieder lieb. Sie ist eine nette Frau. Sie sagt, daß Paul im Grunde seines Herzens ein guter Junge ist. Er wäre immer nett zu ihr gewesen. Schließlich hat sie ihn großgezogen ..., ich meine damit, daß sie nach seiner Geburt bei uns war und sich um ihn gekümmert hat. Das erste Enkelkind hat sie ganz glücklich gemacht. Sie hat auch diese Tagesmutter – auch eine sehr nette Frau – für uns gefunden. Wir haben Glück gehabt ...«
Wieder entsteht ein langes Schweigen.
»Ich möchte nicht, daß mein Kind auf eine Sonderschule oder in so ein Heim kommt. Daß ihn die Schule nicht mehr haben will, ist schon verständlich und irgendwo hat er es auch verdient. Aber er sollte auf keinen Fall mit gestörten Kindern zusammensein, die Eltern haben, die sich nicht lieben. Ich kenne solche Kinder, deren Eltern sich überhaupt nicht verstehen und die ihre Kinder vernachlässigen. Daß mein Kind mit dieser Art von Kindern zusammensein soll ..., nein, auf gar keinen Fall! Ich will ihm helfen. Er muß da rauskommen.«

Es wird folgende Entscheidung getroffen: Da das Schuljahr für Paul ›gelaufen‹ ist und er gegenüber der Schule eine Phobie entwickelt hat, wird man Paul mit dem Thema ›Schule‹ vorerst nicht mehr plagen. Statt dessen soll er zweimal in der Woche zur Psychotherapie kommen. Seine Eltern können ihn abwechselnd dorthin begleiten. Mit einer Sonderschule oder einem Heim wird nicht länger gedroht.

Der Vater ist mit dieser Regelung einverstanden. Wenn die Schule seinen Sohn zu Beginn des neuen Schuljahres dann immer noch nicht nehmen würde, will er für ihn eine andere Schule suchen, notfalls auch dafür bezahlen. Ich sage ihm, daß ich diese Überlegungen für vernünftig halte.
Ich sehe dann Paul das erste Mal zusammen mit seinen Eltern, um ihm zu erklären, was für eine Art von Behandlung eine Psychotherapie ist. Ich sage ihm, daß es sich um regelmäßige Sitzungen mit mir handelt, die von der Krankenkasse bezahlt werden. Paul lehnt nicht ab. Er ist niedergeschlagen, resigniert, schaut verstohlen seine Eltern an, die ihre ganze Hoffnung in diese Therapie setzen – sie sehen darin im Grunde den allerletzten Ausweg aus ihrer ganzen Bestürzung.

Warum findet in einem solchen Fall nun eine unterstützende Therapie und keine Psychoanalyse statt? Das Kind war vor einem Jahr noch gesund. Er ist nach einem ganz normalen Schwangerschaftsverlauf gesund auf die Welt gekommen. Es war ein Wunschkind, das viel Liebe bekommen hat. Er wurde ein paar Wochen gestillt. Das Abstillen bzw. die Umstellung von der Brust auf die Flasche und von der Flasche auf den Löffel verliefen problemlos. Er wurde auch ohne Schwierigkeiten sauber. Mit einem Jahr ist er gelaufen, mit der Zahnbildung gab es ebenfalls keine Schwierigkeiten. Genauso problemlos waren seine motorische und sprachliche Entwicklung verlaufen: Kindergarten, Vorschule, Schule. Seine familiären Verhältnisse waren für eine Zeitlang gestört, aber es lagen keine schwerwiegenden Beziehungskonflikte vor.
Auch wenn jetzt psychosoziale Konflikte bestehen, spricht die ›normale‹ Entwicklung des Kindes, wie ich sie eben stichwortartig zusammengefaßt habe, für eine ›einfache‹ Psychotherapie. Diese zielt darauf ab, in der Behandlung eine positive *Übertragung* (Pauls Beziehung zu mir) herzustellen, ohne diese jedoch zu *analysieren,* d. h. ohne die Träume des Kindes oder seine Phantasievorstellungen zu deuten; auch sollen die verdrängten Konflikte aus der frühen Kindheit – selbst andeutungsweise – nicht wieder wachgerufen werden mit dem Ziel, sie zu entschlüsseln. (Darunter verstehe ich alles, was mit dem Inzestverbot, der ödipalen Identifikation und Aggression bzw.

mit den dazugehörigen Wunschvorstellungen in Zusammenhang steht[1]. Auch die Suizidgedanken des Jungen sollen nicht angesprochen werden. Wenn man so will, arbeitet der Therapeut mit dem Kind nur auf der Ebene dessen, was *wirklich* ist.)
Eine ›unterstützende‹ Therapie kann von einem Therapeuten oder einer Therapeutin durchgeführt werden, die die kindliche ›Entwicklungslogik‹ kennt und sich in sie hineinzudenken vermag. Auf diese Weise kann sie mit dem Kind ›an der richtigen Stelle‹ Kontakt aufnehmen. Eine gewisse Sympathie muß zwischen dem Kind und dem Therapeuten bestehen und es muß gegenüber den Eltern absolute Diskretion gewährleistet sein. Voraussetzung ist auch, daß das Kind will, daß man ihm hilft. Beim ersten Gespräch zwischen dem Kind und dem Therapeuten, das im Beisein der Eltern stattfindet, wird es über das Wichtigste in Kenntnis gesetzt, was in dem Vorgespräch vom jeweiligen Elternteil geäußert wurde. Er muß ferner von seinen Eltern die Erlaubnis bekommen haben, dem Psychotherapeuten alles über sein Zuhause und seine Lebensgeschichte erzählen zu dürfen. Den Eltern muß eindringlich geraten werden, daß sie das Kind zu Hause nicht über den Gang der Therapie und was in deren Verlauf gesprochen wurde, ausfragen. Wenn das Kind – in diesem Fall ist es acht Jahre alt – die Behandlung ablehnen sollte, bevor es erfahren hat, was in ihr eigentlich passiert, darf man es niemals zur Therapie zwingen.

---

1 Bekanntlich bedeutet der ödipale Konflikt für einen Jungen, sich für den Fall, daß der Vater nicht mehr existiert, vorzustellen, seinen Platz im Herzen der Mutter und in ihrem Bett einzunehmen. Er würde sie dann glücklich machen und sie würden Kinder zusammen haben. Für den kleinen Ödipus hängt an dieser Vorstellung ein ganzer Komplex von Träumen, die gleichzeitig als lustvoll und verbrecherisch erlebt werden, weil sie den Tod des Vaters mit einbeziehen, den er an sich liebt. Gerade rührt ja seine Vorstellung, Ehemann der Mutter zu werden, auch von daher, daß der Vater für ihn sein Freund bzw. Vorbild ist. In Pauls Phantasiewelt dürfte die Großmutter seine Geliebte und der Großvater der Rivale gewesen sein. Beide Vorbilder standen stellvertretend für die elterlichen Vorbilder. Wenn nun in der Realität ein glückliches oder auch unglückliches Ereignis eintritt, beispielsweise der Tod des Großvaters, dann kann das Kind sich einbilden, seine Phantasievorstellungen wären Wirklichkeit geworden. Es handelt sich bei solchen ›Wunschvorstellungen‹, die häufig unbewußt bleiben, um eine Art von ›magischem‹ Denken.

Vielmehr sollte man dafür sorgen, daß es von seinem Vater oder seiner Mutter fortan begleitet wird, die auch bei den Gesprächen anwesend bleiben dürfen, sofern sich das Kind dies wünscht. Häufig fühlt es sich dadurch sicherer. Man sollte die Gespräche erst dann mit ihm allein fortführen, wenn es den Wunsch danach von sich aus äußert. Was heißt nun ›unterstützend‹ im Zusammenhang mit dieser Art von Therapie? Der Patient ist ja nicht mehr in der Lage, zwischen seiner Phantasiewelt und der wirklichen Welt zu unterscheiden. Er kann sich in bezug auf das, was in ihm vorgeht, zusehends schlechter ausdrücken. Es stellen sich weiterhin unterschiedliche – auch körperlich empfundene – Symptome ein, seien es Panikgefühle, Ängste, Hemmungen, Müdigkeitszustände oder Anspannungen. Eine ihm fremde Sprache, die seiner ungelösten Konflikte, bemächtigt sich seiner, doch er kann sie weder denken noch sprechen – außer in der Umsetzung in Traumbilder im Schlaf. Von seinen Alpträumen wacht er während des Schlafens auf und findet keine Ruhe mehr, obwohl er sich an die Trauminhalte nicht erinnern kann. Im Verlauf der Psychotherapie tritt nun beim Malen, Modellieren oder Erzählen Stück für Stück jene Realität hervor, um die das Kind in seiner Vorstellungswelt ein ganzes Phantasiegebäude errichtet hat. Es ist die Anwesenheit eines Therapeuten, der die Handlungsunfähigkeit des Kindes in bezug auf die Wirklichkeit gerade nicht sanktioniert und so dem Kind ermöglicht, durch sein Sprechen wieder die Grundrisse der Realität unter seinen Vorstellungen und Phantasien zu erkennen. Dieser Zeuge seiner Reden, jemand, der ihm einfach zuhört, hilft ihm, sich langsam wieder in dem, was es erlebt hat, zurechtzufinden. Der Patient soll sich durch Worte gegenüber dem Therapeuten wieder in seiner Identität aufbauen. Dazu bietet er auch symbolische Orientierungspunkte an, indem er das Gespräch auf diese oder jene Begebenheit oder diesen oder jenen Ausspruch des Kindes hin orientiert. Möglich wird der Dialog durch die Sympathie, die zwischen beiden herrscht und dadurch, daß die Beziehung im Gegensatz zu der Beziehung des Patienten zu seinen Eltern oder nahen Verwandten als angstfrei erlebt werden kann. Die Dichte dieser letzteren Beziehungen und was sich über Jahre hinweg in ihnen alles angestaut hat, fehlt der Beziehung zwischen Patient und Therapeut. Hinzu kommt, daß der Therapeut wenig spricht, vom Patienten also nicht ständig ›etwas haben will‹ und sich alles in einem ›neutralen‹ Rahmen von vertraglich fixierten Sitzungen abspielt. Dadurch entsteht zwischen dem Patienten und dem Therapeuten eine völlig anders geartete Beziehung, die sich von allen anderen unterscheidet. Der therapeutische Rahmen läßt darüber hinaus keine Indiskretionen zu. Die Sicherheit des therapeutischen Gesprächs und die Erkenntnisse, die der Patient in seinem Verlauf über sich selbst gewinnt, begünstigt die symbolische Beziehung des Patienten in bezug auf dritte. Darin liegt meines Erachtens das Wesen einer Psychotherapie.

Es ist an dieser Stelle nicht möglich, den detaillierten Ablauf der Sitzungen mit Paul wiederzugeben. Es ist im übrigen auch nicht notwendig. Es genügt, die wichtigsten Themen anzuführen, die das Kind angeschnitten und über die es gesprochen hat. Dabei können wir einige von seinen Ausführungen wörtlich zitieren, bei denen er auf bestimmte Fragen und Ängste zu sprechen kam und die er deswegen frei zum Ausdruck bringen konnte, weil sie der Therapeut nicht mit Werturteilen sanktionierte. Der Junge berichtet dabei von für ihn seltsamen, schmerzlichen oder angenehmen Erfahrungen, die ihm während der Sitzungen einfielen und die er durch Worte zum Ausdruck bringen konnte, die ihn von der Last der Erfahrungen befreiten, aber auch von unterdrückten Wünschen oder Plänen, die zu schmieden verboten waren, weil sie ihm verbrecherisch, unvernünftig und angesichts seiner Realität als widersprüchlich erschienen. Die Wirklichkeit ist für jedes Kind ein Feld, auf dem es Gegensätze und Widersprüchliches entdeckt, aber auch relativ aufeinander bezogenes, das es zu ordnen gilt. Beispiele dafür sind ›das Wahre für sich‹ und das ›Nicht-Wahre für andere‹, das Unmögliche und Mögliche, die verschiedenen Wertvorstellungen wie Gut und Böse, Freundlich und Feindlich. In der Einbildung des Kindes kann in sich Widersprüchliches dennoch zusammengehören oder es wird eines der Gegensatzpaare häufig als absolut gesetzt. Wie diese in der Wirklichkeit existierende Relativität moralischer Kategorien vom einzelnen Kind interpretiert wird, ergibt sich entsprechend seines Geschlechts, seines Alters, dem Platz, den es in der Familienkonstellation einnimmt, seiner gesellschaftlichen Rolle, seinen persönlichen Erfahrungen, seinen Verantwortungsgefühlen und entsprechend der tatsächlichen Verantwortung, die es übernehmen muß, seinen Wertvorstellungen von Gut und Böse, seinem Gefühl für die Freiheit, was zu tun erlaubt ist oder man sich nur vorstellen darf und auch entsprechend dem, was es nicht weiß.

Im Verlauf der Sitzungen wird Paul geholfen, nach und nach seinen Narzißmus wieder zu gewinnen, durch dessen Kränkung er sich so ohnmächtig vorgekommen war. Gegenüber der für alle existierenden Wirklichkeit entwickelte er Schuldgefühle und fühlte sich von ihr verfolgt. Was verstehe ich unter einer ›für alle existierenden‹ Wirklichkeit? Sie ist für die Menschen wie ein Gesetz, nämlich leben, arbeiten und sterben zu müssen, aber auch das Bedürfnis zu haben, zu lieben und geliebt zu werden; weiterhin Trauer zu empfinden über den Verlust eines Menschen, den man liebt oder darunter zu leiden, von diesem Menschen nicht verstanden zu werden, verzweifelt zu sein, niemandem vertrauen zu können – auch sich selbst nicht. Man mag einwenden, daß ein achtjähriger Junge noch nicht über derart abstrakte Vorstellungen in seinen Bewußtsein verfügt, aber betrachten wir uns die Themen, auf die er während der Sitzungen zu sprechen kam:

- Geburt eines Mädchens, fünf Jahre nachdem sein Bruder geboren war; bei dessen Geburt sei eigentlich ein Mädchen erwartet worden.
- Die Krankheit seines Großvaters und seiner Großmutter. In diesem Zusammenhang kam er auf die Medizin und insbesondere die Chirurgie zu sprechen.
- Der mögliche Tod des Vaters oder der Mutter, wenn man acht Jahre alt ist, was gerade sein Vater in diesem Alter erlebt hatte. Daran zu denken wäre schlecht für ihn.
- Der Tod eines alten Verwandten, wenn ein Baby geboren wird; so war es bei seinem Bruder und später bei seiner Schwester gewesen. Zauberei oder Zufall?

- Erwachsen werden, Verpflichtungen haben, Verantwortung tragen zu müssen wie der Vater. Die Rolle des Vaters einnehmen zu müssen, wenn man der Älteste ist und der Vater nicht da ist.
- Seine Großmutter mütterlicherseits so lieben, wie sein Vater auch seine Mutter, in der Phantasie, geliebt hatte. (Wir erinnern uns, Pauls Vater war mit acht Jahren – also in Pauls Alter – Waisenkind geworden.)
- Die strenge und böse Lehrerin, in deren Unterricht er nicht mehr mitkam, weil man zu schnell schreiben mußte. Die Strafarbeiten. »Mutter gab ihr Recht.« In der Schule aufpassen zu müssen, aber nichts mehr zu begreifen. Dafür bestraft zu werden.

  »Sie wollte mich nicht mehr haben. Die anderen machten sich in der Pause über mich lustig – sie waren böse. In der Klasse haben sie mich nicht ausgelacht, sonst hätten sie auch Strafarbeiten bekommen.«
- Das Zuhause: Seine Schularbeiten auf dem Boden machen zu müssen, weil kein Tisch da war. In der Küche durfte man sie nicht machen. Das Essen. Keinen Hunger zu haben, die Beschimpfungen. Der kleine Bruder und die kleine Schwester nachts. Fläschchen machen, Windeln wechseln. Es war nicht einfach. Doch die Geschwister waren so niedlich. Das half.

  »Mein Papa hatte es mir gezeigt und gesagt, ich sollte es tun, damit sich meine Mutter ausruhen konnte.«

  Die Alpträume des kleinen Bruders, die er für wahre Geschichten hält. Die Gespenster.

  »Die Ärzte sehen wie Gespenster aus, wenn sie operieren. Aber es sind keine Gespenster.«

  »Großvater wurde vor zwei Jahren operiert. Es war immer die gleiche Krankheit. Man wird nicht gesund ...«

»Wenn man nicht in die Schule geht, wird man ein Penner.« Er hatte einen Penner kennengelernt, als er die Schule schwänzte, und der sein Freund wurde. Das Geld, das er für das Essen in der Schule bekommen hatte, behielt er: »Das ist schlecht von mir gewesen.« Er hatte es dem Penner gegeben: »Das war gut von mir.« »Das sind arme Kerle, die kein Geld haben. Wir haben uns

damit etwas zu essen gekauft. Die können ja gar nicht arbeiten. Es gibt sehr nette Leute unter ihnen, das ist wahr. Er sagt mir, ich sollte in die Schule zurückkehren, um nicht so zu werden wie er. Er sagte lustige Dinge über meine Lehrerin ... ich weiß nicht mehr was.
Mein Vater ist sehr nett, er ist Fernfahrer. Er trinkt gern Wein, aber er betrinkt sich nicht. Manchmal gibt er mir ein bißchen Wein, nicht zu viel, manchmal sogar ohne Wasser. Früher ging er mit uns spazieren, wenn er frei hatte. Meine Mutter arbeitete. Er holte mich bei der Frau ab, die auf mich und meinen Freund aufpaßte. Ich fand das schön. Mein Bruder war noch klein, er blieb deshalb bei ihm ...«
Und dann fing Paul an, über die Schule zu sprechen, und zwar anhand eines Briefes von seinem Großvater und seiner Großmutter, den er mit in die Therapiestunde gebracht hatte. In dem Brief wurde er gelobt, daß er in der Schule so gut war. Es waren auch Bilder beigelegt, die wir uns gemeinsam ansahen.
»Großvater war nett, wir gingen zusammen viel spazieren. Er hatte den Krieg mitgemacht – irgendeinen, ich weiß nicht mehr welchen. Er wurde verletzt. Er erzählte von den ›furchtbaren Deutschen‹ von früher, nicht von jetzt. Die vom anderen Krieg. Bei dem letzten war er nicht dabei, weil er dazu zu alt war. Aber erzählte von den Zügen mit den ›furchtbaren Deutschen‹, daß er sich versteckte und zusah, wie sie in die Luft gingen. Und dann über die Flugzeuge.«
Und so erzählte Paul weiter, malte und schrieb Geschichten auf, die das jeweilige Bild darstellen sollte. Am Anfang setzte er noch nicht seinen Namen darunter. Und dann das erste Mal ›Paul‹, ganz klein, dann etwas größer und schließlich seinen ganzen Namen.
»Jetzt schlafe ich gut. Ich habe keine Alpträume mehr. Die Großmutter ist wieder gesund. Sie ist so wie früher. Meine Mutter wird zu Beginn des nächsten Schuljahres ihre Arbeit wieder aufnehmen. Wenn die Schule mich nicht wieder aufnehmen will, wird mein Vater schon weitersehen. Ich möchte auf jeden Fall zu irgendeiner Schule wieder zurückkehren. Wir werden Großmutter besuchen. Dort gibt es eine Frau, die gesagt hat, sie würde während der Ferien Nachhilfeunterricht erteilen. Ich kenne sie. In den Ferien wird sie in der Nähe

meiner Großmutter wohnen. Sie war früher Lehrerin. Sie ist nicht verheiratet. Sie ist eine Schulfreundin meiner Großmutter. Ich bin sicher, daß ich alles nachholen werde. Lernen macht mich nicht mehr müde.«

»Es waren die Operationen[1], die ich bei meiner Lehrerin nicht verstand; sie dachte, ich würde es mit Absicht tun. Ich versuchte zuzuhören und dann hörte ich nichts mehr. Ich verstand nichts ...«

»Ich mache für meine Mutter jetzt die Abrechnungen. Mein Vater macht auch Abrechnungen. Er sagt, daß ich gut rechnen kann. Wir rechnen zusammen, wie viele Kilometer er gefahren ist und die Zeit, die er dazu gebraucht hat. Und dann um wieviel Uhr er wegfahren muß. Die Lkw fahren so 80 Kilometer in der Stunde, aber natürlich nicht durchgehend. Dann müssen die Fahrer anhalten, um etwas zu essen. Dabei muß man etwas abziehen und dann multiplizieren ... und noch eine Teilung und dann hat man die Zahl. Man darf nicht Alkohol trinken, wenn man fährt, dann kommen die Bullen und man muß in einen Ballon blasen. Er verfärbt sich, wenn man Alkohol getrunken hat. Der Penner, von dem ich Ihnen erzählt habe, der trank gern Alkohol, aber er mußte nicht fahren. Er erzählte mir auch Kriegsgeschichten, aber er ist nie Soldat gewesen. Er hatte keinen Orden. Mein Großvater hatte welche. Als er klein war, hatte er nichts zu essen. Es war damals so. Dann war er immer krank, als er Soldat war. Man wollte ihn bei der Armee nicht mehr behalten. Die Ärzte haben ihm gesagt: ›Jetzt ist Schluß, wir wollen dich nicht mehr haben.‹ Er war froh darüber. Ich habe meinen Eltern nicht erzählt, daß ich Fredo (so hieß der Penner) kannte und mit ihm zusammen aß. Meine Mutter sagte immer, Penner sind faule Kerle, Nichtsnutze. Aber Fredo sagte mir, es wäre gut, in die Schule zu gehen. Dann hat man später einen Beruf. Er sagte: ›Du bist ein nettes Kerlchen, du solltest nicht so werden wie ich. Du hast einen Vater, eine Mutter, einen kleinen Bruder und eine kleine

1 Wahrscheinlich assoziiert er diese ›Operationen‹, wie er das Vorgehen der Lehrerin im Unterricht nennt, mit den Operationen bei seinem Großvater oder mit der Geburt der kleinen Schwester, die vor dem Termin lag. Er assoziiert den Geschlechtsunterschied (auch zur Lehrerin) mit der Klinik.

Schwester.‹ Seine Schwester war gestorben. Er sagte, der Tod verändert alles. Er sagte auch noch: ›Du hast eine Großmutter. Die Ärzte werden sie schon wieder gesund machen. Sicher. Das ist bestimmt wahr. Man stirbt nicht einfach so! Natürlich ... irgendwann ... eines Tages muß es schon sein, wie mein Großvater. Aber er war schon sehr alt. Es ist komisch, aber ich habe keine Lust mehr zu sterben ... Früher wollte ich sterben. Ich hatte alles satt.‹ Er hat mir das gesagt: ›Manchmal hat man alles satt‹, und dann Schimpfworte, die man nicht sagen darf. Dann sagte er mir immer: ›Hör nicht hin, das ist nichts für dich.‹ Er sagte mir: ›Du hast eine Familie, du mußt sie lieb haben.‹ Seinen Vater hat man ins Gefängnis gesteckt, weil er auf seine kleine Schwester so stark draufgeschlagen hat (sie war damals noch ein Baby), daß sie in die Klinik mußte und dort gestorben ist ... Das hat er gemacht, weil sie nachts schrie. Von seinem Vater wußte er nichts mehr, weil er ihn nach seiner Entlassung aus dem Gefängnis nicht wieder gesehen hat. Er sagte, es wäre schön, einen Vater zu haben. Vor der Geburt der kleinen Schwester hatte er alles, danach nichts mehr. Es war nunmal so. Ich habe ihn nach seiner Mutter gefragt. Er antwortete: ›Die arme Frau, es war nicht ihre Schuld ... Sie ist weggegangen, ich weiß nicht wohin ...«

Man braucht nun dieses Dokument einer Kinderpsychotherapie nicht weiter zu verfolgen. Paul sprach sich aus und damit sprach er *seine ganze Wahrheit* aus.
Nach einer bestandenen Aufnahmeprüfung zu Schulbeginn wurde Paul wieder in seine alte Schule aufgenommen und in die nächste Klasse versetzt. Tatsächlich hatte er in den Ferien alles nachgeholt. Er bekam auch eine neue Lehrerin, die alle guten Eigenschaften bei sich vereinbarte, sie war hübsch und sie konnte sehr gut erklären. Paul bekam gute Noten – auch im Betragen.
Paul kam während der ersten drei Monate des Schuljahres anfangs alle acht Tage, später vierzehntägig in die Therapiesitzungen. Er hatte ein gutes Verhältnis zu seinen Schulkameraden. Vielleicht erzählte er ihnen von Fredo, dem einzigen Trost, den er fand, als er damals die Schule schwänzte, damals,

als er sich im Niemandsland herumtrieb ... Später hat er in den Sitzungen dann nicht mehr darüber sprechen wollen. Bei ihm und seiner Familie war alles wieder in Ordnung.
Den Strudel, der Pauls kleines Boot auf dem Fluß des Lebens gekippt hatte, so daß er beinahe ertrunken wäre, hatte er hinter sich gelassen. Die Therapie hatte fünf Monate gedauert und ihr Ziel erreicht, nämlich die vollständige Wiederherstellung seines psychischen Gleichgewichts, das im Laufe seiner frühen Kindheit aufgebaut und im Alter von fünf bis acht Jahren gefestigt worden war, das Paul aber innerhalb von nur ein paar Monaten aufgrund eines zufällen Ereignisses – scheinbar wegen einer Lehrerin – verloren hatte. Denn ausschlaggebend waren andere Gründe in seinem Unbewußten gewesen. Der Erwerb von neuen Kenntnissen in der Schule, das Vertrauen zu den Mitmenschen und sich selbst, die Wiedererlangung der körperlichen Gesundheit, die friedliche Stimmung innerhalb der Familie – all dies sind günstige Vorzeichen für den weiteren Verlauf seines Lebens.

Bei dieser Behandlung handelte es sich also um keine Psychoanalyse, sondern um eine Psychotherapie – obwohl die Therapeutin eigentlich Analytikerin war. Die Übertragungssituation (d. h. die Beziehungen zwischen den an der Therapie Beteiligten, die sie erst ermöglicht hatte) wurde von ihr weder gedeutet noch verbalisiert. Alles, was sich aus der unbewußten Beziehung der Eltern Pauls zu ihren Eltern auf die Erziehung von Paul übertrug – über bewußte Aussagen bis hin zu einem filigranartigen Geflecht feinster Gefühle, wurde weder hervorgehoben noch interpretiert. Aus den Gesprächen, die die Therapeutin mit den Eltern von Paul und ihm selbst geführt hatte, wurden lediglich solche Aussagen festgehalten und zum Inhalt des Gesprächs gemacht, die auf der Ebene des Bewußten angesiedelt waren.

Aber wird nicht auch im Rahmen der ›unterstützenden‹ Therapie das Unbewußte des Patienten berührt?

Bei Paul waren Triebregungen seiner Persönlichkeit in gefährlicher Weise wieder geweckt worden, die mit dem prägenitalen und ödipalen Stadium seiner Entwicklung zusammenhängen, und die, bevor alles anfing, nicht in Erscheinung getreten waren. Dies geschah im Grunde bei allen Familienmitgliedern, da sie sich zusammen einer Realität ausgesetzt sahen, die geprägt war von der Geburt einer Tochter und dem Tod eines älteren Menschen, der als Großvater, Vater, Schwiegervater und Ehemann für jedes Familienmitglied in verschiedener Hinsicht wichtig war. Weit zurückliegende, archaische Triebqualitäten wurden dadurch berührt. Und durch die Therapie von Pauls ›Krankheit‹ konnte allen Familienmitgliedern geholfen werden, sich in der für sie nach der Geburt der Tochter und dem Tod des Großvaters neu entstandenen Situation wieder zurechtzufinden.

Was wäre noch zu jener ›Drohung‹ zu sagen, die Paul und seine Familie sehr belastete, nämlich Paul von der Schule und seinem Zuhause zu entfernen, um ihn in eine Sonderschule oder in ein Heim für verhaltensgestörte Kinder zu stecken? War dieser Vorschlag, selbst wenn er für die Einheit des Klassenverbandes ratsam erscheinen mag, für den Schüler Paul sinnvoll? Oder wäre es besser gewesen, ihn die Klasse einfach noch einmal wiederholen zu lassen? Ich kann diese Vorschläge nur verneinen. Denn Paul hätte seine Phobie gegenüber der Schule beibehalten. Es war die Entscheidung der Rektorin, die Paul gerettet hat.

Sie hatte, ermutigt von den guten ›Tests‹, Pauls Eltern nicht nur angeraten, eine Psychotherapie für ihn zu akzeptieren (die ihnen übrigens schon zweimal nahegelegt worden war), sondern sich auch selbst in den therapeutischen Prozeß einbeziehen zu lassen.

Sachregister